药品可及性视阈下 TRIPs-Plus规则研究

YAOPIN KEJIXING SHIYU XIA
TRIPS-PLUS GUIZE YANJIU

梁志文　著

·广州·

版权所有　翻印必究

图书在版编目（CIP）数据

药品可及性视阈下TRIPs-Plus规则研究/梁志文著. —广州：中山大学出版社，2022.11

ISBN 978-7-306-07592-5

Ⅰ.①药… Ⅱ.①梁… Ⅲ.①药品—知识产权—国际条约—研究 Ⅳ.①D913.04 ②D997.1

中国版本图书馆CIP数据核字（2022）第128531号

出 版 人：王天琪
策划编辑：谢贞静
责任编辑：谢贞静
封面设计：林绵华
责任校对：姜星宇
责任技编：靳晓虹
出版发行：中山大学出版社
电　　话：编辑部 020-84110776，84113349，84111997，84110779，84110283
　　　　　发行部 020-84111998，84111981，84111160
地　　址：广州市新港西路135号
邮　　编：510275　　传　　真：020-84036565
网　　址：http://www.zsup.com.cn　　E-mail：zdcbs@mail.sysu.edu.cn
印 刷 者：广州市友盛彩印有限公司
规　　格：787mm×1092mm　1/16　18印张　323千字
版次印次：2022年11月第1版　2022年11月第1次印刷
定　　价：68.00元

如发现本书因印装质量影响阅读，请与出版社发行部联系调换

国家社科基金后期资助项目
出版说明

后期资助项目是国家社科基金设立的一类重要项目，旨在鼓励广大社科研究者潜心治学，支持基础研究多出优秀成果。它是经过严格评审，从接近完成的科研成果中遴选立项的。为扩大后期资助项目的影响，更好地推动学术发展，促成成果转化，全国哲学社会科学工作办公室按照"统一设计、统一标识、统一版式、形成系列"的总体要求，组织出版国家社科基金后期资助项目成果。

全国哲学社会科学工作办公室

目 录

绪论 ……………………………………………………………… 1

上编 总论

第一章 药品 TRIPs-Plus 规则的理论基础 …………………… 19
    第一节 药品上市的行政许可 ……………………………… 19
    第二节 药品创新的市场特征 ……………………………… 23
    第三节 药品的生命周期与投资收益 ……………………… 35
    本章小结 …………………………………………………… 40

第二章 药品 TRIPs-Plus 规则的基本框架 …………………… 41
    第一节 传统专利法保护药品创新的优点与不足 ………… 41
    第二节 药品 TRIPs-Plus 规则中的利益平衡 ……………… 48
    第三节 药品创新产权激励的替补机制 …………………… 60
    本章小结 …………………………………………………… 77

第三章 药品 TRIPs-Plus 规则的国际法渊源 ………………… 79
    第一节 起点：TRIPs 协议中的数据保护 ………………… 80
    第二节 药品 TRIPs-Plus 规则的国际进展：欧盟与 TPP … 94
    第三节 药品 TRIPs-Plus 规则的国际进展：美国 ………… 100
    本章小结 …………………………………………………… 118

中编 TRIPs-Plus 保护规则

第四章 药品专利保护的 TRIPs-Plus 规则 …………………… 121
    第一节 药品专利链接制度 ………………………………… 121
    第二节 药品专利保护期补偿制度 ………………………… 145
    第三节 药品专利客体规则的演进 ………………………… 155
    本章小结 …………………………………………………… 170

第五章　药品 TRIPs-Plus 保护之管制性专有权 …… 171
 第一节　管制性专有权的法律特征 …… 171
 第二节　药品数据的保护模式 …… 175
 第三节　管制性专有权的内部体系 …… 193
 第四节　中国法上的管制性专有权制度 …… 206
 本章小结 …… 225

下编　TRIPs-Plus 限制规则

第六章　TRIPs-Plus 规则中的学名药开发促进机制 …… 229
 第一节　药品 TRIPs-Plus 规则内部调控机制 …… 230
 第二节　首仿药市场专有权 …… 242
 第三节　激励学名药开发的安全港制度 …… 244
 第四节　药品知识产权的非自愿许可 …… 253
 本章小结 …… 267

结论 …… 269

主要参考文献 …… 276

后记 …… 281

绪 论

一

自2019年年末开始暴发的、全球大流行的新型冠状病毒测试了医药产业创新激励制度与公共健康保障制度的有效性。新型冠状病毒传染病防治的关键技术,包括病毒检测、医治药品与预防疫苗的技术开发,在一般情况下都受专利等知识产权的保护。但对于公共健康保障而言,它还涉及与之相关的大规模生产技术、全球化的快速分销能力以及国家的治理能力。以新型冠状病毒疫苗的全球短缺现象为例,美国"疫苗民族主义"的做法使得大量发展中国家无法获得充分的疫苗。最早由印度和南非呼吁、美国于2021年5月宣布支持豁免对新型冠状病毒疫苗的知识产权保护,但人们一直认为它对发展中国家的疫苗获取所起的作用不会很大。其原因在于疫苗所涉及的受知识产权保护的技术非常复杂,它是一个系统工程,如信使RNA(mRNA)和腺病毒技术是疫苗生产的重要平台技术(platform technology),疫苗知识产权的豁免是否包括其平台技术,仍然是需要仿制药商解决的非常复杂的专利丛林问题。[①] 除此之外,疫苗生产也具有重要的门槛条件,除印度、南非等国家,大多数发展中国家并不具有相应的技术能力。疫苗生产的技术转移应该是解决方案的重要组成部分。例如,在中国康希诺生物公司的帮助下,巴基斯坦国立卫生研究院成功在本土实现新型冠状病毒疫苗生产。

除了生产能力与知识产权保护所导致的药品获取障碍之外,药品价格的昂贵是影响药品可及性、进而影响公共健康的重要因素。中国2018年暑期热播的电影《我不是药神》引发了广泛的共鸣,这部小成本电影意外地获得了30余亿元的票房收入,它深刻地反映了一个社会现象:救命药

[①] See S. J. R. Bostyn, "Access to Therapeutics and Vaccines in Times of Health Pandemics: How Exclusivity Rights Can Affect Such Access and What We Can Do about It," *Intellectual Property Quarterly*, no. 4 (2020): 227–270.

价格高昂。电影主角原型陆勇曾因代购专利药"格列卫"的印度学名药（generic drugs）①而以涉嫌销售假药罪被逮捕，虽然该事件最终以检察院撤诉而得以解决，②但电影的热播再次引发了人们的普遍质疑：受专利保护的"格列卫"在中国的售价为何如此之高，以致绝大多数患者无法承受？国内为何没有便宜的学名药，以致患者需要千辛万苦托人到印度去代购？

从整体来看，发展中国家在获取治疗艾滋病等重大疾病的药品方面取得了实质性进展，但是，新型冠状病毒疫苗等药品可及性或可获得性（access to medicine）问题仍然是当今全球公共健康保障所面临的核心挑战。而且，高昂的药品价格不仅影响发展中国家患者的药品可及性，也同样对发达国家的病患产生了严重的影响。在美国，每年约有 12.5 万人因支付不起昂贵的处方药而死于未能及时服药。2020 年 2 月，吉利德公司尚处于临床试验阶段的"瑞德西韦"被用于治疗新型冠状病毒肺炎，被戏称为"人民的希望"，但其定价贵过黄金。③事实上，该公司许多"明星药"都是高价药。例如，在美国 320 万丙肝患者之中，仅有极少数人能够支付吉利德公司的特效专利药"索非布韦"（Sofosbuvir），因为该药一个疗程的费用就高达 8.4 万美元；而其学名药在美国上市尚须等到 2029 年专利保护期届满之后。④在电影《我不是药神》所引发的热议中，大多数业内人士认为知识产权制度不应为高昂的药品价格"背锅"。⑤但是，社会公众的直觉并非没有道理。本质上，它涉及知识产权保护影响药品可及性的

---

① 本书以"学名药"而非"仿制药"来翻译 generic drugs 这一术语，主要理由有二：一是它为该药品的学名（通用名称）；二是学名药的药效与原研药是等同的，而仿制药似乎并不能完全概括这一含义。

② 参见刘炎迅、王欢：《从国外买便宜百倍药，白血病患者无意中触了法：救命药之罪》，《南方周末》2014 年 12 月 18 日。另参见刘炎迅：《陆勇：回家啦，真不容易》，《南方周末》2015 年 2 月 26 日。

③ 参见刘晓博：《瑞德西韦哭了：还是你们赚钱狠！》，https://baijiahao.baidu.com/s?id=1657774157696851105&wfr=spider&for=pc.（除特别指明，本书所有网络资料的最后访问日期均为 2020 年 11 月 20 日。）

④ See Amy C. Madl, "Using Value-Agnostic Incentives to Promote Pharmaceutical Innovation", Stanford Law Review, no. 71（2019）：1308 - 1309. "如果（美国）每个丙肝患者都接受该药治疗，总费用将超过 3000 亿美元。"参见《从 Sovaldi 惊人天价看药物经济学博弈》，http://portal.smu.edu.cn/yxy/info/1187/1376.htm. 但吉利德公司的关键专利权在印度被宣告无效，其在印度的授权学名药售价仅 10 美元，甚至低至 4 美元。参见《天价丙肝药 Sovaldi 在美卖 1000 美元，印度仅 4 美元》，https://new.qq.com/rain/a/20151230043633。

⑤ 参见张晔：《格列卫"挨说"，专利制度不当背锅侠》，《科技日报》2018 年 7 月 10 日，第 5 版。

两个方面：药品可得性（availability）、药价可承受性或可支付性（affordability）。前者是指有没有药品可供患者购买的问题，即治疗某种疾病所需的药物是否已被成功研制，广大患者是否"有药可用"；后者是指患者能不能买得起药品的问题，即当该种药物研发成功并获得上市许可之后，患者能否以合理的价格获得该种药品，即是否"用得起药"。

一方面，在人们质疑知识产权保护影响药价可承受性的同时，制药企业也在抱怨"中国（专利）的审查尺度（相比美欧国家而言）更为严苛早已是国内药业共识"，并进而将该现象称为"原研药（original drug）创新悖论"，它将非常不利于中国原研药的创新研发。① 中共中央办公厅、国务院办公厅《关于深化审评审批制度改革鼓励药品医疗器械创新的意见》（以下简称《意见》）提出探索建立药品专利链接制度、保护期补偿制度和完善数据保护制度。在此基础上，国务院决定设置药品数据保护与专利保护期补偿制度。② 这些制度最终为 2020 年第四次修正的《中华人民共和国专利法》（以下简称《专利法》）所采纳。一般认为，强化药品的知识产权保护将激励原研药的开发，③ 是实现药品可得性的必要手段。

另一方面，药价的可承受性通过学名药的竞争来实现。但是，在中国学名药数量庞大、仿制质量不高的背景下，原研药并未面临实质性竞争，"专利悬崖"效应（即药品专利权期满后因竞争而导致药品价格或其市场份额断崖式下降）并不明显。譬如，"格列卫"在中国的专利权保护期于 2013 年届满，现已有江苏豪森、正大天晴、石药欧意三家公司提供学名药，但"格列卫"的市场份额仍然高达 80.29%，其原因在于患者认为国产学名药"副作用比较大，而且比印度药贵"。④ 类似情况并非中国特有，美国也面临学名药进入的门槛障碍。⑤ 西药主要包括化合药（小分子药）和生物制品（大分子药），生物制品学名药（生物类似物）的市场进入门槛极高。究其原因，主要有二：一是生物制品的仿制有极高的技术门槛。药品生产所需的温度、时间、提纯条件等因素的轻微改变均可给药品带来

---

① 鲁周煌：《专利无效率达 75% 以上，新药研发恐陷中国式创新悖论》，《中国知识产权》2018 年第 7 期。
② 中国政府网：《4 月 12 日的国务院常务会定了这 3 件大事》，http://www.gov.cn/xinwen/2018-04/13/content_5282188.htm.
③ 本书使用的"原研药"术语包含创新药（新有效成分的化合药）与新型生物制品。
④ 界面新闻：《治疗白血病的格列卫学名药获得一致性评价 与进口药疗效一致》，https://baijiahao.baidu.com/s?id=1605205061035974921&wfr=spider&for=pc.
⑤ See W. Nicholson II Price and Arti K. Rai, "Manufacturing Barriers to Biologics Competition and Innovation," *Iowa Law Review*, no. 101 (2016): 1023.

具有临床意义但尚未被披露的重要影响。二是学名药商获得的生物相似性（biosimilars）的数据比化合药更复杂，这导致生物制品学名药的投资成本比较大。据一项研究表明，生物制品的仿制成本在1亿至2亿美元之间。①

普遍认为，原研药的激励强度与学名药的市场进入之间存在矛盾。药品知识产权制度——特别是其保护期制度——是两者之间的合理均衡。即在保护期之内，激励原研药的开发（即药品的可得性）是主要的制度目标；而保护期届满之后，鼓励学名药的上市（即药价的可承受性）就成为相关制度的主要使命。但是，这种均衡并不容易实现，从而导致长期以来在药品知识产权领域的争议：强化药品专利保护的国际规则是否妨碍了国家和非政府组织以合理价格获取救命药？这种影响有多大？救命药的获取是否应被视为健康权不可分割的部分？诚如有学者所指出的，这些问题的解决更多地取决于政治性的因素，而不是法律。因为"从法律层面来看，国际条约早已看似合理地解决了这些问题，它允许发展中国家在面临重要的公共健康威胁时，可在一定条件下制造、销售或出口学名药。健康权的概念常常在这一国际语境下被提出，但日益增多的国内法院也明确承认获取救命药应视为健康权的组成部分"②。

然而，影响药品可及性的知识产权规则不仅仅来自专利制度。在国际协议谈判过程中、在人权语境下药品可及性与专利保护的所有争论中，人们在很大程度上都忽视了影响药品可及性的其他知识产权法律制度。

二

党的十九大报告指出："人民健康是民族昌盛和国家富强的重要标志。"保障药品可及性的知识产权制度对"健康中国"战略的实现具有重要意义。根据《意见》的要求，国家药品监督管理局（NMPA）加快了对未披露测试数据保护的法律改革进程。其最近的重大进展是2018年4月26日世界知识产权日公布的《药品试验数据保护实施办法》草案、2020年10月通过的《中华人民共和国专利法》第四次修订案增加了药品专利保护期补偿制度和专利链接制度。但在过去很长一段时间内，政府暂未提

---

① See Federal Trade Commission, "Emerging Health Care Issues: Follow – on Biologic Drug Competition" p. iii, last modified June 11, 2009, https://www.ftc.gov/reports/emerging – health – care – issues – follow – biologic – drug – competition – federal – trade – commission – report.

② See Trudo Lemmens, "Candice Telfer: Access to Information and the Right to Health: The Human Rights Case for Clinical Trials Transparency," *American Journal Law & Medicine* 38 (2012): 65.

供更严格的保护措施，原因是自主创新的药品并不多，以及药品价格高昂致使患者获取药品困难。而新近的这些改革计划反映了中国创新政策的重大转向，其标志是 2012 年作为国家发展战略而制定的创新驱动发展战略。该国家战略表明了中国已决定从传统经济发展模式转型为创新驱动经济增长的模式。中国政府于 2006 年提出了面向未来的国家战略，以强化自主创新和技术合作。

这些超出《世界贸易组织与贸易有关的知识产权协议》（以下简称"TRIPs 协议"）保护标准的法律（TRIPs-Plus），与拥有全球化制药业、被称为"发展中国家药房"的印度[1]相比，提供了超出国内制药业较低创新能力的高水平保护标准。中国选择药品保护的 TRIPs-Plus 规则的重要考虑是将其视为创新驱动发展战略下国家鼓励医药领域投资并提升产业技术发展的方法。一方面，TRIPs-Plus 规则被视为鼓励制药技术开发、激励跨国制药公司尽快在中国上市创新药的"胡萝卜"。"近 10 年来，中国上市的一些典型新药的时间平均要比欧美晚 5 年至 7 年，国外都已经用了六七年了，而中国可能才上市，这是因为很多制度设计造成了新药在中国上市慢半拍"[2]。另一方面，TRIPs-Plus 保护规则还被视为惩罚原研药延迟进入中国市场的"大棒"，其主要手段是设定限制知识产权保护的具体条件。例如，类似于专利实施义务，获得管制性排他权保护需要品牌药商承担充分供应义务。

这些被称为药品创新保护的 TRIPs-Plus 规则与其他知识产权法一起，共同构成了中国医药创新高保护水平的法律机制。但从制度渊源来看，这些制度发端于美国 1984 年《药品价格竞争与专利保护期延长法案》（以下简称"Hatch-Waxman 法案"）。Hatch-Waxman 法案创立了管制性专有权（数据保护）、药品专利保护期延长、专利链接等制度。因为美国政府积极推行双边、复边和多边自由贸易协定（free trode agreement，FTA）等，它们逐渐在全球范围得到推广。制药业在 TRIPs 协议谈判中不仅取得了在药品专利保护上的重要进展，而且也在 TRIPs 协议第 39.3 条中获得了重大收益：用于产品上市所递交的数据将在法律上得到保护。TRIPs 协议规定

---

[1] See Manthan D Janodia, Aiay chauhan, Shuaib M Hakak, et al.,"Data Exclusivity Provisions in India: Impact on Public Health," *Journal Intellectual Property Right* 13（2008）: 442-446; also see Rory Horner and James T. Murphy, "South-North and South-South Production Networks: Diverging Socio-spatial Practices of Indian Pharmaceutical Firms," *Global Networks* 18, no. 2（2018）: 332-334.

[2] 中国政府网：《让百姓用得起更多救命药放心药》，http://www.gov.cn/zhengce/2017-10/10/content_5230469.htm。

的数据保护不仅成为各成员方所应履行的最低义务，而且也成为制药业在各种国际场合追求更高保护水平的新起点。制药业认为，新药开发面临重大的经济风险，巨额的资金投入需要有较高的利润回报。① 为此，发达国家的原研药商②不仅在国内积极游说立法机构通过强化数据保护的立法，而且还利用双边或多边的自由贸易协定，将这些高水平的立法向发展中国家推广。

　　欧盟和美国、日本等国家规定了超出 TRIPs 协议的药品创新保护。这些创新激励制度中，最为重要的是管制性专有权。即在一定期限内，药品上市主管部门仅允许原研药商使用其递交的，用于证明药品安全性、有效性等信息的数据，药品上市主管部门不得批准其他申请者利用生物等效性研究而递交的上市申请。由于所有药品的上市均须经过主管部门的审批，原研药商的新药申请将自动获得数据的管制性专有权，它在本质上就具有市场垄断的性质。与专利相比，它不需要付出额外的权利获取和维持成本，且更为有效地禁止了学名药的市场进入，因而是比专利制度更为有效、更为重要的保护药品创新的知识产权制度。③ 对于制药业而言，"虽然专利保护是它们最有力的法律武器，但对于它们试图在全球范围内获取可持续的垄断地位而言，却并不是完美的解决方案"④。而管制性专有权保护与药品是否受专利保护无关，仅取决于其申请的药品是否能够得到新药的上市许可。

　　发展中国家的制药企业大多以生产学名药为业，原研药的开发并不是其专长。在 TRIPs 协议缔结之前，大部分国家的专利法并不保护药品专利，也没有针对数据保护的管制性专有权的法律规定。学名药商可以通过生物等效性研究，将学名药与原研药进行比较，并利用原研药的临床试验数据来获得上市许可。其基本依据是，通过上市许可来管制医药产品并不是安全药品进入市场的障碍，或者是干预自由竞争的理由，因为竞争性产品的市场进入将带来药品供给的价格竞争，并最终促进较便宜药品的可获得性，降低社会医疗保障体系的财政支出。在 TRIPs 协议缔结之后，发展

---

① 新药开发的具体成本及其风险见本书第一章第二节的相关内容。
② 原研药商指首次将新药向国家药品监管部门提出上市请求的申请者，其英文术语还包括 sponsors, developers, originators, submitters (of new medicinal products)。
③ See Vinbcent J. Roth, "Will FDA Data Exclusivity Make Biologic Patent Passé?," *Sant Clara Computer & High Technology Law Journal* 29 (2013): 249, 251.
④ See Brook K. Baker, "Ending Drug Registration Apartheid: Taming Data Exclusivity and Patent/Registration Linkage," *American Journal Law & Medicine* 34 (2008): 284.

中国家普遍认为，第39.3条并不影响其药品上市主管部门依据原研药商所提供的数据来评估学名药。在药品不受专利保护的情况下，应该允许学名药的自由竞争。然而，当越来越多的发展中国家参与由美国、欧盟主导的自由贸易协定时，TRIPs协议第39.3条的弹性空间无疑被大大压缩了。①

三

药品的上市管制被认为是制药业开发成本高昂的重要原因之一。药品副作用导致的健康悲剧是药品上市受到严格管制的内在原因。原研药商为获得上市许可，就必须提供药品的安全性、有效性和可靠性等数据。为此，其需要进行耗时漫长、花费巨大、风险极高的临床前试验和临床试验。为激励原研药商的投资，其用于上市许可的数据便应该得到保护。不同于专利制度为激励创新而创设垄断/公开的目标，管制性专有权制度具有不同的权衡（trade-off）目标：原研药商提供新药的安全性、有效性数据，换取在有限期限内对这些数据的保护。其被保护的方式，既可以是基于数据的商业秘密属性，也可以是以市场专有权为基础。管制性专有权保护可与专利保护相重合，也可发挥对专利保护补充兜底的作用，甚至可以获得专利保护所不能提供的利益。因此，"医药产品将通过两种方式禁止学名药的竞争：专利权和管制性专有权"②。专利权可以决定该市场的竞争结构，延缓学名药的上市；药品的上市管制也决定着某一药品能否进入市场。对于前者，国际条约已经有着完整的、系统的规则以协调各国的法律；但是，药品上市管制的具体制度尚未有全球性的标准来协调各国的法律。事实上，这两者之间相互交错，成为影响药品可及性的重要制度因素。③

药品上市许可所需的所有测试，均具有公共利益的目的。原研药商为获得上市许可须递交数据，服务于供给安全药品这一立法目的。相比其他产品开发者，原研药商付出了很高的研发成本，它就理应获得更多的保

---

① 详细介绍见本书第三章的相关内容。
② See Sandra Adamini and Hans Maarse, "Policy Making on Data Exclusivity in the European Union: From Industrial Interests to Legal Realities," *Journal Health Politics Policy & Law* 34, no. 6 (2009): 980, 981.
③ See Karin Timmermans, "Intertwining Regime: Trade, Intellectual Property and Regulatory Requirements for Pharmaceuticals," *Journal World Intellectual Property* 8, no. 1 (2005): 66.

护，以激励药品的创新活动。在美国，专利是原研药商们排除竞争的主要工具，他们既主张国家应该补偿药品上市许可程序所损耗的专利保护期，也主张美国食品药品监督局（Food and Drug Administration，FDA）应该负有积极保护专利权的义务，对于未经授权的学名药，不能批准其上市许可。

在1984年之前，原研药商将递交给美国FDA的、未公开的临床试验或其他数据视为重要的商业秘密，法律规定FDA对这些数据应予以保密，不得受理和批准学名药商依药效等同（therapeutically equivalent products）原则并参考原研药数据而提出的上市申请。1984年"美国通过Hatch-Waxman法案，该法案以向原研药商提供严格的、一定期限的管制性专有权为代价，换取学名药快速进入竞争市场"，"拉上了原研药商（攫取利润的）黄金时代的帷幕"①。但是，对于本就实行学名药快速审批程序的发展中国家而言，作为知识产权国际保护规则的新生事物，管制性专有权制度却是拉开了原研药商在全球蓬勃发展的黄金时代之序幕。

法律保护原研药商递交的数据，既是因为这些数据属于监管部门判断药品是否安全、有效的重要依据，具有重要的公共利益因素；也是因为这是所有药品开发者进入市场的基本门槛，具有重要的商业价值。但是，原研药商在向监管部门递交测试数据时，存在着严重的利益冲突，从而可能影响社会的公共健康。

大体而言，其利益冲突表现为两种类型。

第一，为追求利润，原研药商很有可能对其开发药品的益处和风险进行偏好性的评估，这种有意或无意的偏见将"腐蚀有关药品的公共知识，导致不安全和/或无效药品被批准上市，影响医生开出正确处方。最近一个世纪以来，政府管制缓解了引发侵蚀药品医疗实践的上述问题，但这一问题远未得到彻底的解决"②。据《洛杉矶时报》2011年9月的一项报道，美国疾病控制与预防中心的统计数据表明，在美国，药品致死的人数远远超过交通事故致死的；在2009年，至少有37485人死于药品，这一数目

---

① See Brook K. Baker, "Ending Drug Registration Apartheid: Taming Data Exclusivity and Patent/Registration Linkage," *American Journal Law & Medicine* 34 (2008): 305.

② See Marc A. Rodwin, "Independent Clinical Trials to Best Drugs: The Neglected Reform," *Saint Louis University Journal Health Law & Policy* 6 (2012): 113.

已是10年前的两倍。① 药品的安全性问题往往源自监管部门依据原研药商所递交的数据而做出的决定，而原研药商常常基于利益考虑进行偏好性的评估而忽略药品的风险。

第二，上市许可所需的数据被视为原研药商竞争力的重要载体，一旦公开且能够为竞争者所获取，则其竞争优势将荡然无存，甚至因为竞争者的成本节约而处于竞争的劣势地位。管制性专有权延缓了学名药的上市，避免了相应的价格竞争。一方面，大多数国家提供的管制性专有权并未清楚地规定权利限制情形，这可能与药品专利强制许可实施相冲突，因为获得强制许可实施的药品均会受到管制性专有权的保护，被许可人如不能获得原研药商的同意，药品监管部门则无法律依据批准其药品的上市申请。专利法"Bolar例外"或"受管制产品的试验例外"的制度价值也与数据保护的具体实施相悖。② Bolar例外允许学名药商无须取得专利权人的授权，即可在专利保护期之内测试受专利保护的药品，以获取上市许可所需的生物等效性等数据。该制度的目的在于加快学名药的上市进程，降低药品的价格，以实现药品的可及性。然而，如果管制性专有权的保护禁止了学名药商的快速上市申请，则抵消了Bolar例外的绝大部分制度功能。另一方面，对数据采取保密的方式予以保护的做法广为流行，阻碍了其他研究者为改进药品而使用数据。而安全、有效的药品供给对于公众同样是关键性的利益。

四

当记者们、政治家们和学者们在报纸媒体和各种论坛上连篇累牍地讨论专利制度对药品可及性的影响之时，人们必须清楚地认识到：药品管制创新激励的TRIPs-Plus规则对公共健康特别是药品可及性所产生的核心影响，与传统专利保护所引致的问题一样关键。即强化对药品数据的保护、将专利保护与上市许可予以链接的国际规则是否妨碍了国家和非政府组织以合理价格获取救命药？这种影响有多大？救命药的获取是否应被视为健康权不可分割的一部分？

---

① See Lisa Girion et al., "Drug Deaths Now Outnumber Traffic Fatalities in U. S.," Data Show, L. A. Times, accessed September. 17, 2011, http://articles.latimes.com/2011/sep/17/local/la-me-drug-epidemic-20110918.

② 参见《中华人民共和国专利法》（2020年修正）第75条第5款的规定。

关于药品可及性、公共健康和知识产权保护的文献可谓汗牛充栋，但上述问题却受到了不应有的漠视。一方面，人们将药品的上市管制等同于公共健康的保障；另一方面，人们对上市管制所具有的阻止学名药上市、激励原研药的开发、鼓励药品信息公开的作用认识不够。对于后者而言，人们通常忽视了上市管制制度在药品创新激励中的作用，特别是，人们常常将基于公共健康目标的上市管制制度与基于激励创新目标的知识产权制度割裂开来。本书试图从整体视角出发，认为药品上市管制制度与专利法等知识产权制度一样，都是激励信息产品开发和传播的基本手段。如著名学者 Mark A. Lemley 教授所指出的，知识产权"在本质上是政府管制的一种形式，为实现社会价值的终极目标，政府（以此为手段）限制市场准入，或者在批准市场进入后作为价格控制的替代"①。从这一点出发，也有学者将其归结并统称为后工业时代的财产权观念：管制性财产（regulatory property）。② 这是最集中体现"后工业产权"（postindustrial property）特性的一种类型，"它保护那些为满足产品上市标准而生产并递交给主管部门的信息。鉴于政府'征收或赋权（takings and givings）'属于对已有资源的再分配这一认识，它就会在社会成员之间产生财富转移的效应"③。

基于上述考虑，本书所研究的 TRIPs-Plus 规则主要体现为与药品上市管制有关的制度，包括主要以促进药品可得性、保护原研药为主的管制性专有权、专利链接与保护期补偿制度，也包括以保障药价可承受性为主要目的、促进学名药开发的安全港制度、强制许可制度与权利保护水平调节器等制度。本书从药品可及性的两个方面（即药品可得性与药价可承受性）来看待药品 TRIPs-Plus 规则所具有的价值，并将其置于整个知识产权体系之中，即这些规则本身应该体现为促进药品可得性和药价可承受性。

除绪论、结论外，本书在逻辑上分为三部分共六章。

第一部分包括第一至第三章，研究药品 TRIPs-Plus 规则的理论基础与国际发展趋势。第一章分析药品 TRIPs-Plus 保护规则的经济基础，主要通过研究药品管制的形成原因，探析药品创新市场的基本特征，梳理药品创

---

① See Mark A. Lemley, "IP in a World Without Scarcity," *NewYork University Law Review* 90 (2015): 460, 506. Lemley 教授在近期发表的多篇论文中强调知识产权的管制属性。See: Mark A. Lemley, "The Regulatory Turn in IP," *Harvard Journal Law & Public Policy* 36 (2013): 109; Mark A. Lemley, "Taking the Regulatory Nature of IP Seriously," *Texas Law Review* 92 (2014): 68.

② See Anna B. Laakmann, "A Property Theory of Medical Innovation," *Jurimetrics* 56 (2016): 117, 119.

③ Ibid.

新的成本与收益，它构成了药品 TRIPs-Plus 规则正当性的基础。第二章讨论药品 TRIPs-Plus 规则的基本框架，在研究传统药品专利保护不足的基础上，分析 TRIPs-Plus 规则所确立的制度在促进药品可及性两方面的重要作用，它涉及原研药商、学名药商和社会公众的不同利益。本章还讨论了产权激励的不足，以此为出发点，研发资助、奖励购买、税收优惠等替补制度也是激励药品创新的法律工具，属于广义上的药品 TRIPs-Plus 保护规则。第三章研究 TRIPs 协议第 39.3 条的谈判历史，指出成员方实施 TRIPs 协议的最低义务和不同选择之可能；然后讨论"后 TRIPs 协议时代"制药业试图推行的 TRIPs-Plus 规则的国际进展和在药品创新激励机制中的具体体现，以及它对发展中国家产生的影响。

第二部分包括两章，即第四、第五章，主要研究 TRIPs-Plus 规则中促进药品可得性的具体制度。第四章研究国家在实施药品管制的过程中，如何利用已有的专利权制度，通过药品上市许可与专利保护的协调，强化药品创新激励的实际影响。它包括两项新制度——专利链接制度和药品专利保护期补偿制度，还包括"旧瓶装新酒"的做法——扩张专利权客体。这些制度维护了原研药商的市场排他地位，为其获得充分的市场利润提供了法律依据。第五章研究的管制性专有权是一类崭新的知识产权，它在激励医药创新方面发挥着越来越重要的作用。本章主要研究管制性专有权的基础理论和法律特征，在分析其基本法律属性及其与专利制度的异同之后，研究不同国家实施 TRIPs 协议第 39.3 条的立法模式。本章也讨论了广为学者所赞同的一些立法建议，并指出各种立法模式的优点和缺点。本章还通过比较分析的方法研究管制性专有权的体系构成，并以管制性专有权的中国立场为中心，主张改变建立以公开为基础的管制性专有权体系，澄清管制性专有权的保护对象，明确其权利范围，建立相应的权利限制制度，以实现药品创新激励与药价可承受性之间的平衡。

第三部分为第六章，主要研究促进学名药上市的 TRIPs-Plus 规则，这些制度通过鼓励学名药的市场竞争来降低药品价格，进而保障药价的可承受性。第六章共分四节，第一节研究知识产权保护力度的制度构造，它维护医药领域的市场竞争以实现药品价格的控制，保障患者对药价的可承受性。它既体现在医药市场上维持原研药价格、控制原研药价格以及加速仿制药竞争以降低药价等相互冲突的价值目标上，也体现于原研药商对患者承担的社会责任的软法规则上，更体现于强化技术披露的法律义务方面。第二、第三、第四节研究直接促进学名药上市的法律制度，包括首仿药市场专有权、激励学名药开发的安全港制度（包括 Bolar 例外，以及广义上的实验例外）和强制实施许可，并主张后两项制度应延伸到管制性专有权领域。

结论部分主要内容是总结前述基本论述，针对药品 TRIPs-Plus 规则的具体制度构建拟议相关文本，以供学术讨论与立法参考。

五

本书主要研究药品 TRIPs-Plus 规则，但本书所使用的法律概念中，有部分并不属于法律条文所明确界定的范围，有些尚未约定俗成。因此，本书将首先界定两个重要概念。

第一，本书使用的术语"TRIPs-Plus"在不同语境中有一些细微差异。从本质上看，它描述的是一种自 TRIPs 协议缔结以来，知识产权国际发展的趋势：强化知识产权保护国际标准的场所不再是多边谈判机制，而是以自由贸易协定（FTA）或优惠贸易协定（preferential trade agreements，PTA）为主的双边或地区性协议。一般来说，这些协议通常会在 TRIPs 协议的基础上增加（plus）新的规定。其原因是过去 20 余年来，发展中国家和非政府组织（non-governmental organizations，NGO）联合起来激烈批评知识产权多边论坛偏向权利人，在这种对抗氛围下，旨在强化知识产权保护的多边努力未能获得成功，如世界知识产权组织（World Intellectual Property Organization，WIPO）主导的《专利实体法条约》（*Substantive Patent Law Treaty*）被搁置就是其重要体现。[1] 于是，发达国家（知识产权强国）通过双边谈判的方式分化发展中国家之间的立场，"使得他们难以在一个更广范围的平台上进行谈判"，更容易达成保护水准更高的知识产权规则。[2] 对于那些知识产权强国来说，这具有重要的经济价值。例如，美国 2017 年从其他国家收取的知识产权许可费和使用费高达 1280 亿美元。[3] 从这层意义上讲，在 TRIPs 协议缔结后，由这些 FTA 或 PTA 所建立的知识产权新规则，是强化知识产权保护的规则，是在做权利保护的加法

---

[1] See Jean-Frédéric Morin & Jenny Surbeck, "Mapping the New Frontier of International IP Law: Introducing a TRIPs-plus Dataset," *World Trade Review* 19, no. 1 (2020): 109-122.

[2] 参见张伟君：《TPP 等区域贸易协定中 TRIPs-Plus 条款对 WTO 成员的影响》，《东方法学》2016 年第 1 期，第 93 页。

[3] See World Development Indicators (2018), Washington D. C.: The World Bank, https://datacatalog.worldbank.org/dataset/world-development-indicators. Also see Jean-Frédéric Morin & Jenny Surbeck, "Mapping the New Frontier of International IP Law: Introducing a TRIPs-plus Dataset," *World Trade Review* 19, no. 1 (2020): 109-122.

(plus)、权利限制的减法（minus）。① 这个含义上的 TRIPs-Plus 规则就是增加 TRIPs 协议所未曾保护的知识产权利益之规则。

然而，尽管这些自由贸易协定强化了知识产权保护，但利益平衡原则也一直是知识产权制度的核心原则。TRIPs 协议是如此，FTA 中的知识产权条款也是如此，它们融入的新规则也必然包含权利限制的制度。它们即使是在做权利保护（包括权利客体和权利内容）的加法，但在界定具体边界时，也一样具有限制其权利过度扩张的效应。因此，本书在上述含义上使用"TRIPs-Plus"（即建立在 TRIPs 协议基础上的新增规则），它包括两部分内容：在 TRIPs 协议基础上新增的权利保护规则（后文简称"TRIPs-Plus 保护"）和新增的权利限制规则（后文简称"TRIPs-Plus 限制"）。

第二，本书使用"管制性专有权"（regulatory exclusivity）这一概念，而不是常用的"数据保护"（data protection）或"测试数据保护"（test data protection）概念。如何选择一个准确的术语来概括这一新制度下的不同具体规则，是一个值得深入研究的问题。② 使用"管制性专有权"的主要理由是，这一制度包含数据保护或数据专有权（data exclusivity）与市场专有权（market exclusivity）两个组成部分，但它们具有不同的法律属性，故需要有一个上位概念来概括其共性特征。这些保护制度都以相应产品的上市管制为前提，笔者认为，以"管制性专有权"这一术语来概括内容各异的具体制度是妥当的；同时，有些美国双边自由贸易协定也使用了类似术语，如《美韩自由贸易协定》知识产权章第 18.9 条的标题即为"某些受管制产品的保护措施"（measures related to certain regulatory product）；有西方学者也用该术语来概括这一新型权利，如著名的艾森伯格

---

① See Susan K. Sell, "TRIPS Was Never Enough: Vertical Forum Shifting, FTAs, ACTA, and TPP," *Journal Intellectual Property Law* 18 (2011): 447, 453.

② See Erika Lietzan, "The Myths of Data Exclusivity," *Lewis & Clark Law Review* 20 (2016): 110–119.

教授，① 并且逐渐流行开来。② 此外，使用"数据保护"这一术语还存在一些缺陷，主要是它容易与隐私权保护中的"数据保护"相混同。

后文将指出，不同数据应该给予不同的保护制度，这些为技术创新者提供的激励手段具有不同的保护期限，也具有不同的权利范围和义务范围，学理上并没有得到统一的界定，但它们并非完全独立的一组排他权制度，而是具有一些共同特征：③ ①获得保护条件的相同性。产品的上市受到管制，须获得行政监管机关的审批。创新者提供产品符合法定上市标准的数据，获得上市许可之后自动获得上市方面的排他性保护，并获得行政主管部门的主动保护。②基本特征的相同性。通常情况下，管制性专有权的保护很难被宣告无效，它只保护批准上市的特定产品，阻碍后续创新的可能性非常小，保护期制度等方面受公共政策影响明显，创新产品的保护成本较低。管制性专有权的保护使得创新者获得了市场垄断的优势地位，也有可能产生相应的负面影响，因而有必要评估其保护成效、其与专利保护之间的关系、保护长度和力度的适度性以及公共利益的保障机制。④

此外，管制性专有权的客体可能不限于药品创新。TRIPs 协议第 39.3 条的保护范围不限于药品，还包括农用化学产品；在"后 TRIPs 协议时代"的自由贸易协定中，所有"受管制产品"的开发者用于上市许可的数据均能得到保护。⑤ 药品与其他受管制产品相似的是，它们均涉及公共利益的因素。例如，农用化学产品的上市将影响环境的安全性，间接影响人类的公共健康；用于粮食作物的农用化学产品则更明显地和公共健康有关。与这些产品不同的是，药品的上市和公共健康直接相关，因而更值得特别关注。

---

① See Rebecca S. Eisenberg, "Patents and Regulatory Exclusivity," in *Oxford Handbook on the Economics of the Biopharmaceutical Industry*, eds. P. Danzon and S. Nicholson (Oxford: Oxford University Press, 2012).

② See Robin Feldman, "Regulatory Property: The New IP," *Columbia Journal of Law & the Arts* 40 (2016): 53; Daniel J. Nam, "Patent & Regulatory Exclusivities: The Two Keys Driving Generic and Follow-on Market Availability," *US Pharmacy* 41, no. 6 (2016): 6-9; John R. Thomas, "The End of 'Patent Medicines'? Thoughts on the Rise of Regulatory Exclusivities," *Food Drug Law Journal* 70 (2015): 39; Ravi H. Mistry, Dilip G. Maheshwari, "Regulatory Exclusivity Strategies: Further Protection for Pharmaceuticals in US, Europe and Japan," *World Journal of Pharmacy and Pharmaceutical Sciences* 4, no. 2 (2015): 971.

③ See Yaniv Heled, "Regulatory Competitive Shelters," *Ohio State Law Journal* 76 (2015): 354-355.

④ 梁志文：《管制性专有权：超越专利法的发展》，《法商研究》2016 年第 2 期。

⑤ 具体解释见本书第三章相关内容。

在农用化合物和医药产品领域之外其他受管制的产品领域——例如婴幼儿配方奶粉产品——是否可以设立管制性专有权来激励其技术创新？笔者认为，在综合评估该技术领域因管制产生的成本与保障社会公众利益的前提下，管制性专有权应该具有扩展的前景。

首先，这些创新者与原研药商一样承担了产品上市所需安全性等数据评估的研发成本，而这些研发成果同样难以得到专利法的保护。

其次，因为上市管制有可能延缓产品的上市时机，这同样影响着专利权等传统知识产权制度对创新的激励效应。

再次，尽管管制性专有权的保护范围在国际条约上仅限于化学药品、生物制剂和农用化学产品，但也有成员国将其扩展到其他领域。如美国1997年《食品药品管理现代化法》对第三类医疗设备的上市许可也同样提供了相应的数据保护。[1] 而且，该法还对罕见病药品、儿科药品等产品提供类专利权的市场排他权保护。[2] 这些经验表明，管制性专有权这一激励创新的有效手段同样可以扩展到其他受管制的创新产品领域。

最后，本书使用"数据"来指代管制性专有权的客体，而不是一些研究者使用的"试验数据"，[3] 其主要理由是 TRIPs 协议第 39.3 条所保护的对象不限于测试数据，还包括其他数据。本书也使用"数据保护"这一术语，在通常情况下，它用于 TRIPs 协议及禁止占用（不正当竞争）立法模式下的语境中，是较低保护水平的立法模式之表述。本书还使用"数据专有权"与"市场专有权"共同作为"管制性专有权"的下位概念。

---

[1] See Yaniv Heled, "Regulatory Competitive Shelters," *Ohio State Law Journal* 76 (2015): 347–348.

[2] See Rebecca S. Eisenberg, "Patents and Regulatory Exclusivity," in *Oxford Handbook on the Economics of the Biopharmaceutical Industry*, eds. P. Danzon and S. Nicholson (Oxford: Oxford University Press, 2012), p.184.

[3] 参见中国药学会医药知识产权研究专业委员会：《药品试验数据保护制度比较研究》，中国医药科技出版社2013年版。

上编

总 论

第一章　药品 TRIPs-Plus 规则的理论基础

药品创新是否需要知识产权法律制度予以特别对待？这一问题的回答应首先从药品创新市场的基本特征出发。制药业具有与众不同的行业特征，它牵涉大量不同的利害关系人，也受到国家最严格的管制，以实现相应的政策目标。[①] 国家对制药业的管制目标主要有二：一是激励药品创新，确保公众获取高质量的药品；二是保障药品获取，保障公众能够在可以控制的价格下获得药品。而国家对制药业的激励与管制的目标是否能够实现，关键之处在于其制度建设是否符合药品创新实践的需要。本章试图以药品的创新市场为中心，从宏观上研究药品管制中创新激励制度的经济正当性。

第一节　药品上市的行政许可

各国法律上所指的药品，其定义并无太大差异。一般而言，均是指"用于诊断、治疗、减轻或预防人类疾病，或其他足以影响人类身体结构及生理机能，且非属食品之原料药和制剂"[②]。《中华人民共和国药品管理法》(2019)第2条第2款规定："本法所称药品，是指用于预防、治疗、诊断人的疾病，有目的地调节人的生理机能并规定有适应症或者功能主治、用法和用量的物质，包括中药、化学药和生物制品等。"因此，药品是指人用药品。本书以人用药品的创新激励制度为研究对象，不包括兽药以及农药。

药品与人类生命健康息息相关。为确保药品的安全性、有效性和质量可靠性，并防止药物滥用，世界各国无不对药品的研发、生产、进

[①] See European Commission, "Pharmaceutical Sector Inquiry (Final Report)," p.19, accessed, July 8, 2009, https://ec.europa.eu/competition/sectors/pharmaceuticals/inquiry/staff_working_paper_part1.pdf.

[②] 杨代华：《处方药产业的法律战争——药品试验资料之保护》，元照出版有限公司2008年版，第1页。

口、销售以及药品的标示、使用、广告等事项施以严格的行政管制。美国是世界上最早通过法律来管制药品的国家。1938年，美国发生的磺胺事件导致107人死亡，最终促使美国国会通过了《食品药品和化妆品法案》（Food Drug and Cosmetic Act，FDCA），规定对所有药品的上市进行许可管制，药品上市之前必须进行安全性临床试验，并向美国联邦食品药品管理局（US FDA）提交临床试验的结果证据。而1956年发生的震惊世界的"反应停"事件成为20世纪波及全球的、最大的药物灾难，这种曾用于妊娠反应的药物导致了超过1.5万被称为"海豹胎"的畸形儿童的出生。这促使控制药品市场准入与药品上市许可的行政管制制度在全世界的实施。①

在中国，药品上市许可（即药品注册）的类型包括新药申请、学名药申请、进口药品申请、补充申请和再注册申请等，而药品注册的管理机构包括国家药品监督管理局（National Medical Products Administration，NMPA）和省级食品药品监督管理部门。本书主要以新药与学名药申请为主要内容来研究药品激励机制。中国法律按照药品有效成分的性质，将药品注册分为中药、化学药和生物制品三大类。② 生物制品又分为治疗用生物制品与预防用生物制品。中药及天然药物又分为9类，其中第9类为"学名药"。化学药分为6类，其中第6类为"已有国家药品标准的原料药或者制剂"（即学名药）。治疗用和预防用生物制品均包含15类，其中第15类为"已有国家药品标准的生物制品（疫苗）"（即学名药）。

申请药品上市，申请者首先应在临床前研究的基础上申请临床试验；在临床试验取得药品符合安全性、有效性的基础上，进行药品生产的申请；药品生产和上市后，申请者仍须对药品安全性、有效性和质量可靠性进行监控和临床试验。

临床前研究主要包括基础化合物的筛选与动物实验。为获得临床试验的许可，动物实验等研究的内容主要包括药学和药理毒理研究，其目的是了解一个新型化学成分的药效、毒性及其作为一个药物所需的各种理化性质是否达到要求，以确定其是否具备进入临床试验的条件。③ 首先，必须进行药物安全性的动物实验，其目的在于预测候选药物对于人体所可能导致的不良反应，其获取的资料将用以比较、评估候选药物所带来的医疗利

---

① 参见邵蓉：《中国药事法理论与实务》，中国医药科技出版社2010年版，第56页。
② 国家市场监督管理总局第27号令：《药品注册管理办法》（2020年）第4条。
③ 参见邵蓉：《中国药事法理论与实务》，中国医药科技出版社2010年版，第70页。

益与风险。它包括急性毒性实验、次急性及慢性毒理实验、生殖学及发生学之毒性实验、引致突变研究和致癌性研究。其次，必须进行生物药学实验，其目的在于证明该药物在体内之生物可得性（bioavailability），以及获得评估其药代动力学（pharmacokinetics，包括吸收、散布、代谢、排除）的证据。大体上包括生物可得性实验、生物等效性（bioequivalence）实验、剂量效度相等性（dosage strength equivalence）实验，以及吸收、散布、代谢、排除等药代动力学实验。①

临床研究是药品研发与评估过程中最为重要的一环。在动物实验中获得发展潜力良好的候选药物之后，就必须进行更为广泛、严格和全面的，以正常人类或病患为实验对象的人体临床研究。新药临床研究包括临床试验和生物等效性实验。在中国，申请者必须在完成临床前研究的基础上，经过 NMPA 批准，按照《药物临床试验质量管理规范》（*Good Clinical Practice*，GCP）的要求，对药物作用于人体的安全性、有效性进行研究，必须确保研究结果具有科学意义和可信度，也必须确保受试者安全，符合道德要求。② 临床研究包括临床试验的三阶段。一期临床试验主要进行初步的临床药理学及人体安全性评价试验，观察人体对于新药的耐受程度和药代动力学，为制订给药方案提供依据。二期临床试验属于药品治疗作用的初步评价阶段，对目标适应症患者的治疗作用和安全性做出评估，为三期临床试验研究设计给药剂量的方案提供依据。三期临床试验的目标在于确证药物的治疗作用，进一步验证药物对目标适应症患者的治疗作用和安全性，评价利益与风险关系，最终为药物注册申请审查提供评估依据。

药品上市之后，药品生产者应对药品的安全性进行持续的监管，与医院、医药销售公司等密切合作，对可能发生的药品安全事件进行密切的监测。由于上市前的临床试验时间短、受试人数少，完成临床试验并不意味着药品使用绝对安全，批准上市的药品安全性尚存在不确定性。例如，中国 1000 多万听力障碍者中有 60%～80% 与药物的不良反应有关。因此，

---

① 详细介绍参见杨代华：《处方药产业的法律战争——药品试验资料之保护》，元照出版有限公司 2008 年版，第 7 – 17 页；邵蓉：《中国药事法理论与实务》，中国医药科技出版社 2010 年版，第 70 页。

② 详细介绍参见杨代华：《处方药产业的法律战争——药品试验资料之保护》，元照出版有限公司 2008 年版，第 17 – 20 页；邵蓉：《中国药事法理论与实务》，中国医药科技出版社 2010 年版，第 70 页。

对药品风险控制的法律监管具有重要意义。[①] 药品上市之后的四期临床试验的目标主要是进一步确定药物的疗效和安全性，考察在广泛应用条件下药物的疗效与不良反应，评价在普通或特殊人群中使用药品的利益与风险关系，改进给药剂量等。

图1-1所示为新药注册的申报与审批流程，大体上包括临床前研究、新药临床研究申请、新药生产申请、上市后的监控与四期临床试验。依据《药品注册管理办法》附件1至附件3的规定，新药申请者应按照法定药品分类标准提供申报资料，主要包括综述资料、药学研究资料、药理毒理研究资料、临床试验资料四个部分。临床研究申请的流程包括申报资料、形式审查、初审及现场核查、报送相关资料及报告、技术评审、批准（不批准）临床试验。新药生产申报的基本流程包括申报资料、初审及现场核查、报送相关资料及报告、技术评审、审查生产现场检查、现场检查及药品标准复核、报送相关资料及报告、技术评审、批准（不批准）生产。

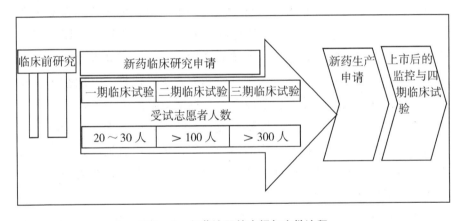

图1-1 新药注册的申报与审批流程

依据《中华人民共和国药品注册管理办法》的规定，学名药注册的条件与程序不同于新药上市的条件与程序，其流程大体上包括四步：申报资料、初审及现场核查、报送检验报告、终审（批准或不批准进行临床研究或生产）。对于批准进行临床研究的，申请人在完成临床试验后应向NMPA药品评审中心报送临床试验资料，NMPA依据技术意见决定是否发给药品批准文号。在学名药申报资料中，对于药理毒理研究资料部分，仅需提供"药理毒理研究资料综述"；而对于主要药效学试验，一般药理学

[①] 参见邵蓉：《中国药事法理论与实务》，中国医药科技出版社2010年版，第72页。

试验，急性毒性试验，长期毒性试验，过敏性（局部、全身和光敏毒性）、溶血性和局部（血管、皮肤、黏膜、肌肉等）刺激性等特殊安全性试验，复方制剂中多种成分药效、毒性、药代动力学相互影响试验，致突变试验，生殖毒性试验，致癌试验，依赖性试验，非临床药代动力学试验等试验资料及文献资料，均可不予提交。① 但是，依据《药品注册管理办法》的规定，生物制品的学名药仍然需要按照新药申请的程序进行申报。因此，实际上，中国仅对中药及天然药物、化学药品的学名药生产提供快速程序做法。

第二节　药品创新的市场特征

消费者通常所指的药品包括传统药品（科学家们常称之为小分子化合物，常以药丸方式销售）和生物药（biologics，常以制剂形式予以注射）。而从药品制造来源来看，人们常将药品分为原研药与学名药。原研药为制药厂或其他研究者开发的新药，常常受专利等专有权保护。学名药常常指非专利药，是与已经授权上市的药品具有生物等效性（bioequivalent）的药品。② 与原研药相比，学名药在安全性、有效性和质量可靠性方面均具有替代性，是合法上市的、比原研药价格更低廉的药品。③ 原研药的制造厂家被称为原研药商（originator company）或品牌药商（brand-name pharmaceutical company），学名药的制造厂家被称为学名药商，它们构成了药品市场的主要供给方。如图 1-2 所示，在影响药品市场的制药厂家、药房、医院、医生与病患等因素中，最重要的是药品供应所涉及的药品开发与上市。

---

① 参见《药品注册管理办法》附件 2 "化学药品注册分类及申报资料要求"第四部分第二点"说明"第 3、第 4 项。
② 《中华人民共和国药品管理法》将其称为"仿制药"，但由于仿制药的术语常常使得人们将其与低质、假冒、缺乏安全等负面信息相联系，笔者赞同中国台湾地区所使用的"学名药"这一术语。
③ See Cynthia M. Ho, *Access to Medicine in The Global Economy*: *International Agreements on Patents and Related Rights*（Oxford: Oxford University Press, 2011），p. 6.

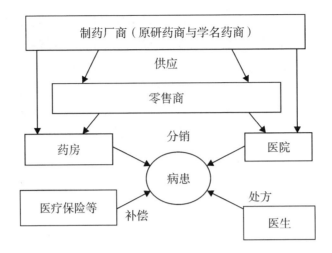

图 1-2 药品市场的基本结构

一、原研药的研发

原研药商积极从事专利药的研发、制造和销售，其开发的新药主要是新分子化合物药品（new molecular entities，NMEs 或 new chemical entities，NCEs），包括小分子化合物，也包括投入了大量资金于生物医药研发获得新的生物制品。小分子化合物通常为单一化合物，通过标准化学技术即可制造。它们与生物制品具有很大的不同，后者聚合大分子化合物，结构更为复杂，制造更为困难。自 1950 年至 2008 年，美国药品与食品管理局（FDA）批准了 1222 项新药的上市申请，其中包括 1103 项小分子化学药和 119 项生物制品。① 但是，除了 NCEs，人们也将原研药商开发的混合已授权化合物而形成的新配方或发现已知化合物新用途的药品也称为新药。②

（一）NCEs 或新型生物制品的开发

原研药商常常声称药品开发耗费时间长、投资巨大且风险高；但这通常仅仅指 NCEs 的开发。一项研究表明，美国现有超过 4300 家公司从事原研药研发，但自 1950 年以来，仅有 261 家公司（约 6%）注册过一项及以上 NCEs。在注册 NCEs 的公司中，仅有 32 家（约 12%）在近 50 年中

---

① See Bernard Munos, "Lessons from 60 Years of Pharmaceutical Innovation," *Nature Reviews of Drug Discovery* 8 (2009): 959.

② See Cynthia M. Ho, *Access to Medicine in The Global Economy: International Agreements on Patents and Related Rights* (Oxford: Oxford University Press, 2011), p. 8.

仍然存在，其余229家（约88%）或者经营失败，或者被并购，或者在并购交易中成立新公司，其中，137家通过并购消失了，9家则完全破产。① 这表明，药品创新的成功率较低。如图1-3所示，药品创新需要经历漫长的时间，其开发时间往往长达10～15年，大体上可分为如下几个阶段：候选化合物的发现、临床测试、上市许可、上市后的监控。

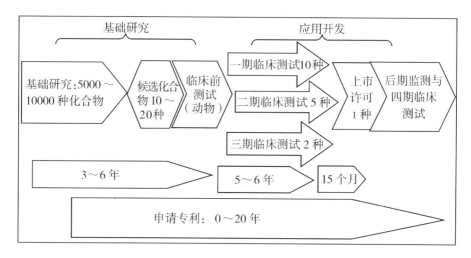

图1-3 药品研究开发过程

一般认为，仅仅从大量化合物中筛选出适合进一步测试的化合物的基础研究所花的时间就长达3～6年。进行动物实验需要花费较长的研究时间，它需要从大量化合物中筛选出少数的候选化合物，在每5000～10000种化合物中能够筛选出1～5种。随着更科学的筛选方法的出现，药品研发的这一阶段所花费的时间将会缩短。② 接下来的临床试验属于药品开发阶段，原研药商在此阶段的研究主要是为了获得新药上市许可所需要的证明安全性、有效性的数据。各国的法律大都规定了三阶段的临床试验，规定对化合物从动物实验转为人类临床试验。由于公众越来越关心制药商可能滥用临床试验这一问题，药品监管部门相应地制定了大量措施来确保临床试验行为处于合理范围。这些措施的执行需要耗费大量金钱和时间，也需要大量志愿者参与。临床试验常常需要几千病患的自愿参与并注册，对每一个病患均需要仔细监控，以确保志愿者的安全以及确定测试的有效性。普遍认为，新药的临

---

① See Bernard Munos, "Lessons from 60 Years of Pharmaceutical Innovation," *Nature Reviews of Drug Discovery* 8 (2009): 959-961.

② See Emily Mchiko Morris, "The Myth of Generic Pharmaceutical Competition Under the Hatch-Waxman Act," *Fordham Intellectual Property Media & Entertainment Law Journal* 22 (2012): 252-253.

床试验需要花费 2～10 年时间，平均为 5～6 年。

自 1980 年以来，获得上市许可之前临床试验所花的平均时间已经超过过去 2 倍以上，而临床试验所需要的志愿者数量也相应地增至 3 倍以上。① 不同于基础研究阶段对化合物的筛选，临床试验成本急剧上升的重要原因之一是越来越多的药品开发系针对慢性病，其测试更为复杂，招募志愿者更难。通过临床试验筛选出一至两个化合物后，原研药商可向主管药品上市许可的行政机关提出新药申请（new drug application，NDA）。在美国，根据药品性质的不同，FDA 的许可程序需要花费几个月乃至几年的时间。在 1993 年至 2003 年间，美国 FDA 的上市许可程序平均花费的时间约为 15 个月。② 从整体上看，由于公众对药品安全性的持续关注，整个新药开发的时间逐年延长。在 20 世纪 60 年代，这一时间是 8.1 年左右；70 年代，新药开发的时间延长至 11.6 年左右；而 80 年代至 90 年代，这一时间延长到 14.2 年左右。③

NCEs 不仅开发时间漫长，还投资巨大。一项广为引证的研究表明，每一项小分子化合物新药在 2000 年的研发成本平均为 8.02 亿美元，而生物制品的研发成本在 2005 年平均为 13.18 亿美元。④ 新近研究成果表明，新药的研发成本大幅提高。研究者在 10 家制药企业获批上市的新药中随机选取 106 项药品为样本，对开发新化合物药和生物制剂的平均税前成本进行评估，在成本评估时还将最终获准上市和被放弃的候选化合物之成本联系起来，每开发一项新药的平均现金成本为 13.95 亿美元，如果以获准上市时 10.5% 的实际折扣率来计算的话，新药获得许可前所付出的总成本高达 25.5 亿美元。同时，其开发总成本每年将提高 8.5%，连同上市后测试的总体研发成本则增高至 28.7 亿美元。⑤

NCEs 的开发成本与其开发时间不断延长相同步。自 20 世纪 50 年代以来，研发费用的增长指数达到每年 13.4%；据美国药品研究和制造商协

---

① See Emily Mchiko Morris, "The Myth of Generic Pharmaceutical Competition Under the Hatch-Waxman Act," *Fordham Intellectual Property Media & Entertainment Law Journal* 22（2012）：253.

② See Emily Mchiko Morris, "The Myth of Generic Pharmaceutical Competition Under the Hatch-Waxman Act," *Fordham Intellectual Property Media & Entertainment Law Journal* 22（2012）：254.

③ Ibid.

④ See J. A. Dimasi, R. W. Hansen and H. G. Grabowski, "The Price of Innovation：New Estimates of Drug Development Costs," *Journal Health Economic* 22（2003）：151；also see J. A. DiMAS and H. G. Grabowski, "The Cost of Biopharmaceutical R & D," *Management Decision Economic* 28（2007）：469.

⑤ See Joseph A. DiMasia, Henry G. Grabowskib and Ronald W. HansencaTufts, "Innovation in the pharmaceutical industry：New estimates of R&D costs," *Journal of Health Economics* 47（2016）：20-33.

会（The Pharmaceutical Research and Manufacturers of America，PhRMA）估计，70 年代以来药品的研发费用平均增长率为 12.3%。[①] 不同时期的研究文献对于药品研发成本的估算也与这一结论吻合。例如，研究文献指出，1963 年至 1975 年间的研发成本为 9200 万美元（4600 万美元临床前、4600 万美元临床试验成本），1970 年至 1982 年的研发成本为 1.925 亿美元（1.11 亿美元临床前、8150 万美元临床试验成本），1983 年至 1994 年间的研发成本为 4.98 亿美元（1.498 亿美元临床前、3.49 亿美元临床试验成本），1990 年至 2003 年间的研发成本高达 7.377 亿美元（1.647 亿美元临床前、5.73 亿美元临床试验成本）。[②]

当然，对于这些研究成本的估算也存在学术争议。有人认为这些研究成果低估了药品研发的成本。例如，DiMasi 对药品研发成本的测算方法并未将 FDA 所要求的、被称为"第四阶段测试"（phase Ⅳ）之成本计算在内。药品准许上市之后，原研药商仍然需要继续监控并获取药品使用中关于其安全性、有效性和最佳配方等的信息。这些上市后的第四阶段监控将使得原研药商承担 2000 万至 3000 万美元的成本。[③] DiMasi 等人的估算也均未考虑在非美国市场上销售时需要获得各国药品监管当局许可所需的成本；同时，从临床试验中成功获得药品上市资格的比率在这些估算中被夸大了，DiMasi 的估算为 21.5%，1970 年至 1982 年的成功率估算为 23.5%，但事实上，现在来自产业的数据表明，这一数值应为 11.5%。[④]

但是，不同研究者获取数据的方法、统计样本的选取等不同，导致了药品研发的成本在预测值上存在较大差异。实际上，每个公司付出的药品开发成本各不相同。例如，在 2000 年至 2008 年间，辉瑞公司（Pfizer）在药品研发上总计投入 600 亿美元，仅获得了 9 项 FDA 授予的 NCEs 上市许可。而在同一时期，普罗基尼克斯（Progenics）制药公司仅投资了 4 亿美元，就在 2008 年获得了 FDA 关于原研药"甲基纳曲酮"（methylnaltrexone bromide, Relistor）的上市许可。因此，其单个 NCEs 的开发成本远远

[①] See Bernard Munos, "Lessons from 60 Years of Pharmaceutical Innovation," *Nature Reviews of Drug Discovery* 8 (2009): 962.

[②] See Steve Morgan, Paul Grootendorst, Joel Lexchin, et al, "The Cost of Drug Development: A Systematic Review," *Health Policy* 100 (2011): 10.

[③] See Charles Steenburg, "The Food and Drug Administration's Use of Postmarketing (Phase Ⅳ) Study Requirements: Exception to the Rules?" *Food Drug Law Journal* 61 (2006): 370.

[④] See Bernard Munos, "Lessons from 60 Years of Pharmaceutical Innovation," *Nature Reviews of Drug Discovery* 8 (2009): 963.

低于辉瑞公司。① 研究者选择样本不同，所估算的研发成本甚至会有几倍的差异。例如，杨（Young）等人对1990年至2000年间NCEs的研发成本所估算的数值（2.67亿美元）远远低于DiMasi对1990年至2003年间NCEs的研发成本所估算的数值（7.377亿万美元）。前项研究的样本数据来自制药业公开报道的研发费用和FDA的新药上市批准公告；后者的研究数据主要来自制药公司未曾公开的、尚未命名药品开发的保密信息，因而不具有可检验性。② 一般来说，类似前者研究所得出的研发成本往往要低于后者。再如，Wiggins对1970年至1985年间NCEs的研发成本估算为1.134亿万美元，其数据主要来源于美国制药业协会（PhRMA）、FDA以及Hansen在1971年的研究数据。③ 得到制药业广为援引的前述DiMasi 2003年的研究成果（约8亿美元）因为使用的是保密信息④，基本上难以让同行对其准确性、代表性和数据敏感性进行评估。因此，尽管为了使第三方能够予以重复、评估而完全公开私有信息并非为科学研究所必须，但如果连其研究所统计抽样的制药公司与药品等数据都无法为第三方研究者所获得，这样的研究自然难以被视为NCEs开发成本估算中令人信服的"黄金准则"。⑤

争议不仅发生在小分子化合物药品的研发成本方面，在生物制品的研发成本上也存在争议。尽管现阶段生物制品在新药中的比重并不大，但在处方药市场上，其日益成为最为重要的组成部分。生物制品大都是来源于活体材料的药品，包括来源于血液的产品、疫苗和大多数蛋白质产品。生物制品的全球市场在2007年即已经达到750亿美元，与传统小分子化合物药品相比，其销售额持续快速递增。在2000年，生物制品占全球销售量最大的100种药品的11%；而到2014年，在销量最大的10种药品中，有7种为生物制品，销量最大的100种药品中，生物制品占到50%。⑥ 通

---

① See Bernard Munos, "Lessons from 60 Years of Pharmaceutical Innovation," *Nature Reviews of Drug Discovery* 8 (2009): 963.

② See Steve Morgan et al., "The Cost of Drug Development: A Systematic Review," *Health Policy* 100 (2011): 10.

③ See Steve Morgan et al., "The Cost of Drug Development: A Systematic Review," *Health Policy* 100 (2011): 14.

④ See J. A. Dimasi, R. W. Hansen, H. G. Grabowski, "The Price of Innovation: New Estimates of Drug Development Costs," *Journal Health Economics* 22 (2003): 151.

⑤ See Steve Morgan et al., "The Cost of Drug Development: A Systematic Review," *Health Policy* 100 (2011): 11.

⑥ See Sarah Sorscher, "A Longer Monopoly for Biologics?: Considering the Implications of Data Exclusivity as a Tool for Innovation Policy," *Harvard Journal Law & Technology* 23 (2009): 285–286.

常认为，生物制品的开发不同于小分子化合物药品，其更为复杂。DiMasi 2007 年估算的生物制品研发成本达到 13.18 亿美元，远远高于后者。① 但在本质上，这两者的开发成本相差不大。尽管生物制品的测试开发和许可期限（约 97.7 个月）长于小分子化合物药品（约 90.3 个月），但生物制品在测试中获得成功的概率（约 30.2%）也要高于小分子化合物（约 21.5%）。② 因此，两者之间的开发成本相差不大。

IMEs 的研发成本是原研药商的重要成本，但从整个药品商业化的成本来看，它也只是其重要成本之一。如图 1-4 所示，药品的营销与促销成本、制造成本均高于研发成本。③ 原研药商大都是大型跨国企业，其基础研究的展开往往是全球化的。药品开发的整个过程是全球整合的，候选化合物一旦被筛选出来，临床前试验和临床试验尽管可能需要在某一国家或地区进行，但在整体上是全球化规划的。不同于药品研发的全球化整合，营销与促销却是本地化的。因为欧盟和中国等大多数国家均禁止面向患者的直接广告，原研药商需要派出大量销售代表向医生解释药品的用途及其安全性、有效性和高品质。其他的营销活动还包括医药专业杂志上的广告投放、临床研究的资助、医药领域继续教育的赞助、会议赞助和样品免费试用等。从整体上看，其雇用的工作人员是研发人员的两倍。④

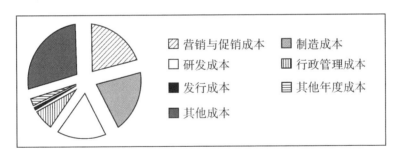

图 1-4 原研药商的成本构成

资料来源：European Commission, Pharmaceutical Sector Inquiry (Final Report), pp. 32, 40, July 8, 2009.

---

① See J. A. Dimasi and H. G. Grabowski, "The Cost of Biopharmaceutical R & D," *Management Decision Economics* 28 (2007): 469.

② See J. A. Dimasi and H. G. Grabowski, "The Cost of Biopharmaceutical R & D," *Management Decision Economics* 28 (2007): 472 – 473.

③ See European Commission, "Pharmaceutical Sector Inquiry (Final Report)," p. 32, accessed July 8, 2009, https://ec.europa.eu/competition/sectors/pharmaceuticals/inquiry/staff_working_paper_part1.pdf.

④ Id., p. 30.

尽管原研药商认为其营销行为有助于繁忙的医生获得药品的新用途等信息，但他们并不会完全客观地向医生提供整个药品的信息。且在美国和新西兰，法律允许面向处方药所针对病情的患者的直接广告，大量广告投入用以游说患者，以期通过患者影响医生开出的处方。有很多药品广告劝说消费者选择新药（常受专利保护），但事实上有些新药并无显著的疗效改变，只是因为最初的专利药保护期届满，而学名药的竞争已经导致价格的降低（学名药商的成本构成如图1–5所示），原研药商急需受专利保护的新药来获取利润。例如，因为胃药奥美拉唑（Prilosec）专利保护期届满而成为学名药，其制造商阿斯利康（Astra Zeneca）以新品牌"耐信"（Nexium）上市了相似的药品。耐信被当作已成为学名药的奥美拉唑的改进版向消费者推销。其实，与奥美拉唑相比，其仅是在剂量上更多而已。除此之外，阿斯利康将耐信的定价略低于先前上市的奥美拉唑，并向医院和医生提供额外的折扣和免费试用样品。大多数使用奥美拉唑的患者因而转用耐信。① 不仅如此，原研药商进行的临床研究常常与广告等营销行为相联系。例如，有时原研药商进行临床试验的目标是表明其优于其他药品，特别是临床研究表明了药品治疗效果提高或副作用降低的话，研究结果就有助于劝说消费者（包括购买者或予以补助的机构）相信新药的价值。有些公司认识到可能存在的风险，他们有时是将其产品与竞争者的低剂量产品进行比较，尽管从科学角度来说这样的比较并不公平，但这些具体的细节常常不会为患者所知。因此，原研药商投入营销的成本常常受到人们的批评。②

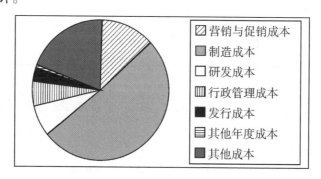

图1–5　学名药商的成本构成

资料来源同图1–4。

---

① See Cynthia M. Ho, *Access to Medicine in The Global Economy: International Agreements on Patents and Related Rights* (Oxford: Oxford University Press, 2011), p. 33.
② Id., p. 32.

尽管大多数原研药商为大型跨国企业，但也有少数原研药商属于中小企业。方兴未艾的生物医药研究也大都由中小型企业承担。它们缺乏足够的资金来完成药品从基础研究到上市许可的所有步骤，因而常常将其药品开发行为限定于特定领域，例如特定药品的处方（specific indication or pharmaceutical formulations），其主要的盈利方法是向大型药商许可或出售其创新成果。① 大型跨国原研药商主要通过药物销售来获得足够的利润。因为原研药商开发的 NCEs 均受法律赋予的专有权保护，其有权制定很高的销售价格。从全球范围来看，原研药商在各国通过区别定价（price differentiation）的方式销售药品，从而获取最大的利润回报。但销售定价的差异主要与各国法律和管制环境有关，服务于其利润回报目标，并不与国家的经济发展状况相对应。在发达国家和发展中国家销售的原研药可能在价格上并无实质性区别，即使发展中国家的患者只有少数人购买得起高价药。② 出于原研药商逐利之本性，大量 NCEs 的开发均以能够为公司带来巨大利润的国家或地区中常见的病症为目标。虽然它包括所有国家的居民均有可能患上的心脏病、高血压、癌症等，③ 但是，如常常发生在发展中国家的热带疾病的治疗药物奇缺表明了原研药商缺少动力去投资研发。由于患者的数量较少、利润较低，原研药商也缺乏足够的动力去开发儿童用药和罕见病药品等新药。与之相对，慢性病的治疗药物是原研药商开发的重点。慢性病既包括现在技术条件下尚不能治愈的严重疾病，如艾滋病或人类多发性硬化病等；也包括不危及生命但影响生活质量的疾病，如精神抑郁、哮喘病、男性脱发等。④

（二）其他新药的开发⑤

尽管对 NCEs 研发成本的估值存在争议，但人们的共识是：NCEs 的研发成本高于其他创新产品。另一类新药是对已获得上市许可的化合物药品予以改进所形成的新药，它的开发成本明显低于 NCEs。它主要包括四种不同形式的新药。

---

① See European Commission, "Pharmaceutical Sector Inquiry（Final Report），" p. 24, accessed July 8, 2009, https://ec.europa.eu/competition/sectors/pharmaceuticals/inquiry/staff_working_paper_part1.pdf.

② See Cynthia M. Ho, *Access to Medicine in The Global Economy: International Agreements on Patents and Related Rights*（Oxford: Oxford University Press, 2011），pp. 27 – 28.

③ Id., p. 28.

④ See Cynthia M. Ho, *Access to Medicine in The Global Economy: International Agreements on Patents and Related Rights*（Oxford: Oxford University Press, 2011），p. 29.

⑤ Id., pp. 10 – 13.

1. 新剂量或新给药形式的药品（new dosage and new deliveries）

前者是指对已许可上市并取得一定商业成功的药品之剂量予以调整。例如，以 Fosomax 为品牌销售的治疗骨质疏松症的药品属于 NCEs，但它需要每天服用；后来，以 Fosomax Once Weekly 为品牌销售，使用同一活性成分的药品，则仅需一周服用一次。后者是指将药品进行满足消费者（患者）需求的改变，如将注射药改为服用药丸。

2. 将已知化合物予以新的组合

因为被组合的化合物均已被许可上市，其属性即可预测，故其开发时间和成本将会少很多。例如，以 Allegra 为品牌销售的过敏缓解药属于 NCEs，但后来以 Allegra-D 为品牌销售的、包含了某一已知解充血剂的药品，就属于新的组合药。如果已知的过敏缓解药已经成功地加入该解充血剂而没有副作用，将其加入 Allegra 就很可能不存在技术上的问题，因而可以缩短研发时间、节省研发成本。

3. 新用途的药品

尽管利用已有药品去研究是否具有新的治疗作用也具有极大的不确定性，但同样会缩短研发时间、降低其研发成本。例如，治疗艾滋病的 AZT 在该疗效被确认之前即已经被发明并获得上市许可。新用途药品的上市许可时间将非常短，自 AZT 在实验室被发现对艾滋病的治疗具有效果之后，仅仅 2 年就通过了药品监管部门的上市许可。

4. 药品的新衍生物（new variations）

因为已上市药品的安全性和有效性已得以确认，而多数情况下对其化合物的轻微变动仅是使其略有不同，尽管同样需要一些临床试验的研究工作，但往往可以省略早期的测试阶段，而且在某些情况下还可以将药品的新衍生物视为与已上市药品具有生物等效性，故仅需少量的临床试验。因此，此种新药的开发并不具有开发时间长、投资巨大和风险高的特性。

二、学名药的研发

学名药（generic drug）是指与原研药或被学名药具有同样数量和质量的活性物质、具有同样给药形式的药品，或者证实与原研药具有生物等效性的药品。在欧盟和美国法律上，符合上述条件的学名药上市许可的申请者可以免于进行临床前试验和临床试验来证明药品的安全性和有效性，因为药品监管部门将依据原研药申请者所提供的这些数据来予以评估。① 由于临床前试验和临床试验占据了原研药开发成本的一半甚至2/3以上，学名药的开发上市节省了大量的费用——不仅节省了花费昂贵的临床试验，学名药的开发者还节省了药品的基础研发费用。因为它仅是对已经上市原研药的复制，其必要的研发成本主要体现在两个方面。其一，因为原研药专利所公开的技术信息可能缺乏药品生产的必要诀窍，学名药商需要投入资金予以研发，以掌握相关的技术诀窍。② 其二，学名药商尽管可以依赖原研药商提供的药品安全性、有效性数据，但其必须进行临床试验来证明两者之间具有生物等效性。从整个成本构成的相对值来看，如图1-4与图1-5所示，学名药的开发成本仅占整个成本的7%；原研药的开发成本则高达18%。从药品开发者投入的实际成本来看，两者更是相差悬殊。一般认为，美国学名药的上市研发费用平均为200万美元左右。③ 而原研药的开发成本要比其高得多。如前所述，其开发成本常常被认为达到8亿美元（DiMasi，2003）。④

一般来说，学名药商比原研药商的规模要小很多，它们大多数属于主要服务于本地市场的中小型企业；当然，也有少数面向全球供给药品、年现金流超过百亿的大型企业。学名药商的基本商业模式是：开发对象是原研药商最具经济价值的成功药品，且自原研药专有权保护期限届满之日起尽快进入市场。在某些情况下，学名药也会在原研药专有权保护期届满之前投入市场。这是因为学名药商有足够的证据确信原研药专利是无效的，或者其产品设计能够避免侵犯专利权。⑤ 在有些情况下，原研药商为避免学名药上市之后与原研药发生直接的价格竞争，或者为了避免专利无效宣

---

① See 21 U. S. C. §355（j）（2006）.（U. S. C.，United States Code，美国法典；此处法条指参见《美国法典》（2006年）第21章第355（j）条，余处相似描述依此解读。）

② 关于专利申请中技术诀窍的保留与公开充分性条件的关系，参见梁志文：《论专利公开》，知识出版社2012年版，第134-144页。

③ See Benjamin N. Roin, "Unpatentable Drugs and the Standards of Patentability," *Texas Law Review* 87（2009）：503，511. 也有研究认为，其费用在100万至500万美元之间。See Federal Trade Commission, "Emerging Health Care Issues: Follow-on Biologic Drug Competition" p. iii, last modified June 11, 2009, https://www.ftc.gov/reports/emerging-health-care-issues-follow-biologic-drug-competition-federal-trade-commission-report.

④ See J. A. Dimasi, R. W. Hansen and H. G. Grabowski, "The Price of Innovation: New Estimates of Drug Development Costs," *Journal Health Economic* 22（2003）：151.

⑤ See European Commission, "Pharmaceutical Sector Inquiry（Final Report），" p. 35, accessed July 8, 2009, https://ec.europa.eu/competition/sectors/pharmaceuticals/inquiry/staff_working_paper_part1.pdf.

告所带来的负面影响，它们甚至向学名药商支付费用以避免学名药的上市或专利诉讼，从而保障原研药的市场垄断。此即在欧美颇受争议的反向支付协议。① 学名药的提供还可能来自原研药商本身。学名药本身也存在巨大的利润空间，为了抢占市场先机，享受领先者优势，原研药商有时会抢在学名药商之前推出所谓的"授权学名药"。②

学名药价格竞争的优势主要来自研发费用的节约。但是，关于学名药研发成本的研究常常是以小分子化合物药品为对象的，生物制品的仿制成本与之有着本质的区别，从而造成学名药的市场进入障碍。③

第一，相比小分子化合物药品，生物制品的生产更复杂，更具变异性，也更难重新设计。④ 尽管一些简单的生物制品可以安全地予以复制，但大多数用来治疗癌症和免疫类疾病的药品则很难予以复制。产品生产所需的气温、时间、提纯条件等因素的轻微改变均可给产品带来具有临床意义但尚未被披露的重要影响。此外，因为生物制品的专利申请很可能在研发的早期阶段就已提出，相关的药品信息常常作为商业秘密受到保护，生物制品学名药的生产仍需要投入资金来掌握其制造技术。

第二，学名药的上市也需要必要的临床试验来获取生物相似性（biosimilars）数据，而这些试验的范围将大大高于小分子化合物药品。据一项研究表明，生物制品的仿制成本在1亿～2亿美元之间，需花费8～10年的时间。⑤

第三，与化学药品的学名药不同，生物学名药同样要依据新药的程序

---

① See C. Scott Hemphill and Mark A. Lemley, "Earning Exclusivity: Generic Drug Incentives and the Hatch-Waxman Act," *Antitrust Law Journal* 77 (2011): 947.

② See European Commission, "Pharmaceutical Sector Inquiry (Final Report)," p. 35, accessed July 8, 2009, https://ec.europa.eu/competition/sectors/pharmaceuticals/inquiry/staff_working_paper_part1.pdf.

③ 在美国法上，generics 通常用以指小分子化合物药的仿制，而在生物制品领域，常常使用 follow-on 这一术语。See Woodcock J., "Follow-on Protein Products, Statement before the Committee on Oversight & Government Reform," (110th Congress of U.S. House of Representatives, New York, 2007), p. 3. 但两者并无本质上的区别。生物制品（biological products）在美国法上被界定为："any virus therapeutic serum, toxin, antitoxin, or analogous product applicable to the prevention, treatment or cure of diseases or injuries of man." See Biological Products, 21 C.F.R. §600.3 (h) (2008). (C.F.R., Code of Federal Regulations, 美国联邦法规汇编)

④ See Sarah Sorscher, "A Longer Monopoly for Biologics?: Considering the Implications of Data Exclusivity as a Tool for Innovation Policy," *Harvard Journal Law & Technology* 23 (2009): 285, 304-306.

⑤ See Federal Trade Commission, "Emerging Health Care Issues: Follow-on Biologic Drug Competition" p. iii, last modified June 11, 2009, https://www.ftc.gov/reports/emerging-health-care-issues-follow-biologic-drug-competition-federal-trade-commission-report.

来进行注册，此也需要投入大量资金来进行临床前研究和临床研究，以获取上市许可所需的安全性、疗效性等数据。

第三节　药品的生命周期与投资收益

药品研发成本投入大、耗费时间长，其投资收益与药品生命周期密切相关。药品的生命周期长既保障了投资药品研发的丰厚回报，也从整体上增进了人类健康，提升了社会福利收益。

一、药品生命周期与原研药商的投资回报

产品生命周期是分析和解决商业问题的理论中最为古老的一个概念，它将产品的销售从整体上划分为进入市场、市场增长、市场成熟、市场消退等四个阶段。科学技术的发展日新月异，有很多产品在更短的时间内被更为先进的技术所替代，特别是电子消费产品，其生命周期都非常短。与其他产品不同的是，药品的生命周期明显较长。如前所述（图1-3），为满足药品上市许可的条件，药品从研发到上市（进入市场）的时间将长达12～15年；同时，药品研发的风险很高、投资巨大（图1-4）。这使得药品一旦被成功开发并推向市场，在很短的时间内很难出现具有功能替代性的、含有新的有效成分的药品。因此，原研药开发者不仅能够在较长的时间内凭借其领先地位、知识产权保护的优势来获得投资回报，而且能够在面临学名药价格竞争的情况下仍然获得较高的生产利润。

原研药的投资回报首先来自先发优势所带来的市场份额占有优势。原研药商作为新药的开发者，率先进入市场后能够从其垄断地位中获得较高的定价权；之后，原研药可以品质优良、疗效可靠等形象对消费者（患者）、医生产生吸引力，使其难以转移到学名药的消费上。[①] 相比于电子消费品等产品，药品的生命周期明显较长。例如，青霉素现在仍然被广泛使用。这使得原研药在面临仿制药竞争的情况下仍然可以获得市场利润。在知识产权保护期内已收回投资成本并获得合理回报的原研药商，其药品制造成本比仿制药更低，质量更受患者信赖，也更具有竞争优势，如前述

---

① See John Hudson, "Generic Take-Up in the Pharmaceutical Market Following Patent Expiry: A Multi-Country Study," *International Review Law & Economic* 20 (2000): 205, 207.

已过保护期的"万艾可"和"格列卫",同样具有非常高的市场份额。

知识产权制度对于药品创新的投资回报至关重要。原研药拥有的专利权能够控制新药的生产、销售、许诺销售、使用和进口等,阻止学名药进入竞争市场,从而能够获得超竞争的垄断定价。为了保障药品创新能够获得足够的回报,研发者往往在新药的基础研究开发阶段就开始申请专利;并且,为了获得持续的竞争力,在药品研发的后续各阶段中,研发者在整个药品生命周期内将不断申请专利。原研药商为后续研发成果申请的额外专利,尽管在新颖性、创造性等有效性方面的效力存疑,但由于专利无效纠纷的诉讼成本较高,原研药商同样能够获得事实上的垄断地位。

一般来说,这些后续阶段申请的专利权的保护范围并不是针对药品的有效成分,它往往与药品的辅助元素相关。后续申请的专利,其保护期届满日期也将延后,这使得原研药获得了比基础发明专利保护时间更长的市场垄断。例如,抗抑郁药"帕罗西汀"(Paxil)的生产商就获得了10个后续专利,如果没有学名药商的专利无效诉讼导致这些后续专利被宣告无效,其最后申请的专利保护期将延长到2019年,而专利无效诉讼使得学名药在2003年就进入了竞争市场。[①] 有时,原研药商也会在后续阶段中申请与基础发明有关的新配方或其他与产品线有关的发明专利,这种专利获取策略被称为"常青专利"(evergreening patent),它强化了原研药商的竞争优势,延缓了学名药的竞争,从而使得原研药商获得较高的利润回报。

原研药商不仅能够从专利权保护中获得利润回报,而且还能够从药品上市的行政保护中获得利润回报。原研药商的利润回报还包括政府对基础研发的投入以及医疗保障体系对原研药的定价保障。政府对药品基础研发的投入抵充了原研药商投入的很大一部分研发成本。例如,美国政府和私立基金投入医药研发的资金达到每年600亿美元之巨,美国卫生研究院(National Institutes of Health,NIH)每年所获得的研发资金从第二次世界大战时期的70万美元上升到2010年的300亿美元。[②] 医疗保障体系对药品的定价和补偿机制的目标有三:确保病患能够获得必须药品;管控药品

---

① See C. Scott Hemphill & Bhaven N. Sampat, "Evergreening, Patent Challenges, and Effective Market Life in Pharmaceuticals," *Journal Health Economic* 31 (2012): 327.

② See Kenneth J. Arrow, Kamran Bilir, Shannon Brownlee, et. al., "Valuing Health Care: Improving Productivity and Quality," p. 15, accessed April 20, 2012, https://papers.ssrn.com/sol3/papers.cfm?abstract_id=2042644.

价格，确保医疗保障预算具有可持续性；维持对药品创新的激励。① 将原研药纳入医疗保障体系的药品目录，扩大了其受保护范围。例如，对于处于专有权（market exclusivity）保护期之内的药品，德国法要求基本医疗保险基金和原研药商之间进行直接谈判，这些在专有权之内达成的合同无须进行投标即可延伸到专有权保护期届满之后。如果病人是该合同所涉之基金的保障对象，法律则强制要求药房将这些药品配送给病人。②

  原研药商有时在原研药专有权届满之前抢先推出学名药，这被称为"授权学名药"。一般来说，药品的制造成本在整个生产成本中所占的比重较低，这导致学名药的生产成本远远低于原研药。学名药商提供了价格更低却具有同样疗效的药品，与原研药的价格竞争从整体上降低了社会支出的医疗费用。但是，学名药的进入并未严重影响原研药商的利润回报。一方面，学名药的竞争是促使原研药商进行新药研发的动力。因为价格竞争将导致原研药商不能对药品予以垄断定价，追求高额利润的动机就会促使原研药商投资开发具有高额回报的新药。另一方面，学名药能够进入医药市场本身就表明该市场存在足以吸引投资的利润回报，否则，就不可能有学名药的投资。

  相比于学名药商，原研药商更具成本优势。由于学名药也存在上市许可的成本，特别是生物制品领域，学名药的上市需要按照新药程序来申请与审批；原研药的这部分成本已经属于沉没成本，如果原研药商在学名药上市之前凭借其专有权的垄断地位已经收回新药的研发成本，那么，原研药商的生产成本将更低。因此，原研药商对学名药的生产更具成本优势。原研药商提供"授权学名药"还具有更多的竞争优势：利用其专有权保护之优势抢先推出学名药，获得市场的领先者优势；同时，作为原研药商，对于消费者具有品质优良、疗效可靠之良好形象，有助于其学名药的市场销售。

  然而，原研药商们宣称其获取利润的前景一片黯淡，似乎在不久的将来，原研药将越来越少。欧盟的原研药商们声称其正处于转型阶段，制药产业整体存在五个基本趋势：重建新药开发的渠道困难重重，新药申请的数量逐年下降；对药品安全性、有效性的管制越来越严格，导致研发成本

---

① See European Commission, "Pharmaceutical Sector Inquiry (Final Report)", p. 131, July 8, 2009, https://ec.europa.eu/competition/sectors/pharmaceuticals/inquiry/staff_working_paper_part1.pdf.

② Id., pp. 146–147.

越来越高；社会医疗保障体系对药品价格和补偿的控制越来越严；大量"明星药"的专利保护期即将届满；基因制药、蛋白质药品和个性化医药将得到进一步发展。① 相似的论调也充斥在美国制药业的宣传之中，例如，礼来公司解雇了几千个工作人员，进行一系列并购、联合，此类现象被认为是制药业中最为常见的。② 但事实上，这很难解释制药企业逐年高速增长的净利润率和资产净收益率。Fellmeth 将 2003 年世界 500 强中前 300 强的大型企业与 9 大制药企业的净利润率进行比较，得出的结论是：9 大制药企业的中位净利润率（median return on equity）是其他 277 家企业的 4 倍（58.5% 与 13.4%），平均净利润率的差别则更大（52.1% 与 11.4%）。③ 从整体来看，2016 年世界 500 强中 12 家制药公司的平均净利润率（23.58%）是其他所有企业（5.46%）的 4 倍多，其平均净资产收益率（11.2%）与其他所有企业（3.03%）的差别也高达 3 倍多。从个体来看，明星药"修美乐"2017 年的销售收入竟高达 184 亿美元；2017 年排名前 10 的明星药的年度销售额超过 56 亿美元。销售额第 100 名为辉瑞公司专利保护期届满的"万艾可"，它也超过了 12 亿美元。④

二、药品生命周期与社会收益

从社会层面来看，药品较长的生命周期带来了较高的社会收益。第一，病患直接从药品研发中获益。新药的研发攻克了人类曾经的不治之症，有效地改善了病患的生活质量。自 1950 年以来，以研究为基础的制药业开发了绝大多数的新药和疫苗（new medicines and vaccines），其数量超过 1500 项。⑤ 医药技术的进步改善了人类的生活质量，提高了人类生存环境的安全性。一项研究表明，在美国，每一种新药上市，美国人的平均

---

① See European Commission, "Pharmaceutical Sector Inquiry (Final Report)", p. 33, July 8, 2009, https://ec.europa.eu/competition/sectors/pharmaceuticals/inquiry/staff_working_paper_part1.pdf.

② See Emily Mchiko Morris, "The Myth of Generic Pharmaceutical Competition Under the Hatch-Waxman Act," *Fordham Intellectual Property Media & Entertainment Law Journal* 22 (2012): 215 – 246.

③ See Aaron Xavier Fellmeth, "Secrecy, Monopoly, and Access to Pharmaceuticals in International Trade Law: Protection of Marketing Approval Data Under the TRIPs Agreement," *Harvard International Law Journal* 45 (2004): 453, 470.

④ 风云："2017 年全球药物销售额 TOP 100"，新康界，http://med.sina.com/article_detail_103_2_42119.html, 发布日期: 2017 年 5 月 25 日。

⑤ See Bernard Munos, "Lessons from 60 Years of Pharmaceutical Innovation," *Nature Reviews of Drug Discovery* 8 (2009): 959.

预期寿命就会提高大约1周的时间。① 人类寿命的预期大大延长。例如，美国人从1900年的平均47岁增升至2000年的77岁。这就意味着，在整个20世纪，美国人的寿命每年延长110天或每周延长2天。其原因之一是医药技术的进步使得新生儿的死亡率下降了90%以上，其中，电解液治疗（electrolyte therapy）和抗生素的使用使新生儿死亡率降低了52%。② 第二，人类生命质量的改善促进了社会福利收益的增长。尽管生命很难用金钱来衡量，但学界普遍将人的每一年生命估值为7.5万至15万美元，医药研发所带来的社会收益是难以评估的。③ 有学者的研究结论是：从1970年至2000年，（美国）国民财富每年所增长的3.2万亿美元、累积超过95万亿美元（约超过国民生产总值的一半）是长寿所带来的。仅心脏病一项，因死亡率降低带来的生命价值，自1970年以来就每年高达1.5万亿美元（Kevin Murphy & Robert Topel, 2006）；而William Nordhaus在2003年的一项研究表明，寿命的提高对于经济增长的贡献等于所有其他促进经济增长的因素的总和。④

然而，也很难说"药品研发投入都将带来社会收益，因为有些药品研发活动未能满足临床试验的要求而失败了，有些药品与已有药品相比并不具有疗效上的优势，更有些药品其副作用甚至大于疗效，例如疼痛缓解剂药品'万络'（Vioxx）。但是，从整体上讲，对药品的研发投入产生了实质性的社会收益"⑤。这应该归功于严格的药品上市管制制度，它降低了不安全的新药出现在市场上的可能，但这并不意味着社会福利的损失。虽然有人认为，新药上市的数量与20世纪50年代（严格管制之前）相比下降很明显，这是现有制度对药品研发激励不足之表现；但是，严格的药品管制带来了药品质量的改善。据一项对1982年至2003年全世界上市的新药的数量和质量所作的研究表明，尽管在这一期间每年进入市场的NCEs

---

① See Benjamin N. Roin, "Unpatentable Drugs and the Standards of Patentability," *Texas Law Review* 87（2009）: 503, 514.
② See Kenneth J. Arrow, Kamran Bilir, Shannon Brownlee, et. al., "Valuing Health Care: Improving Productivity And Quality," p. 12, accessed April 20, 2012, https://papers.ssrn.com/sol3/papers.cfm?abstract_id=2042644.
③ See Benjamin N. Roin, "Unpatentable Drugs and the Standards of Patentability," *Texas Law Review* 87（2009）: 503, 514.
④ See Kenneth J. Arrow, Kamran Bilir, Shannon Brownlee, et. al., "Valuing Health Care: Improving Productivity And Quality," p. 12, accessed April 20, 2012, https://papers.ssrn.com/sol3/papers.cfm?abstract_id=2042644.
⑤ See Benjamin N. Roin, "Unpatentable Drugs and the Standards of Patentability," *Texas Law Review* 87（2009）: 503, 514–515.

（新型化学成分药品）在数量上不断下降，但高质量的 NCEs 数量在稳步上升。生物技术产品和罕见病药品均有大幅度的增长，特别是治疗癌症的药品。① 减少劣质新药的上市，本质上有助于消费者福利的提高，对于社会而言是一种福利收益。

本 章 小 结

药品研发的进步带来了巨大的社会福利收益。由于药品的上市涉及人类的生命健康，故必须严格评估其安全性、有效性和质量可靠性。原研药商是新药上市的主要承担者。虽然药品的研发投入大、风险高、时间长，但由于药品的专利保护和其他激励机制的存在，其投资回报率也高。药品上市许可所需的投入虽然巨大，但也可能存在一定的"浮夸"，而且药品创新的激励机制也带来了药品获取的障碍。这使得在药品创新激励水平适当性上的设置存在一定的困境，它不仅体现在创新激励的制度构建本身，也体现在激励竞争的制度方面，后者主要表现为学名药上市的激励机制。而由于创新能力不同，发达国家和发展中国家关于这些制度的妥当性的争议不仅存在于国内层次，也存在于国际层次。

---

① See Henry G. Rrabowski and Y. Richard Wang, "The Quantity and Quality of Worldwide New Drug Introductions, 1982–2003," *Health Affairs* 25, no. 2 (2006): 452.

第二章 药品 TRIPs-Plus 规则的基本框架

因为新药可能存在严重影响人类健康的副作用,对药品上市的管制是降低其负面影响的法律选择。但是,对于药品上市的严格管制提高了药品研发的成本,延缓了药品上市的时间,因此它降低了对药品创新的激励作用。一般认为,药品创新的法律保护是激励原研药商研发投资的重要动因。对药品研发的激励机制主要体现为专利权的保护。但随着药品上市行政管制的进一步发展,药品监管制度的功能也逐渐发生了变化。即药品上市管制的功能既包括保障药品的安全性、有效性和质量可靠性,也包括通过对药品上市的监管来控制学名药的上市,达到保护药品创新、鼓励药品创新投资的作用。这些激励药品创新的制度构成了 TRIPs-Plus 规则的主要内容。

第一节 传统专利法保护药品创新的优点与不足

药品创新激励机制的本质在于赋予新药的研发者(原研药商)对于新药供给的控制地位,使得原研药商能够凭借市场专有权的优势地位对药品进行垄断定价,从而获得超额的利润回报。在药品开发领域,其激励功能主要是由专利制度予以实现的。原研药商在新药开发的早期阶段即进行专利布局,从而通过专利权来控制新药的市场,并获得高额的投资回报。[①]

一、专利保护激励药品创新

专利理论认为,发明的生产知识和技术属于知识产品,具有"公共产品"的特性。不同于有形产品,公共产品具有两个重要特征:使用上的非排他性和消费上的非损耗性或非竞争性。前者是指排除任何人享有一件公共产品需要花费非常大的成本;后者是指一个人对公共产品的消费(或享

[①] 较详细的论述参见本章第二节。

受）并不会减少其他人对该种物品的消费。公共产品具有的特点产生了两个相关的问题：一是如果公共产品由私人生产的话，可能产生生产不足的问题；二是很难形成公共产品的市场。① 发明等产品的创造需要大量的投资和漫长的时间，但思想易于传播且难于控制，这往往导致创新者难以收回其用于创新活动的投资。如果没有专有权的法律保护，模仿者无须付出大量研发成本即可占用发明所具有的经济价值。如此一来，人们则倾向于复制而不是创造发明，最后导致发明等知识产品供给不足。专有权的法律保护可以矫正公共产品的占用问题，使得信息产品的生产者（发明人）对其发明成果享有排他权，从而实现信息产品的充分供给。

普遍认为，制药业是专利制度最能发挥激励效果的产业，药品专利在激励药品研发方面起到了关键性的作用。② 尽管专利法为保护发明所设立的一系列制度并非仅限于对某一技术领域给予保护，而是所有技术领域的发明均能获得专利权的保护；但是，研究表明，专利制度对于不同产业的影响是不同的。③ 在有些行业，商业秘密保护、先发优势和实施发明的辅助知识能够有效地控制发明知识的无偿占用，而无须专利制度来提供禁止占用创新成果的权利。④ 然而，因为药品的研发投入巨大、风险较高且耗时很长，采取上述做法的商业模式无法获得足够的利润回报。同时，药品发明也常常被视为自我披露的发明，其技术很容易为竞争者所模仿，需要专利权来排除竞争者的模仿行为。⑤ 制药业非常需要专利制度来获取研发成果的垄断地位，其获取利润的途径是：或者通过将药品发明商业化（上市）；或者授权他人实施发明；或者排除竞争者的模仿行为，乃至排除竞争者开发相似技术。此外，不同于电子技术领域中一个产品上有可能受到

---

① 参见梁志文：《论专利公开》，知识产权出版社 2012 年版，第 18 页。

② 参见亚当·杰夫·乔希·勒纳：《创新及其不满：创新体系对创新与进步的危害及对策》，罗建平、兰花译，兰花校，中国人民大学出版社 2007 年版，第 39 - 41 页。Also see James Bessen and Micheal J. Meurer, *Patent Failure: How Judges, Bureaucrats, and Lawyers Put Innovators at Risk* (Princeton: Princeton University Press, 2008), pp. 88 - 89.

③ See Dan L. Burk and Mark A. Lemley, "Policy Levers in Patent Law", *Virginia Law Review* 89 (2003): 1575, 1615, 1684.

④ See Rebecca S. Eisenberg, "The Shifting Functional Balance of Patents and Drug Regulation," *Health Affairs* 19 (2001): 119.

⑤ See Katherine J. Strandburg, "What Does the Public Get?: Experimental Use and Patent Bargain," *Wisconsin Law Review* 81 (2004): 106. 但是，药品技术的占用也有可能并非如传统观点认为的那样容易；发生在专利权申请之前的药品发明交易现象，似乎表明合同、行业规范、先发优势等均可为药品发明提供激励机制。See Michael J. Burstein, "Exchanging Information Without Intellectual Property," *Texas Law Review* 91 (2012): 227.

成千上万的专利保护,药品发明往往体现为一个具体的产品。而且,药品发明的生命周期长,具有重大的社会收益,即使药品专利保护期届满之后药品发明的技术进入到公有领域,药品仍然具有同样重要的价值,学名药就可能很快上市,竞争将会降低药品的价格。社会公众既获得了受专利保护激励而研发的新药所带来的好处,也能够在专利保护期届满后获得低价药品。制药产业被认为是最能体现专利探矿理论(prospect theory)的产业。"无论是累积性创新还是辅助性(complementary)创新,制药业都面临严重的挑战。较强的专利保护是激励医药公司在产品上市之前能够投巨资进行研究之必需。因为大多数药品研究工作都是在药品被确定上市之前进行的,专利权人有权来协调作为下游发明的药品上市是至关重要的。"①

二、药品专利保护的不足

然而,也有大量观点认为,药品专利保护存在严重的缺陷,这些缺陷主要体现在如下五个方面。

第一,专利法所保护的药品发明不等于可以上市的药品。由于专利法采取先申请原则,② 申请人常常在发明创造出来的早期阶段就开始申请专利。专利法上授予专利权并不以发明商业化为条件。在美国,1790 年专利法曾经要求专利申请人递交实施发明的模型,但它为 1880 年新修订的专利法所废除,一直沿用至今的规则是:专利法不仅不需要专利申请人递交实施发明的模型,在专利申请之时,说明书对发明的书面描述要求也非常低,"推定付诸实施"也是判断公开充分性的条件。

发明创造从其被开发出来到成功商业化都须经历很长的产品开发之路。而对于药品发明而言,其上市之路更为漫长。如第一章图 1-3 所示,因为药品存在上市的行政管制,药品从其发明做出(申请专利之日)到被成功推向市场,往往要花费很长一段时间。因此,制药业论辩说:药品专利权的实际保护期本就远远短于其他专利产品;现有的专利保护期对于药

---

① Dan L. Burk & Mark A. Lemley, "Policy Levers in Patent Law," *Virginia Law Review* 89 (2003): 1575, 1615, 1617.

② 先申请原则被认为符合专利制度公开功能的价值,因为越早申请专利,其专利保护的期限就会越短,专利保护的发明就越快地成为公共领域的一部分。先申请原则也得到了主张强保护水平的专利探矿理论的支持,其依据是,先申请原则能够避免既定技术研发的专利竞赛所导致的研发成本浪费,先申请者能够运用其获取的排他权合理安排和有效管理其研究进程,以实现发明的进一步完善,推进其商业化。See Christopher A. Cotropia, "The Folly of Early Filing in Patent Law," *Hastings Law Journal* 61 (2009): 69.

品发明所投入的巨资而言，尚不足以保障其获取足够的利润回报。

第二，为药品上市许可而进行的研究开发行为通常不符合授予专利权的新颖性、创造性条件。在发明创造出来之后，产品的成功上市还需要完成多项充满不确定性的任务。这些不确定性包括技术上的不确定性、市场上的不确定性，以及由前述不确定性所造成的创新管理决策的不确定性。①对发明进行上市前的产品市场测试充满风险，却是满足社会需要所必需的。然而，市场试验者不能专有（appropriate）从其试验中获得的收益，以补偿其首次进行试验所承担的花费与风险。② 为药品上市而进行的研发工作更是如此，这是因为药品的测试成果既难以满足新颖性的规定，也难以满足创造性的要求。这被认为是专利制度对药品创新保护的致命缺陷（critical flaw）：③

> 即使是那些没有专有权的保护就不可能为公众开发出来的、有益于社会的药品，它们也常常不能得到专利权的保护。如果药品的创意已在早期的出版物中被披露，或者在现今的科学进步看来属于显而易见的范围，则它不具有新颖性或非显而易见性，不能授予它专利。但是，仅仅拥有药品的创意，在通常情况下，它对社会公众的价值甚微。如果没有临床试验来证明其安全性、有效性，就不可能获得 FDA 的上市许可，也不可能为医药共同体所接受，从而就不可能使公众从药品发明中获益。药品的临床试验需要大量投资，学名药商却依赖这些测试数据来获得其上市许可。因此，如果没有专有权的保护，制药业很难有动力进行药品的研发。

药物基因组学的发展展现了使用基因检测来预估病人药物反应的新前景。制药业预期药品基因组学将降低药品的开发成本，加快药品上市的步伐，减少上市许可管制造成的上市延误，最大限度地延长产品专利保护期届满之前的专有权。过去未能通过临床试验获得普遍适用的药品安全性、有效性数据，从而未能获得药品上市主管部门批准的药品，在药物基因组学的帮助下，它还可能得到上市许可。恩斯伯格（Rebecca S. Eisenberg）

---

① 参见梁志文：《论专利公开》，知识产权出版社 2012 年版，第 95 页。
② See Michael Abramowicz & John F. Duffy, "Intellectual Property for Market Experimentation," *New York Unversity Law Review* 83 (2008): 345 – 46.
③ See Benjamin N. Roin, "Unpatentable Drugs and the Standards of Patentability," *Texas Law Review* 87 (2009): 504 – 505.

教授指出：①

  据一项研究表明，至少有 1/3 的病患现在能够从处方药中获得好处。（如果药品）除了（能够适用于）市场中的少数病人，其他病患不能从药品中获益或将承受严重副作用，这会大量减少药品的销量。但是，如果通过基因检测证实该药品对特定患者合理安全、具有有效性，则药品可向该病患定向销售。药物基因组学的发展为过去看似风险过高或疗效不明显、不能获得上市许可的药品提供了上市的可能。而且，药品基因组学的测试将增加病患的预期收益，因为这些药物本身就是为他们事先挑选出来的。其结果是，将有越来越多的新产品提供给小规模市场（smaller market）。

由于对这些产品的研发投入属于沉没成本，如果能够发现其对少数病患具有安全性、有效性，相比根本没有治疗的药品而言，其获批上市将产生多方的收益。② 但是，由于这些药品对少数病患或罕见病的疗效往往是在多次筛选之后才被确认的，大多数情况下它们已经超过专利保护期或者临近专利保护期届满之日。同时，这些药品的研发由于不能满足专利法的新颖性或创造性条件，故缺乏专利权的保护，这不利于激励原研药商开发此类药品。

第三，专利法在某些方面不仅不能促进药品的创新，反而可能阻碍药品的上市开发。成功上市的新药的开发往往建立在生物技术公司或大学的研究成果之上，包括 DNA 序列、克隆、数据库、软件、动物和试剂等。生物技术领域研发成果应用广泛，包括药品、食品及其生产方法。以 DNA 相关技术的创新为例，它们与药品一样，因食品、药品和生物制品的安全性，或者将新组织（organism）向环境释放的安全性等问题，面临着较为严格的行政管制。同样，其模仿成本与开发成本相差悬殊。当然，从整体上的研发成本来说，生物技术的成本呈下降趋势，特别是对特定基因测序的总体成本远远低于传统药品的开发成本，这是因为计算机技术被越来越广泛地用于自动测序。此外，基因测序也需要大量使用 DNA 序列专利，

---

① See Rebecca S. Eisenberg, "The Shifting Functional Balance of Patents and Drug Regulation," *Health Affairs* 19 (2001): 125-126. （内部引证省略）

② See Rebecca S. Eisenberg, "The Shifting Functional Balance of Patents and Drug Regulation," *Health Affairs* 19 (2001): 126.

因为特定的基因或在一些基因片段上被授予了大量的专利权；这些专利权的保护范围还包括测序方法等研究工具。① 任何特定的基因治疗均需要自动使用上述专利，因而产生了反公地悲剧（anti-common）的问题。由于生物技术具有被广泛用于医药领域的前景，大量的投资被药品的高回报所吸引而进入生物技术领域，对上游（upstream）生物医药技术的研究开发加速了新产品的开发进程，也促进了科学技术的进步。但是，"从制药业的角度来看，持有这些研究成果的生物技术公司和大学就像是征税者，降低了他们从候选的新产品中获得利润的预期。"② 因为药品的上市开发时间漫长且成本高昂，一项产品的上市需要整合大量的专利权，其成本无疑被增大了很多，而且，还有可能产生受少数专利权人劫持之现象。③

第四，专利法统一（one-size-fits-all）的法律规则难以满足药品创新激励的特殊需求。专利制度的规则统一适用于不同的产业部门，如生物医药、汽车、信息技术、半导体和机器人等。但是，不同产业（技术）的创新特点并不相同。适用于医药产业的专利法规则就很可能打破其他行业自由竞争和权利保护的平衡。专利法禁止歧视性对待不同产业或不同技术。④ 例如，TRIPs 协议第 27 条第 1 款第 2 句规定："根据第 65 条第 4 款、第 70 条第 8 款和本条第 3 款的规定，专利的取得和专利权的享受应不分发明地点、技术领域以及产品是进口的还是当地生产的。"专利 20 年的保护期统一适用于所有发明技术，而不考虑发明的完成难度、社会价值，也不考虑发明的投资大小或研发时间长短。如前所述，医药领域的发明相比于其他产品，其成功上市所耗费的时间更长，其有效的专利保护期将大大地被缩短。对于药品专利而言，其平均有效专利保护期大约为 11 年，远少于其他产品的 17 年。⑤ 因此，制药企业游说说，他们需要延长专利的保护期来

---

① See Dan L. Burk & Mark A. Lemley, "Policy Levers in Patent Law," *Virginia Law Review* 89 (2003): 1625–1626.

② See Rebecca S. Eisenberg, "The Shifting Functional Balance of Patents and Drug Regulation," *Health Affairs* 19 (2001): 125.

③ 专利劫持现象，参见梁志文：《反思知识产权请求权》，《清华法学》2008 年第 4 期。

④ 但是，也有学者认为，专利制度应该通过原则性规范来适应不同技术领域不同创新特征的需要。See Dan L. Burk and Mark A. Lemley, "Policy Levers in Patent Law," Virginia Law Review 89 (2003): 1575. 事实上，专利法存在通过原则性规范来调整不同技术的特定情况。例如，在判断专利公开是否充分时就区分可预见技术领域和不可预见技术领域，对两者实行不同的公开要求。参见梁志文：《论专利公开》，知识产权出版社 2012 年版，第 332–337 页。

⑤ See WTO Panel Report, "Canada-Patent Protection of Pharmaceutical Products," WT/DS114/R. Para. 4.27 (March. 17, 2000).

弥补上市管制所导致的专利保护期的缩短。① 尽管上述保护期延长的措施在欧、美、日的专利法中有所体现，但类似条款能够在多大程度上符合TRIPs协议第27.1条，则不无疑问。例如，如果对医药领域降低授予专利的新颖性和创造性要求来激励药品创新，"这可不是细枝末节，而是（涉及专利法的）基石性原则。有利于医药业的专利规则将为TRIPs协议禁止技术歧视的原则所禁止，因为它允许成员方制定如强制实施许可条款等法律规则，弱化药品专利的保护；但条约所使用的语言看似禁止特殊优待药品专利的法律规则。"② 因此，在专利法之外创设特殊的保护规则将有效地回应这些法律和政治争拗。

第五，尽管有些国家的专利法限制对其他国家领域内合法生产的专利药品的进口与分销，但也有很多国家的专利法允许平行进口，例如中国专利法第69条第1款的规定。TRIPs协议虽然规定了专利权人的进口权，但又明确宣称协议"并不解决知识产权穷竭问题"。③ 平行进口的合法性涉及自由贸易的问题，对于药品专利而言，涉及的是原研药商能否在不同国家采取区别定价的营销策略。这也部分说明原研药商为何不愿意向撒哈拉以南的非洲等处的最不发达国家提供便宜的艾滋病治疗药品。虽然对同一药品依据不同市场（国家）消费者的支付能力来制定不同的价格——在富裕国家制定较高的药价，而在撒哈拉以南的非洲等处的最不发达国家提供便宜的药价——既能够保障消费者的药价可承受性，又能保障原研药商获得最大的利润回报。但是，原研药商难以通过知识产权和合同来有效禁止在低价位国家销售的药品返销到高价位国家，从而导致原研药商的区别定价策略并不可行。④

尽管专利法并未为限制药品的平行进口提供法律依据，但是，原研药

---

① 美国和欧共体均认为这并不违反TRIPs协议第27条的禁止歧视原则，它们反而认为"这是第27条的内在义务。因为药品上市许可管制要求导致了8～12年专利权的'丧失'，这是更为优待药品专利的'合理理由'（good reason），如果所有产品均需要上市许可，则其都获得较短的保护期。这可以拿生活中的例子来做类比。如果公共交通主管部门规定，残障人士和年老人士可以优先获得座位，相比健康人士和非老年人，他们获得了优待。大家均承认这种区别对待并不构成歧视"。See WTO Panel Report, "Canada-Patent Protection of Pharmaceutical Products," WT/DS114/R. Para. 4.27 (March. 17, 2000).

② See Rebecca S. Eisenberg, "Patents and Regulatory Exclusivity" in *Oxford Handbook on the Economics of the Biopharmaceutical Industry*, eds. P. Danzon & S. Nicholson (Oxford: Oxford University Press, 2012), p.196.

③ 参见TRIPs协议第28（1）a条与第6条。

④ See Rebecca S. Eisenberg, "The Shifting Functional Balance of Patents and Drug Regulation," *Health Affairs* 19 (2001): 129.

商们发现，通过药品上市监管的法律却能够实现控制药品平行进口的目的。美国《食品、药品与化妆品法》（Food, Drug and Cosmetic Act, FDCA）第355（a）条规定，除非依据新药申请（NDA）获得批准，新药禁止进口。中国也有类似规定。依据《药品注册管理办法》第12条的规定，境外生产的药品在中国境内上市销售应进行注册申请。其第10条规定，进口药品的申请人是境外合法制药厂商，且应由其驻中国境内的办事机构或其委托的中国境内代理机构办理。同时，第84条规定进口药品原则上应获得进、出口国关于药品上市许可的双重要求。《药品注册管理办法》第6章详细规定了药品进口注册的条件，其中包括药品临床试验的要求。不仅药品进口需要进行注册，进口药品分包装也需要经过注册与审批才能上市销售（第96至第104条）。这些出于保障药品符合质量标准和安全有效的措施在事实上起到了排除药品平行进口的作用。[1] 在美国法上，进口药尚须以批准的方式予以标注，不同国家对于药品的标签要求并不相同。美国制药业依据1987年《处方药销售法》（Prescription Drug Marketing Act）更是能够禁止药品的平行进口，因为该法规定，除非出于紧急医疗目的所需，或者为制药厂商自己进口，否则，该法禁止将从美国出口的药品返销回美国。[2]

第二节　药品 TRIPs-Plus 规则中的利益平衡

如上所述，尽管专利制度为制药业提供了不可或缺的激励机制，但是，专利制度尚不能满足原研药商对于药品创新保护的利益需求。由于药品创新的大部分成本是对药品上市的监管造成的，原研药商们逐步将其保护利益的方式转向这些规范药品上市许可的法律制度。如果能够将学名药商或其他竞争者通过上市管制而排除出医药市场，这也达成了专利权所能大致实现的法律效果。因此，除了原研药的专利保护，药品上市许可的行政保护也是重要的激励机制之一。因为所有药品的上市均须获得行政许可，通过赋予药品研发者一定期限的专有权，学名药商不能取得该药品的

---

[1]《中华人民共和国药品管理法》第39条规定："药品进口，须经国务院药品监督管理部门组织审查，经审查确认符合质量标准、安全有效的，方可批准进口，并发给进口药品注册证书。"

[2] See 21 U. S. Code, secs. 301, 331, 333, 353, 381, 801 (d).

上市许可,从而使原研药商获得药品的市场控制。

一、知识产权制度是激励药品创新的最基本的工具

一直以来,人们对于知识产权制度存在如下批评:对技术创新的激励不足或激励过度,以至于产生资源利用效率上的净损失。确实,这是专利制度不可避免的"恶"。① 但是,在所有激励创新的法律机制中,知识产权制度是最基础的激励工具。

虽然不同的激励机制为创新者提供了程度不一的投资回报,或降低了他们的研发成本,但所有的激励机制均将产生相应的社会成本。对于技术创新来说,最为重要的成本可能就是信息成本以及可能产生的寻租成本。技术创新的专利权保护具有三个优点:② 第一个优势是产权激励其最大优势在于,产权资助的发明会产生帕累托最优。第二个优势是分散决策。对创新进行有效公共赞助的一个最大障碍可能就是对创新思想的筛选,这些创新思想广泛分布于不同企业和发明者之中。知识产权保护的迷人之处在于,这一切都可以自动实现,特别是当私人发明人认为某一思想非常具有创新性,而公共当局却不认可的时候,这一优点非常明显。第三个优势在于创新成本由用户来承担,而不是由纳税人来承担。

政府筛选创新思想并评估其价值,将不可避免地产生严重影响资源利用效率的寻租活动。即使政府能够避免寻租活动导致的损失,或将其降低至合理程度,但如果废除知识产权制度,以政府来替代创新者的市场决策,政府也缺乏有效的渠道获得产品定价的市场信号,也就难以获得评估技术创新所需的信息。这不仅是理论上的沙盘推演,而且是历史发展的自然选择。19 世纪西欧废除专利的运动之所以偃旗息鼓,固然有经济环境变化等偶然因素的影响,但以政府筛选创新思想替代专利制度的不可持续才是关键原因。苏联的国家奖励制度和研究资助在军工国防等领域发挥了

---

① 托马斯·杰斐逊将专利制度称为不可避免的"恶"。参见梁志文:《政治学理论中的隐喻在知识产权制度调适中的运用》,《政治与法律》2010 年第 7 期。

② See Peter S. Menell and Suzanne Scotchmer, *Intellectual Property*, Handbook of Law & Economics, vol. 2, eds. A. Mitchell Polinsky and Steven Shavell (Amsterdam: North Holland, 2007), pp. 1477–1478. 另参见苏珊娜·斯科奇姆:《创新与激励》,刘勇译,格致出版社 2010 年版,第 36–37 页。值得注意的是,斯科奇姆在其著作中仅提出技术创新的专利权保护有两个优点,而本书前文中提出有三个优点,其中,最后一个优点是借用专利信号理论的观点认为产权安排具有信号功能,是有效的过滤机制。

重要作用，但其技术进步的可持续性却是有目共睹。① 当然，这并非否认政府在某些领域对于市场信息的掌握比创新者更具优势；它既是其他激励机制发挥作用的场域，也是克服专利制度必要之恶的重要制度安排。

管制性专有权的保护也同属于知识产权保护的内容。行政主管部门的上市许可是产品合法进入市场的前提，其主要的管制目标是促进产品的安全性和有效性等社会公共利益的实现，也包括通过对药品上市的监管来控制学名药的上市，达到保护药品创新、鼓励药品创新投资的作用。限制竞争者的市场进入来激励技术创新是创新者在法律上获得的最大排他性，即创新者从技术创新价值中所获得的回报比率具有最大性。从行政成本来看，该举措明显优于其他激励机制。然而，其可能产生的净损失等社会成本也可能高于其他激励机制。为落实TRIPs协议第39.3条，《中华人民共和国药品管理法实施条例》（2019年修订）第34条、《中华人民共和国农药管理条例》（2017年修订）第15条规定，对创新者提供的上市数据给予排他性的行政保护，禁止模仿者进入市场。然而，它们的立法明显很粗糙，在具体制度的构建上还有所欠缺，以矫正其可能产生的社会成本。

二、药品TRIPs-Plus规则的发展概述

专利保护与上市许可的行政保护都使得原研药商控制了新药的市场进入，从而能够获取足够的利润回报。从现在的制度来看，这些激励机制主要包括：药品专利的保护期延长（extended term）制度、管制性专有权（market exclusivity）制度、药品上市与权利保护的专利链接（patent linkage）制度。

确立竞争者的市场进入障碍来保护产品创新的做法始于美国国会1980年通过的《联邦杀虫剂、灭菌剂和灭鼠剂法案》（Federal Insecticide Fungicide & Redenticide Act, FIFRA）。此后，美国国会有意利用市场进入障碍来保护原研药商免于竞争的威胁，通过专利保护与上市许可的行政保护来激励原研药的创新行为。美国1983年通过的《孤儿药品法案》（Orphan Drug Act）为激励制药企业投资开发治疗罕见病的药品，赋予了首次申请该类药品上市的制药企业拥有7年的市场专有权。即在7年之内，美国FDA不批准其学名药的上市。在此期间，罕见病药品的开发者可以获得类

---

① 关于废除专利的运动以及专利替代的建议，特别是苏联的做法，参见Fritz Machlup, "An Economic Review of the Patent System" (U.S. Government Printing Office, 1958), pp. 4 – 5, 14 – 17.

似专利保护的市场垄断地位，从而获得高额的利润回报。此后，美国1984年通过著名的《药品价格竞争与专利保护期恢复法案》（Hatch-Waxman Act）。该法案赋予了原研药商对创新药品5年（NCEs）与3年（其他新药）的数据专有权，在这一期间，美国FDA不再批准任何学名药的上市。① 同时，为了补偿药品上市审批所造成的上市延误，该法案还延长了药品专利的保护期；并且将学名药的上市申请与药品专利权的保护相链接，对于涉嫌侵犯专利权的药品上市申请不予批准。②

在美国法上，FDA在负有监管药品安全的职责之外，越来越多地承担了知识产权保护的使命。③ 主要包括：①提供形式多样的管制性专有权（regulatory exclusivity），主要有孤儿药品的市场专有权、临床测试的数据专有权、生物制品测试的数据专有权（2009年法）、儿童用药品专有权（1997年 Food and Drug Administration Modernization Act）；②提供将药品上市申请与是否侵犯专利权相联系的专利链接制度。不仅美国FDA本身对药品提供了知识产权的保护，其上市许可的行政决定也影响着美国联邦专利与商标局（Patent & Trademark Office, PTO）的专利审查决定，即对于成功获准上市的药品专利，可以延长其保护期。

从国际层面来看，药品专利的保护属于TRIPs协议的重要内容。虽然药品创新的行政保护起源于美国法，其专利保护期延长、专利链接与数据专有权的法律制度并不存在有约束力的多边国际条约，但它们正逐步向全球扩散。其主要原因有二：其一，发达国家出于吸引投资的竞争性目标，竞相提高药品创新的保护水平。欧盟、日本、加拿大等发达国家（区域）大体上都建立了自己的药品创新行政激励机制，吸引投资就是其重要的原因之一。其二，大量发展中国家也逐步建立了药品创新行政激励机制，其原因在于美国通过双边自由贸易协定（FTA）将这些制度强加于发展中国家。④ 对未能与美国签订FTA的国家，美国往往将缺乏药品创新的行政保护机制视为严重影响美国知识产权保护利益的情形，并将这些国家列入特别301观察国家。中国也曾被多次列入《特别301报告》中的优先观察国家或观察国家名单之中。中国在2002年通过的《中华人民共和国药品管

---

① 更详细的论述，参见本书第五章第三节。
② 更详细的论述，参见王立达、陈蔚奇：《学名药上市审查之专利连结制度》，《台大法学论丛》2010年第4期。
③ See Kara W. Swanson, "Food and Drug Law as Intellectual Property Law: Historical Reflections," *Wisconsin Law Review* 2 (2011): 331–398.
④ 更详细的论述，参见本书第三章。

理法实施条例》(2016年修订)及《中华人民共和国药品注册管理办法》(2007年发布)中规定了数据专有权和上市申请中专利状况公开等制度,从某种程度上也涉及对上述药品创新的行政激励机制。2017年,中共中央办公厅、国务院办公厅《关于深化审评审批制度改革鼓励药品医疗器械创新的意见》提出探索建立药品专利链接制度、保护期补偿制度和完善数据保护制度。2018年4月26日世界知识产权日公布的《药品测试数据保护办法》草案、2020年《中华人民共和国专利法》第四次修订案则增加了药品专利保护期补偿制度与专利链接制度。

知识产权制度激励药品创新的基本工具是药品的市场利润,其途径是以排他权为手段来实现创新者在药品市场上的独占地位,从而使得原研药商能够以高于竞争市场上的产品价格向患者销售以获取投资回报。① 为了最大限度地获取药品的市场利润,原研药商常常对其明星药采取"常青树战略"。它是指原研药商在已获得的知识产权基础上,策略性地获得覆盖已有药品的新知识产权,从而实现延长药品知识产权保护的目的,让药品上的知识产权"永远不会从树枝上掉下来"。②

首先是专利常青策略。通常来说,原研药商通过改进已有药品的方式来获取新的专利权,如发现新用途、新剂型、医学治疗方法、制备方法及化学中间体、包装、药物机理作用、筛选法等。在中国,药品可专利客体的范围不仅包括"盐"形式,也包括已知化合物的新用途和化合物的结合。因此,它为原研药商采取常青树战略提供了法律依据。

其次是管制性专有权的常青策略。美、欧等国对儿童用药、罕见病药品提供了补充性的数据保护,美国对新适应症、药物剂型或处方药转为非处方药等依据新药申请程序上市的药品提供3年的数据保护。原研药商常常会相继开发出相关药品,以期获得最长期限的专有权保护,降低仿制药进入所导致的市场竞争风险。例如,Glucophage XR 缓释片及其复方的开发,有效地延长了二甲双胍的数据保护期,为百时美-施贵宝公司带来了丰厚的利润回报,这也是常青策略的一种表现形式。③

---

① 《中华人民共和国药品管理法》(2015年修正)第55条规定,对原研药的定价实行市场调节价,由经营者自主制定价格。
② 李晓秋:《"常青"药品专利的司法控制:加拿大"礼来"案评析及其镜鉴》,《知识产权》2015年第10期。
③ See Sam F. Halabi, "The Drug Repurposing Ecosystem Intellectual Property Incentives, Market Exclusivity, and the Future of 'New' Medicines," Yale Journal of Law & Technology 20, no.1 (2018): 49-51.

由于药品可得性问题涉及新的安全性、有效性药品的供给，它符合社会对激励创新的认知与尊崇。但是，作为药品创新的激励机制也存在一些制度成本。任何专有权的扩大保护都将会产生一些社会成本。其中最重要的社会成本是，对消费者（患者）而言存在净损失。① 所谓净损失，是指尽管人们对产品的支付意愿超过其生产成本，但他们仍然被排除在消费之外所造成的社会福利损失。药品的高价定位将使得部分贫困的患者得不到及时的治疗，药品创新的激励机制还可能产生严重的社会后果。但是，如果实行区别定价，净损失则可以部分减轻，甚至完全消除。尽管区别定价具有消除净损失的作用，但实施起来非常困难，因为很难防止高意愿用户按照低意愿价格购买。② 产权保护带来的净损失又被称为静态无效。专有权保护下的产品通常需要消费者支付更高的价款，这不仅意味着社会财富从消费者向创新者的转移，而且意味着能够支付产品的竞争性定价但不能负担垄断定价的消费者被排除出产品的交易市场。

　　专有权的扩大保护还将加剧产品供给的不平衡。对于药品创新而言，以市场为驱动力的激励机制并不能保证研发投资能够带来符合公共健康的最佳收益。如追逐最大利益的制药厂家将主要的资金用于研发富裕国家中常见病的治疗药品，但热带病、罕见病等被制药厂家所忽略的疾病也会影响大量人口的生命健康。③ 其原因是，从事前动机的角度来看，专有权的制度安排难以保证对研发的投资被有效分配给最有效率的企业。同时，专利权等专有权保护将吸引寻租行为，从而造成社会资源的浪费。因为对发明创造授予的权利吸引了大量的权利人游说立法者赋予更多的专有权利，加剧了制度上的静态无效和动态无效。④ 有些药品的研发投入是重复的，其获得的功能相同药品（me-too product）对已有的治疗方案并不能增加更

---

① See Peter S. Menell & Suzanne Scotchmer, *Intellectual Property*, *Handbook of Law & Economics*, vol. 2, eds. A. Mitchell Polinsky and Steven Shavell（Amsterdam：North Holland，2007），pp. 1477.

② 参见苏珊娜·斯科奇姆：《创新与激励》，刘勇译，格致出版社2010年版，第35－36页。

③ See Sarah Sorscher, "A Longer Monopoly for Biologics?：Considering the Implications of Data Exclusivity as a Tool for Innovation Policy," *Harvard Journal Law & Technology* 23（2009）：285，300.

④ 发明上的产权安排将有可能阻碍后续创新活动中使用科学或技术知识，这被称为动态无效。See Mark A. Lemley, "Property, Intellectual Property, and Free Riding," *Texas Law Review* 83（2005）：1060－1065. 专利法的先申请原则激励了发明竞赛，也可能属于寻租成本。但Lemley教授认为，专利竞赛加速了技术进步，促进了社会福利的提高；开发出了同一问题的不同解决方案，具有技术溢出的正外部性；对发明的复制性努力可能会发现同一发明的不同用途，因而此类寻租并不一定成为社会成本。See Mark A. Lemley, "Property, Intellectual Property, and Free Riding," *Texas Law Review* 83（2005）：1063－1064.

多价值，这些投资是追求高额利润的市场动机所产生的后果。有些制药厂家花费巨资来营销受专有权保护的药品，如第一章图1-5所示，但是，这些向医生或患者提供的信息中，并不包含非专有权保护的替代药品。①而制药业投入巨资来游说、推动强化知识产权保护的立法，则是一项公开的秘密。②

三、药品 TRIPs-Plus 规则中利益平衡的具体体现

如同激励创新的知识产权法所坚持的利益平衡原则，药品创新的激励机制也应该在原研药商、学名药商、监管当局和社会公众的不同利益之间进行平衡。《跨太平洋伙伴关系协定》(Trans-Pacific Partnership Agreement, TPP) 对受管制产品的测试数据提供了高水平的保护，虽然受到人们的指责与批评，但它仍然为成员国立法的利益平衡提供了空间。除了总则第18.6条承认成员国为保护公共健康而采取的合理措施之外，第18.50条第3款更是明确规定，就该条第1、第2款（即化合物药品）及第18.52条（即生物制剂）的规定而言，为保护公共健康，成员国有权采取符合《知识产权协议》的相关措施，包括《知识产权协议》与公共健康的多哈宣言，为执行该宣言而对《知识产权协议》任一条款所做的保留，以及在成员国已经生效的《知识产权协议》相关修正条款。

从创新者的立场来说，如果不能从激励创新的法律机制中获得一定的市场垄断地位以避免产品的自由竞争，这些以研究开发为主要业务的公司就难以承担高昂的上市许可测试成本。管制性专有权保护使创新者能够承担更多的投资风险，从而带来更多的创新产品，增进社会福利。同时，有些情况下，对市场手段无法使得技术创新者获取足够回报的领域，应该通过公共资金资助该领域基础技术的研发、对研发给予税收优惠以及购买服务等，以确保创新者能够从技术研发中获取足够的利润回报。例如，比尔·盖茨的基金会对肺结核的诊断和治疗药品开发设立了奖励项目，该病是世界上流行度第二、在发展中国家属于致命疾病的传染病。

---

① See Sarah Sorscher, "A Longer Monopoly for Biologics?: Considering the Implications of Data Exclusivity as a Tool for Innovation Policy," *Harvard Journal Law & Technology* 23, no. 285 (2009): 300.

② 参见苏姗·K.塞尔：《私权、公法：知识产权的全球化》，董刚译，中国人民大学出版社2010年版，第五章；彼得·达沃豪斯、约翰·布雷韦斯特：《信息封建主义》，刘雪涛译，知识产权出版社2005年版，第四章。

从竞争者的立场来说，由于大部分中小型企业难以投入巨额的资金来获取上市所需的各种数据，如何尽快地进入市场，如何尽可能多地利用创新者的研究成果（如测试数据）来获取上市许可，决定了他们能否提供同类产品，以及其同类产品竞争力的高低。例如，学名药商的利益体现在尽快并尽可能广泛地使用原研药商的研发成果。由于学名药商无须承担新药的研发成本，仅承担药品生产的边际成本，其成本急剧降低，最终导致药品价格的降低。① 《跨太平洋伙伴关系协定》也认识到学名药在促进药品可及性方面的价值，例如，第 15.52 条第 3 款就承认，成员国应该就生物制剂的保护期和保护对象在条约生效 10 年后进行协商，以评估其对包含生物制剂的新药开发的影响，以及对于及时获取学名药的影响。

从社会公众的立场来看，他们不仅有获取已有产品的利益需求，也有获取创新产品的利益需求，而且有获取安全产品的利益需求。例如，学名药商促进了已有药品的价格竞争，满足了社会公众药品可及性的需求。但是，学名药商并不以新药研发为使命，而新药研发的成果将治愈更多的疾病或更好地改善患者的生存质量。原研药商的研发活动也明显符合社会公众的利益。此外，各国的卫生健康监管当局承担了药品上市的监管职责，以保障药品的安全性、有效性和质量可靠性。但是，药品上市的监管部门不可能自己承担对所有申请上市的药品进行测试的任务，这不仅是因为获取这些数据的时间漫长，而且也因为它们必须面临资金和技术的难题。因此，解决的方案是，由药品的开发者来承担这些药品是否安全、有效的评估成本。② 即新药上市申请者须证明药品的安全性、有效性和质量可靠性。为了激励新药的上市，药品监管部门就必须提供合适的激励机制，以使申请者能够从新药上市中获得投资回报。

技术创新的激励机制赋予创新者一定的市场竞争优势，带来了新产品的供给；而保障已有产品的获取，则通过竞争者的价格竞争来实现。为了诱使中小企业投资创新产品的仿制，法律也必须创设相应的有效机制。然而，这些机制并不是美国主导的自由贸易协定的主要内容。但如前所述，这些自由贸易协定并未否定主权国家为实现公共健康、促进公众获取药品而采取合适的制度。事实上，美国国内法的具体做法即体现了这一点。但是目前，中国《药品管理法实施条例》《农药管理条例》只体现了药品创

---

① See Razvan Dinca, "The 'Bermuda Triangle' of Pharmaceutical Law: Is Data Protection a Lost Ship," *Journal World Intellectual Property* 8, no. 2 (2005): 521.

② Id., p. 522.

新保护的内容，而限制管制性专有权以实现利益平衡的法律机制尚未得到体现。① 以药品为例，美国法上可供借鉴的机制有：①学名药的快速审批机制。这一制度使得学名药商无须提供已有药品的安全性、有效性数据，仅需证明其申请上市的药品与已有药品相比具有生物等效性。这是学名药商成本节约的重要原因。②对于通过诉讼而成功地使得药品专利无效或证明药品不受有效专利保护的学名药商，提供一定的市场专有权激励，也是促进学名药上市的重要制度安排。此外，也有其他国家为保障公共健康而采取各种措施，包括：①规定原研药商的实施义务，即原研药负有必须在国内销售的义务；②基于公共健康而采取的强制实施许可和平行进口；③数据为政府使用或公共利益使用时的限制。

在医药领域，对原研药商的激励机制造成了药品价格的高企，特别是在涉及公共健康的背景下，如何保障社会公众获取新的药品，以及如何保障穷困患者的药品获取？为保障人们获取必要的药品，一个国家建立健全覆盖全体公民的社会医疗保障体系是最为有效的解决方案。一方面，在医疗保障体系中，公共健康主管部门可以既对原研药商的投资予以鼓励，也可以控制原研药商的药品定价。例如，可以将原研药商提供的药品纳入医疗保障体系中，但要求其将药品价格定位在合理可接受的范围。另一方面，利用同类药品的价格竞争来实现新药价格的可接受性。治疗同一疾病的创新药提供商往往不止一家，而这些药品具有一定的可替代性。而从药品激励机制本身而言，改善药品上市主管部门的监管能力以确保其提供的激励措施，是正确的，也是适当的。同时，这一平衡机制的设立能够解决创新激励与药品获取的矛盾，符合国情与国际发展趋势。这对于中国来说，也是如此。

四、国际条约中促进药品获取与创新激励的协调

一般认为，药品的知识产权保护应该实现两项基本目标：激励研发投资和创新行为，同时，促进以合理价格获取药品。毫无疑问，TRIPs-Plus 降低了 TRIPs 协议中弹性条款的可适用性，将提高药品获取的成本，从而对公共健康产生影响。这一点甚至为药品 TRIPs-Plus 保护规则的创始者所认可。美国 1984 年 Hatch-Waxman 法案的主要起草者、国会议员 Henry

---

① 比较法上的分析，参见梁志文：《药品数据保护的比较分析与立法选择》，《政法论丛》2014 年第 5 期。

Waxman 质疑美国通过与发展中国家签订 FTA 来推行 Hatch-Waxman 模式：
"许多贸易伙伴面临与我们（美国）截然不同的环境和挑战……（Hatch-Waxman 模式）使得低成本学名药的上市进程大为延后，降低了救命药的可获得性。……该制度之所以能在美国发生作用，是因为大多数美国人都享受健康保险，能够购买必要药品，也因为美国拥有完整的健康网，所有穷人都能够获得医疗看护和治疗。如果实施该制度的国家没有安全的健康网络，就可能夺走成千上万人们的救命药，这是不负责任的做法，甚至是不道德的做法。"①

药品 TRIPs-Plus 保护实质性地强化了品牌药商的竞争优势和垄断地位，在签署有前述规则的国家，学名药、不受专利保护的药品进入市场的时间将大大延后。学名药的上市将带来价格竞争，从而实质性地降低药品价格。但是，当美国、欧盟、日本都竞相提供药品的 TRIPs-Plus 保护，当加入 FTA 的发展中国家越来越多时，其他发展中国家在拒绝药品 TRIPs-Plus 保护规则时就面临着实质性的困难。因此，发展中国家要完全拒绝这些规则似乎是不可行的，但完全接受这些规则又是不明智的。WTO 的谈判将为发展中国家提供一些可供参考的做法，那就是在协议中尽量融入弹性化的条款。"近年来，不同的机构、政策制定者和非政府组织都开始重视 TRIPs 协议弹性的重要性，特别是在公共健康和人权保护的语境下，它们呼吁保证 WTO 成员能够使用这些弹性条款来缓冲 FTA 中的 TRIPs-Plus 保护义务。"② 一方面，发展中国家在移植药品的 TRIPs-Plus 保护规则时，尽量要将 TRIPs 协议中的弹性条款以及《TRIPs 与公共健康多哈宣言》（以下简称《多哈宣言》）纳入其中；另一方面，也应该尽量争取 TRIPs-Plus 规则本身的弹性，以适应本国的公共健康需要。

药品 TRIPs-Plus 保护将影响《多哈宣言》为保护公共健康的许多执行措施，如专利强制实施许可。当然，《多哈宣言》的效力在美国与哥伦比亚（第 16.10.2 条）、秘鲁（第 16.10.2 条）、巴拿马（第 16.13.1 条）和韩国（第 18.9.3 条）FTA 数据保护的规则中得以承认。从 FTA 的体系来看，《多哈宣言》仅适用于数据的保护，而作为 TRIPs-Plus 的重要组成

---

① See Harmed El-Said and Mohammed El-Said, "TRIPS-Plus Implications for Access to Medicines in Developing Countries: Lessons from Jordan-United States Free Trade Agreement," *Journal World Intellectual Property* 10 (2007): 444.

② See Henning Grosse Ruse-Khan, "The International Law Relation between TRIPS and Subsequent TRIPS-Plus Free Trade Agreements: Towards Safeguarding TRIPS Flexibilities?" *Journal Intellectual Property Law* 18, no. 1 (2011): 3, 5.

部分，于专利链接和专利保护期延长制度并不适用。如果成员国基于公共健康颁布实施药品专利的强制许可，但不能获得药品上市许可，则实际上架空了《多哈宣言》所允许的执行措施。在所有的 FTA 中，仅美国－智利 FTA 在第 17 章（知识产权）序言部分中承认《多哈宣言》的效力："承认 2001 年 11 月 14 日在多哈昆泰 WTO 第四次部长会议上缔结的《TRIPs 协议关于公共健康的宣言》所确定的各项原则。"也有些 FTA 间接承认《多哈宣言》的效力，如美国与中美洲的 FTA 备忘录中指出："第 15 章（知识产权）下的义务不影响成员国采取必要措施促进所有人获取药品以保护公共健康，特别是涉及艾滋病、结核病、疟疾或其他流行病，以及极端紧急或国家紧急状态。承认符合《多哈宣言》而促进药品获取的承诺，第 15 章不能阻碍 TRIPs 与公共健康解决方案的有效利用。"

然而，这些总则性的弹性原则具有极大的不确定性，在实际的法律规则中可能会被架空而沦为空谈，故并不能完全满足公共健康的需要。例如，美国贸易代表曾经在谈及美国与摩洛哥 FTA 时承认，依据强制许可而申请药品上市是 TRIPs-Plus 规则所允许的，尽管未提及以何种制度来协调两者的矛盾；但是，不久之后，其又认为知识产权章并未有任何条款规定有数据专有权保护的例外规则，也未能解释上市许可和强制实施专利这两者之间在文本上的矛盾和冲突。[①] 因此，在 TRIPs-Plus 规则中融入一定的弹性空间，将为成员国具体解决公共健康问题提供自由空间。例如，在专利链接规则中引入类似美韩 FTA 第 18.9.3 条规定。或者，将类似条款作为 FTA 中"与某些受管制产品有关的保护措施"条款中的总则性规定，而不限于数据保护的限制。此外，在 TRIPs-Plus 规则本身中融入一定的弹性也是非常可取的。例如，为了限制数据专有权保护在期限上的策略性行为，将其保护期以首次上市许可之日计算是重要的限制性规定，如美国与哥伦比亚（第 16.10.2.c 条）、秘鲁（第 16.10.2.c 条）和巴拿马（第 15.10.2.c 条）FTA 的规定。

然而，如何才能实现在 TRIPs-Plus 规则中植入弹性条款？

发展中国家应该采取"合纵连横"的策略，形成共同的政治和经济联盟，以实现共同的目标。这一策略并不一定需要形成正式的联盟，它可通过非政府组织、国际组织等论坛或其他场所协调彼此的立场，将要求 TRIPs 协议的弹性规则和 TRIPs-Plus 本身的弹性规则纳入相关协议作为共

---

① See Frederic M. Abbott, "The WTO Medicines Decision: World Pharmaceutical Trade and the Protection of Public Health," *America Journal International Law* 99（2005）：354.

同的目标。从美国的立场来看,在 FTA 中移除药品 TRIPs-Plus 保护规则的可能性非常小。但发展中国家也可以从美国对待 FTA 的态度中获得启示。由于 FTA 严格的 TRIPs-Plus 规则也将干预美国政府的药品政策,美国国会议员对此也深表关注,而美国贸易代表则声称"FTA 或其他任何协议均不影响国会将来采取立法措施改变现行法,即使是争端解决机构裁定美国未能服从 FTA,国会也无须修改法律"①。因此,所有国家也完全可以效仿。即成员国在国内立法时构建限制性规则或弹性规则,并将其融入药品 TRIPs-Plus 保护规则之中。同时,发展中国家也完全无须担心美国动用其特别 301 条款下的单边制裁措施。在 WTO 建立争端解决机制(Understanding on Rules and Procedures Governing the Settlement of Disputes,DSU)作为谈判解决工具之后,美国利用特别 301 条款来单边解决争端的方案并未得到 WTO 的支持。在"美国 – 1974 年贸易法第 301 – 310 条"案中,WTO 争端解决小组裁定,除非作为穷尽 WTO 所有救济之后的最后争端解决手段,第 301 条所规定的单边行动违反了 DSU 的规定。②

  WTO 的谈判历史还表明发展中国家联合其他发达国家的重要性。作为发达国家团体的欧盟与发展中国家所缔结的 FTA 并不强求严格的药品数据保护和市场专有权,也完全不提及专利链接。在欧盟法上,《欧共体第(EC)2001/83 号指令》第 126 条及《欧共体第(EC)726/2004 号条例》第 81 条规定,除非有法律明确规定的事由,医药产品上市申请不得被驳回、中止或撤销;而医药产品是否受专利保护并未列入法律所明确规定的事由。欧盟法上不允许将药品上市与其是否受专利保护相链接。③ 因此,发展中国家应该联合欧盟抵制美国将专利链接制度纳入 TRIP-Plus 保护的新规则,或者采取美国与秘鲁等 FTA 中较宽松的、以告知专利权人为基本内容的专利链接制度。不仅如此,美国自身也并非铁板一块。美国的服务业、农产品出口商和计算机等的出口商的利益并不与制药业完全一致,TRIPs-Plus 保护规则并不一定符合这些行业的利益。同时,药品的 TRIPs-Plus 保护导致药品价格高企,提高了美国健康医疗的成本,成为美

---

① See USTR Fact Sheet,"U. S. – Australia Free Trade Agreement,Questions and Answers about Pharmaceuticals" accessed July 8,2004,http://www.ustr.gov/about – us/press – office/fact – sheets/archives/2004/july/us – australia – free – trade – agreement – questions – and.

② See Matthew Turk,"Bargaining and Intellectual Property Treaties:The Case for a Pro-development Interpretation of TRIPS but not TRIPS Plus," International Law & Politics 42,(2010):1008.

③ See European Commission,"Pharmaceutical Sector Inquiry(Final Report)",p. 130,July 8,2009,https://ec.europa.eu/competition/sectors/pharmaceuticals/inquiry/staff_working_paper_part1.pdf.

国国内产业的重要负担之一。① 从这些产业代表中获得支持将促使 FTA 谈判具有更多的弹性条款，美国与秘鲁、哥伦比亚和巴拿马 FTA 的谈判就是的典型例子。

第三节　药品创新产权激励的替补机制

知识产权法通过提高创新产品的市场利润，为创新者提供实质性支持，从而实现激励创新的目标。其重要前提是，创新的动力来自创新者获取投资回报的预期。即创新者预期从研发成果中获得的市场利润高于其投入。但是，"成也萧何，败也萧何"。市场利润的激励模型存在相应的局限性，药品创新的知识产权激励机制也是如此。

一、药品创新产权激励制度的"阿喀琉斯之踵"②

知识产权制度以创新产品的市场利润为基础来确定创新者的投资回报。如果创新者预期到从市场中获得的利润不足，即使该技术具有极大的社会价值，创新者也不会将资金投入到该技术的研发之中。让我们先看一个例子。③ ICU 病房集中供应的导液管可能导致感染，有大量的病人因此丧命，部分原因是越来越多的患者产生了抗药性。在美国，这一人数达到每年 3 万人。④ 治疗 ICU 病房感染的技术路径有多种，例如，可以开发出新的抗生素药品，也可以是新的治疗流程或方法。然而，理性的创新者将优先开发新的抗生素药品。虽然它需要花费高达数亿美元的研发资金，但专利控制下新抗生素药的市场前景提供了足够的投资动力。理性的创新者并不愿意选择改进新的治疗方法，因为后者受专利保护的可能性很低，而且即使得到专利授权，其保护的成本也会很高。然而，新的治疗流程或方法的研发与新抗生素药的研发一样具有重要的社会福利。

---

① See Frederic M. Abbott, "The WTO Medicines Decision: World Pharmaceutical Trade and the Protection of Public Health," *America Journal International Law* 99 (2005): 356.

② 荷马史诗中的英雄阿喀琉斯在刚出生时被其母亲倒提着浸进冥河，使其能刀枪不入。但遗憾的是，因冥河水流湍急，母亲捏着他的脚后跟不敢松手，所以脚踵是他唯一的弱点，后来在特洛伊战争中他因脚踵被人射中而致命。现在本词一般是指致命的弱点、要害。

③ See Amy Kapczynski and Talha Syed, "The Continuum of Excludability and the Limits of Patents," *Yale Law Journal* 112 (2013): 1900, 1902.

④ Ibid.

这一例子表明，在某些技术领域，市场提供的利润前景不够明确或者预期利润较低时，知识产权法激励药品创新的功能就可能难以实现。这一现象大体上包括三种情形：其一，当某一技术创新可能不受知识产权法保护时，在没有国家支持的背景下，创新者只能凭借市场先发优势和消费者的品牌忠诚度来获得利润。其二，某一技术受知识产权法保护，但保护成本较高，这仍然会导致创新者从发明的市场利润中获得的收益不足以弥补其投资。其三，某一技术的产品市场本身提供的利润较低。在绝大多数情况下，发明的社会价值与其市场所能提供的利润回报并不一致。在某些发明的产品市场上，因消费者支付能力有限（如热带病），或者市场容量有限（如罕见病），仅能提供较低的利润回报。追逐最大利益的制药厂家自然将主要的资金投入研发治疗富裕国家中常见病的药品，但热带病（如疟疾、结核病）、罕见病等被制药厂家所忽略的疾病也同样影响大量人口的生命健康。① 其重要原因是，这些疾病大都发生在发展中国家，其患者大多缺乏足够的支付能力；或者患者人数稀少，市场提供的回报规模不能补偿创新者的研发投入。

简要地说，以创新产品的市场利润为激励手段，既是知识产权制度激励创新的优越之处，但也存在激励不足的局限性，成为知识产权制度的"阿喀琉斯之踵"。为实现激励药品创新的立法目标，知识产权制度该采何种路径予以完善或改进？其实，其答案不外乎两条进路：从知识产权制度的内部和外部寻求改善之路。

二、药品创新激励的产权替代制度

当知识产权法的内部改进无法解决创新产品的市场利润不足之问题时，就必须从知识产权法的外部来考虑技术创新的法律激励机制。知识产权法保障创新者从创新产品中获得收益，而其他法律制度则可以在降低创新者的成本方面发挥作用。从某种程度上讲，降低创新者的研发成本，实际上就是提高创新者的研发收益。这些为知识产权学界所忽视的法律制度包括补贴、奖励等。在知识产权保护之外，除了奖励制度，补贴模式也常常被国家用于激励原研药商的创新行为。其主要手段包括由学名药厂家分担研发成本、通过公共资金资助药品基础创新的研发、对药品研发给予税

---

① See Sarah Sorscher, "A Longer Monopoly for Biologics?: Considering the Implications of Data Exclusivity as a Tool for Innovation Policy," *Harvard Journal Law & Technology* 23 (2009): 300.

收优惠以及社会保障中对原研药的定价控制等，这些措施将确保原研药商能够从药品的研发上市中获取足够的利润回报。①

（一）药品创新激励的补贴模式：成本分担

成本分担（cost-sharing）模式，又称为补偿义务（compensatory liability）模式，是指竞争者依据原研药商所递交数据而申请同样成分药品上市时，在一定期限内均应以支付补偿金或授权费等方式分摊原研药商获取该数据所产生的成本。如果两者之间不能在法定期限内就许可价格达成一致协议，学名药商可以向有权裁决使用费的仲裁组织提出仲裁申请，由后者做出具有法定约束力的裁决。② 成本分担模式与药品数据保护的国际立法失之交臂，被学者们认为是非常令人遗憾的，但属于一项重要的可选立法模式。早在20世纪80年代，美国在TRIPs协议谈判时就曾经提出以支付使用（数据的）合理价格来作为数据专有权保护的替代制度。③ 这一模式也符合美国曾经在农药等领域对上市所需数据予以保护的立法案例。

1. 美国FIFRA中的充分补偿

美国1980年通过《联邦杀虫剂、灭菌剂和灭鼠剂法案》（Federal Insecticide, Puagicide and Rodenticide Act, FIFRA），以防止于自然环境有害的农药或其他化学产品的上市。④ FIFRA规定，所有在美国境内生产法定受管制化学产品的生产商，须向美国环境保护署（Enuironmental Protection Agency，EPA）申请注册；使用新型化学成分（或具有新用途的已有化合物）的产品，在美国上市之前须获得EPA的批准。该法案禁止EPA公开披露首次申请者所递交的测试数据，如果EPA的雇员故意向公众或第三方披露这些数据，将承担刑事责任。该法案对包含有新活性成分（new active ingredient）产品的数据给予10年的专有权保护。对于1978年9月30

---

① 有学者将奖励模式视为补偿模式的一种类型，See Shamnad Basheer, "The Invention of an Investment Incentive for Pharmaceutical Innovation," *Journal World Intellectual Property* 15, no. 6 (2012): 331–332. 但是，由于奖励制度与补偿机制有所不同，后者是通过直接资助等方式为研究开发提供事前的激励，因而被称为"推动型"（push）的激励模式，前者被称为"拉动型"（pull）的激励模式。See Frank Muller-Langer, "Neglected Infectious Diseases: Are Push and Pull Incentive Mechanisms Suitable for Promoting Drug Development Research?" *Health Economic Policy & Law* 8, no. 2 (2013): 3–4. 本书赞同这一观点。

② See Razvan Dinca, "The 'Bermuda Triangle' of Pharmaceutical Law: Is Data Protection a Lost Ship?" *Journal World Intellectual Property* 8, no. 4 (2005): 547–548.

③ See Jerome H. Reichman, "Rethinking the Role of Clinical Trial Data in International Intellectual Property Law: The Case for a Public Goods Approach," *Marquette Intellectual Property Law* 13 (2009): 30–36.

④ 该法案被汇编为：7 U.S.C.，第136至136y条。

日之后提出的注册数据，自批准注册之日起10年之内，其他任何人不得依据该数据来申请上市。[1] FIFRA还规定了"数据共同开发"条款。两个或多个申请人可以共同开发再注册所需新数据，或对这些数据予以成本分担。但是，法律并未规定补偿金的标准或计算方法，或者成本分担的具体方式。相反，法律允许当事人协商补偿金或成本分担，以及争议解决的途径。当然，为解决补偿金支付或成本分担的争议，任何一方均有权启动有约束力的仲裁程序。

尽管FIFRA将这些数据视为商业秘密予以保护，但该法允许EPA在一定条件下依据这些数据来评估后续申请者的产品，也允许利益关系方通过该法的数据公开条款获取有关健康、安全之数据。[2] 美国最高法院审理的"孟山都公司"案中，孟山都公司认为，向公众披露这些数据以及允许随后申请者使用这些数据是违反宪法征用条款的规定的，因为将数据用于评估后续申请者的产品注册属于为私人目的而非公共目的征用私人财产。[3] 美国最高法院一致同意，商业秘密将如同其他无形财产一样，受征收条款的保护；如果州法承认产品的安全和健康数据属于商业秘密，它们就受第五修正案征收条款的保护。在判定政府对健康、安全数据的使用是否构成征用时，法院认为先例中存在三个判断因素，包括政府使用行为的性质、经济影响以及对投资回报合理预期的干涉。美国最高法院最终认定，孟山都公司对EPA在法律规定的限制之外保守商业秘密并不存在合理的投资回报预期，因为其明知EPA有权向注册申请者披露这些数据，并利用这些数据来评估后续申请。当然，后续申请者必须向孟山都公司予以充分补偿。[4]

FIFRA还规定了对递交给EPA的数据可申请强制许可。依据该法案，任何试图依据同一化学产品的测试数据来申请上市的申请者，须与数据专有权人签署有自愿性的许可协议，一般来说，以许可费或交叉许可等其他

---

[1] 10年专有权保护期届满之后，在其后5年的期限内，也可以请求相似化学成分的产品生产者支付相应的补偿金。对于1969年12月31日之后提出的注册数据，EPA可以依据专有权人所递交的数据来审批其他人提出的上市申请，但其前提是该申请人须表明愿意向专有权人支付补偿金。

[2] See 7 U. S. C. § 136a（c）（l）（D）（ii）.

[3] See Ruckelshaus v. Monsanto Co. case, 467 U. S. 986（1984）.

[4] 对于该案的评述，see Eric E. Boyd, "Compensating Manufacturers Submitting Health and Safety Data to Support Product Registrations After Ruckelshaus v. Monsanto," *Indiana Law Journal* 61（1986）：189；also see Richard A. Epstein, "The Constitutional Protection of Trade Secrets and Patents under the Biologics Price Competition and Innovation Act of 2009," *Food Drug Law Journal* 66（2011）：285.

补偿金的方法来获取权利人的许可。后续申请者无须重复权利人的实验以获取上市许可所需的数据。如果双方在 90 天之内不能达成协议，任何一方均可以启动仲裁程序；对许可费的仲裁具有终局法律约束力。支付补偿金的义务一直延续至数据递交日起的第 15 年；如果后续申请者提出以支付补偿金来换取产品上市的话，则权利人必须予以接受。在 Thomas 案中，几个杀虫剂生产商认为仲裁组织对于补偿金的终局裁定因没有法院对其合理性予以审查而违反宪法，美国最高法院认为，对仲裁组织而不是法院确定补偿金数额的司法权，并不违反宪法的分权原则。① 在随后审理的 PPG 案中，美国的地区联邦法院认为，FIFRA 没有规定评估补偿金的标准，也不构成违宪。②

FIFRA 并未明确规定何谓"充分的补偿"。有学者认为这应该以成本为计算基础，而其他人则认为应以价值为计算基础。③ 前者以获得测试数据的成本之平等分担为计算标准；或者以参与者人数为基础，原研药商与所有学名药商平分成本，或者以市场份额为基础，学名药商以其各自享有的市场份额来分担成本。后者的计算标准是：学名药商因为依据原研药商递交的数据而获得上市许可，从而较早进入市场，以较早的市场进入价值来补偿原研药商。

2. 学术理论中的成本分担

最早在学术论著中赞同 FIFRA 数据保护模式的是 Reichman 教授，Weissman 教授在此基础上参照 FIFRA 提出了药品数据保护的成本分担模式。Weissman 的成本分担包括两个重要的因素："①获取数据的实际成本。这实际上要求原研药商记录并公开获取数据的实际成本。开发临床测试数据的成本在经合组织（Organization for Econmic Co-operation and Development, OECD）成员国被正式提交，因为原研药商通常会在这些国家首次申请上市许可。此外，原研药商也可要求补偿风险溢价（risk premium），它表现为最初测试中可能失败的成本。最后，与相比独立进行临床测试所需的时间而言，学名药商应该从更早进入市场所获得的收益中向原研药商予以补偿。②学名药商在全球的市场份额。分担的成本应依据每个

---

① See Thomas v. Union Carbide Agricultural Products Co. case, 473 U. S. 568 (1985).

② See PPG Industries v. Stauffer Chemical Co. case, 637 F. Supp. 85 (D. D. C. 1986), Appeal dismissed, No. 86 – 5502 (D. C. C. November 4, 1987).

③ See Geoffrey H. Coll, "Determining Compensation for Subsequent Use of Test Data Under FIFRA: A Value Based or Cost Based Standard?" *Columbia Journal Environment Law* 11, no. 1 (1986): 193.

国家的实际情况而定，与其市场规模并与支付能力相联系。"① 同时，为了避免对原研药商予以过度补偿，这一计算方法还应受一些限制，包括：其一，当原研药商的销售利润达到其获取数据成本的若干倍（例如 20 倍）时，其主张补偿的权利便不再存在。其二，自原研药商获准上市之日起一定期限届满（例如 5 年）之后，其受补偿权利便不再存在。其三，合理的补偿金不应仅与市场规模有关，还应依据各国人均 GDP 来计算学名药商的支付能力，从而对补偿金进行调整。应区别对待发展中国家的学名药商与 OECD 国家的学名药商。②

Weissman 教授的计算方法需要依据学名药商的市场规模来决定其全球市场份额，其重大的缺陷是可能存在对原研药商过度补偿的问题，因为这本身就取决于是否将支付需求视为对利润丧失的一种补偿，或者将其视为专利制度之外的管制性报酬。③ 在此基础上，Fellmeth 教授提出了更为复杂的"可重新调整的补偿金模式"（readjustable royalties model），这对学名药商如何分担原研药商为获取上市许可而付出的投资提供了新的计算方法。④ 在式（2-1）中，α 为第一家依据原研药商数据提出上市申请的学名药商每年应分担原研药商数据获取成本的比例，β 为依据原研药商递交数据而提出上市申请之学名药商的数量；γ 为每一家学名药商每年所应分担的具体比例。在式（2-2）、式（2-3）中，η 为原研药商从所有学名药商处获得补偿的成本比例，θ 为学名药商支付补偿金的年限。

$$\frac{\alpha + 0.01(\beta - 1)}{\beta} \quad (2-1)$$

$$(\gamma)(\beta) = \frac{\theta}{\eta} \quad (2-2)$$

$$(\beta)(\gamma)(\eta) = \theta \quad (2-3)$$

---

① See UNCTAD, "Using Intellectual Property Rights to Stimulate Pharmaceutical Production In Developing Countries: A Reference Guide" p. 178, accessed 2011, https://unctad.org/system/files/official-document/diaepcb2009d19_en.pdf.

② Id., p. 179.

③ See Jerome H. Reichman, "Rethinking the Role of Clinical Trial Data in International Intellectual Property Law: The Case for a Public Goods Approach," *Marquette Intellectual Property Law* 13 (2009): 34.

④ See Aaron Xavier Fellmeth, "Secrecy, Monopoly, and Access to Pharmaceuticals in International Trade Law: Protection of Marketing Approval Data Under the TRIPs Agreement," *Harvard International Law Journal* 45 (2004): 443, 483-493.

Fellmeth 教授认为，因为原研药商在获得药品上市许可之前即已经支出了新药研发的巨额资本，所以在计算学名药商所应支付的补偿金时，有必要考虑原研药商投资的时间成本及利息，为此，应将补偿金的支付公式调整为式（2-4）。其中，κ 为一般市场利率；η 为学名药商支付补偿金的时间与原研药商取得上市许可的时间之差。此外，原研药商还可能主张应考虑药品上市的国别性，即应考虑原研药商在各国申请上市所花费的成本。在计算学名药商应支付的补偿金时，是否应将此类成本计入？Fellmeth 教授认为，学名药商所分担的成本，应限定为原研药商获取首次上市许可所付出的试验成本，以及在学名药上市的国家申请上市时，因该国法律特别规定所支付的额外试验成本。为此，补偿金的支付公式应调整为式（2-5），其中，χ_{rely} 是 WTO 成员方企业依据另一个 WTO 成员方的规定且首次获得其主管部门批准的药品上市许可所付出的成本；σ 是学名药申请上市在该 WTO 成员方的花费（或以 GDP 为标准计算），ρ 为原研药商在该 WTO 成员方获得上市所付出的额外成本，μ 为药品在被首次批准上市的 WTO 成员方中的研发费用（或以 GDP 为标准计算）。

$$\frac{\alpha + 0.01(\beta - 1)}{\beta}(1 + \kappa)^{\eta_i} = \gamma \qquad (2-4)$$

$$\chi_{rely} = \frac{\sigma(v + \rho)}{\sigma + \mu} \qquad (2-5)$$

Fellmeth 教授将学名药商所支付的补偿金与每年所有申请上市的学名药商数量相联系，并依据每年新加入者而重新调整。因最先进入市场的学名药商相比于其他学名药商获得了最大的市场优势，故它将支付最高比例的补偿金，该补偿金以某一固定比例体现。对于 Fellmeth 教授的补偿金模式，有学者认为这一假设并不成立，因为学名药商所能占有的市场份额并不取决于进入市场的先后，而往往和其产品质量、营销手段密切相关。此外，学名药商所支付的补偿金比例具有任意性，并无科学的测度依据。因此，Dinca 提出了新的补偿金计算标准：$S = \dfrac{C(1+i)}{t(n+1)}$。[①] 该式中，$S$ 是每一个学名药商所应支付的年度补偿金；C 是原研药商获取数据所投入的原始总成本；i 是银行的平均利率，并将支付补偿金的年度与原研药商的投

[①] See Razvan Dinca, "The 'Bermuda Triangle' of Pharmaceutical Law: Is Data Protection a Lost Ship?" *Journal World Intellectual Property* 8, no. 4 (2005): 562.

资年度相关联；t 是各国法上数据保护的期限（年数）；n 是自数据保护之日起依据这些数据被批准上市的学名药商在该年度的数量。成本计算的范围包括原研药商为获得上市许可而递交给主管部门的数据测试投资，可补偿的成本仅限于原研药商用于已批准上市产品和相似分子的测试成本，而不包括其可能同时进行的其他测试成本。补偿机制由批准上市的国家主管部门进行管理，该部门须审查原研药商递交的、记录测试成本的文件，监控学名药商对这些数据的使用，并依据上述计算标准确定补偿金。为保障原研药商的利益，主管部门以原研商药的名义收取补偿金，并有权对在法定期限内不履行补偿金支付义务的学名药商予以行政处罚。

针对 Weissman 和 Fellmeth 两位教授建议的计算方法的局限性，Reichman 教授提出了一个极为简化的标准补偿金模型，并认为"越简单越可取"，因为简单的规则可以避免增加大量诉讼和其他交易成本。"合理补偿金模式可以下述方法替代：学名药商必须支付的补偿金，或者以总销售额的统一固定百分比，或者以药品生产的边际成本以上的统一固定百分比为标准。在不长于 5 年的一定期限内，学名药商将上述补偿金支付给原研药商，以获取依据这些测试数据而申请上市的权利。"① 依据该方法，支付的补偿金与数据对每个公司的价值相关联，而数据的价值通常反映在销售额上。

Basheer 教授则认为上述补偿金支付标准均存在问题，需要予以完善或修正。其基本观点是，学名药商所支付的补偿金应与其市场份额的一定数量相一致。为了避免学名药商无利可图，其支付的补偿金数额仅为其利润中的固定比例。应支付的补偿金与原研药商所获得投资回报的一定比率相一致。② 该标准下的补偿金计算公式为：$A = X(p) + Y(c) + Z(c)$。其中，A 为补偿金总额；X 为原研药商，$X(p)$ 为药品上市第一年的销售利润；Y 为学名药商，$Y(c)$ 为其所应支付的补偿金，计算方法是该年度学名药商销售利润占整个药品销售利润的比率，即 $Y(p) \times [Y_r/(Y_r + X_r)]$；$Z$ 为另外的学名药商，$Z(c)$ 为其所应支付的补偿金，其计算方法同前。如果 A 的数额达到原研药商的研发投资与合理利润回报之数额，学名药商就无须再支付补偿金。上述公式并未考虑到原研药商国际性上市

---

① See Jerome H. Reichman, "Rethinking the Role of Clinical Trial Data in International Intellectual Property Law: The Case for a Public Goods Approach," *Marquette Intellectual Property Law* 13 (2009): 35.

② See Shamnad Basheer, "The Invention of an Investment Incentive for Pharmaceutical Innovation," *Journal World Intellectual Property* 15, no. 6 (2012): 329 – 331.

申请的成本,如果考虑这一情形,则上述公式应修订为:$A = X(p_u + p_e + p_j) + Y(c_u + c_e + c_j) + Z(c_u + c_e + c_j)$。其中,$p_u$、$p_e$、$p_j$……为原研药商在不同国家首次上市所获得的销售利润;c_u、c_e、c_j……为学名药商在不同国家所应支付的补偿金。Basheer 教授认为,该补偿机制相比于数据的专有权保护而言有利于鼓励更多的学名药商参与市场竞争,将导致药品价格的降低,从而更有利于病患和公共健康。但是,Basheer 教授也承认,该模式将带来较高的行政成本,而且需要更多的国际合作。

数据保护的补偿金模式被认为是最符合发展中国家的一项制度选择。一方面,通过在一定期限内向原研药商支付合理的补偿金,使原研药商获得合理的报酬,从而减轻了发展中国家的政府与发达国家谈判 FTA 时面对的压力。另一方面,学名药商能够通过支付补偿金的方式,直接或间接地依据原研药商的数据立即获得上市许可,此时原研药商不能禁止学名药的及时上市,而且价格竞争将减轻发展中国家的药品获取问题。因此,EFTA 与韩国 FTA 附录第 13 章第 3 条常为这些学者所赞同,该条最后一句规定:"如果对首次申请者予以了充分的补偿,双方均可在其国内法中允许(后续)申请者依赖(首次申请者递交的)这些数据(来审批其上市许可)。"

(二)药品创新激励的补贴模式:研发资助

在技术创新活动中,不同的研发资助基金发挥着极其重要的作用。在美国,约 1/3 的研发活动获得政府和非营利部门的研发资助,其中,在基础领域内,80% 的研发活动获得了资助。[①] 中国 2015 年共投入研究与试验发展(research and development,R&D)经费 14169.9 亿元,其中,国家财政科学技术支出超过半数(7005.8 亿元);从研究领域来看,基础研究、应用研究和试验发展占经费总支出的比重分别为 5.1%、10.8% 和 84.1%。[②]

大量的公共资金被投入药品的基础研究之中,大学或有关研究机构(如美国国立卫生研究院,National Institutes of Health,NIH)通过这些资助得以在药品基础研究开发中发挥重要的作用。NIH 是世界上生物医药研

[①] See Amy Kapczynski, "The Cost of Price: Why and How to Get Beyond Intellectual Property Internalism," UCLA Law Review 59 (2012): 972.

[②] 参见国家统计局、科学技术部、财政部:《2015 年全国科技经费投入统计公报》,http://www.stats.gov.cn/tjsj/zxfb/201611/t20161111_1427139.html,2017 年 3 月 10 日访问。本书仅分析公共资金用于研发资助的情形。实际上,也存在私人资金用于研发资助的情况,如比尔·盖茨的慈善基金用于资助罕见病的研发。

究的最大公共资金资助者，它每年约对来自 2500 个机构的近 30 万研究人员予以研究资助，总额高达 290 亿美元。① 研发资助的途径主要有二：一是促进产学研合作，二是直接投入资金开发治疗被忽视疾病的药品及治疗设备。公共资金资助的研究通常是不可专利的科学基础研究，为医药业进行具有利润前景的下游研究打下知识基础，从而降低制药业的产品开发成本，对制药业的应用研究具有激励作用。

在学术上，有人不仅主张对基础研究予以公共资金资助，还主张在药品的应用研究阶段也应以公共资金为主。美国著名经济学家、诺贝尔奖获得者斯蒂格利茨（Joseph Stiglitz）就认为：影响药品创新的重要因素是药品的临床试验成本急剧上升，据说每一项 NCE 的临床试验成本高达 4 亿美元，因此，反思和重构临床试验的政策/制度就成为激励药品创新效率的首选。② 在药品开发的重要临床研究活动中，以公共资金来替代私人投资将降低制药业的开发成本和市场进入障碍，并最终降低药品价格以促进药品获取。理由有三：其一，临床试验应视为公共产品。临床试验产生的信息一旦可为公众所获取，就可以改善制药公司的研发决策，使其更好地从中选择候选化合物来进行测试。增强透明度的制度甚至可以包括数据的开放获取。现在的政策限制了对测试数据的使用，这降低了药品的可获取性，而数据的开放获取对第三世界国家而言影响深远。遗憾的是，双边自由贸易协定的数据专有权条款提供了超专利的保护，但没有明确的社会收益。其二，具有更高的可信度。频频发生的药品开发丑闻表明，制药公司倾向于隐藏与药品安全性、有效性有关的不利数据。制药公司的这一动机主要来自试验成本高昂，为避免投资损失，它们甚至贿赂参与试验的医生。一旦医生参与这一共谋，则不仅会提高药品的研发成本，而且会限制药品的竞争，因为参与试验的医生将更倾向于在处方中使用该药品。而公共资金投资临床试验将降低利益冲突。其三，增强药品的供给竞争。临床试验的高成本是竞争者市场进入的最大障碍，出于规避投资风险的目的，新药开发项目往往集中于利润丰厚的药品领域，造成"跟风药品"研发成本的浪费。此外，大制药企业有能力分散其投资风险，而小企业却很难做到。公共资金的资助将改变大公司的比较优势，增强药品的价格竞争。

在中国，基础研究的投入仅占经费总支出的 5.1%。这表明，在中国，

---

① See W. Nicholson Price Ⅱ, "Grants," *Berkeley Technology Law Journal* 34, no. 1 (2019): 4.

② See Arjun Jayadev and Joseph Stiglitz, "Two Ideas to Increase Innovation and Reduce Pharmaceutical Costs and Prices," *Health Affairs* 28, no. 1 (2009): W165 – W168.

用于研发的公共资金中大部分并未用于基础研究，而是用于应用研究和试验发展研究。公共资金的研发资助直接降低了创新者的研发成本。在前述 ICU 感染的例子中，据发表在《新英格兰药学杂志》的研究成果可知，新的治疗方法已经被开发出来，该技术能减少 2/3 的感染。相比于研发新的抗生素药，该方法每年将节约 10 亿美元的医疗费用，并且没有副作用。虽然该技术并没有获得专利权，但它的研究开发得到了美国卫生部保健研究与质量局（Agency for Healthcare Research and Quality，AHRQ）研究基金的资助。①

（三）药品创新激励的补贴模式：税收优惠

税收优惠（R&D tax credits）机制对技术创新的激励作用并未为知识产权法学界所熟知，但它并非新生事物。早在 1981 年，美国就采取了研发税收优惠的方法来激励技术创新；而爱尔兰自 20 世纪 70 年代就开始对源自专利的收入予以税收优惠。② 它既可以降低创新者的研发成本，也可直接补贴创新者的收益。

激励创新的税收优惠有两种基本模式。③

第一，通过优惠、摊销的方式补贴研究开发费用，直接激励研发。它以研发为对象，不考虑其成果最终是否实现商业化。美国对纳税年度内发生的研发费用所给予的税收优惠主要有两种计算方式：在商业中（trade or business）投入的研究、测试费用（research or experimental expenditures）可以从纳税人商业活动获取的收入中抵扣；或者对超出基数的合格的研究费用给予 20% 的税收优惠。④ 加拿大甚至从 1944 年就开始了对研究、测试费用的税收优惠，允许对纳税年度内发生的科学研究和测试开发费用予以完全扣减。其他国家的做法主要包括：⑤ 奥地利自 1988 年起实施 125% 的研发费用扣除；匈牙利在 1997 年采取了双重扣减的优惠；英国自 2000 年起对小型企业实施 150% 的扣除，自 2002 年起对大型企业实施 125% 的

---

① See Amy Kapczynski and Talha Syed, "The Continuum of Excludability and the Limits of Patents," *Yale Law Journal* 112 (2013): 1902–1903.

② See Michael J. Graetz and Rachael Doud, "Technological Innovation, International Competition, and the Challenges of International Income Taxation," *Columbia Law Review* 113 (2013): 352.

③ 更详细的介绍，参见 W. Wesley Hill and J. Sims Rhyne, Ⅲ, "Opening Pandora's Patent Box: Global Intellectual Property Tax Incentives and Their Implications for The United States," IDEA 53 (2013): 371.

④ See U. S. I. R. C. § 174 & 41 (2006).

⑤ See Michael J. Graetz & Rachael Doud, "Technological Innovation, International Competition, and the Challenges of International Income Taxation," *Columbia Law Review* 113 (2013): 353.

扣除;比利时也在 2002 年开始实施研发投资扣除;塞浦路斯在 2006 年实施双重扣减的优惠。法国自 1983 年、西班牙自 1995 年、匈牙利自 2003 年、爱尔兰自 2004 年起实施税收优惠。欧洲有些国家还对研发人员提供不同的雇员税收激励措施。例如,荷兰自 1994 年起对应付薪金予以税收扣减,比利时自 2003 年起对支付给某些研究者的薪金予以免税,匈牙利自 2005 年起对与研发行为有关的薪金成本予以扣除。①

第二,创新者从知识产权中获得的利润给予优惠对待,适用较低的税率来间接激励研发。它聚焦于源自知识产权的收入,被称为"专利盒"(patent boxes)或"创新盒"(innovation boxes)机制。欧洲国家主要通过三种方法来计算优惠税率:对所有收入中某些部分予以扣减,或者对知识产权收入适用较低税率,或者免除这些收入中某些部分的税赋。② 当然,专利盒的优惠条件各不相同,需要考虑的因素主要包括:合格的知识产权包括哪些类型,知识产权是否必须为独立开发,何种收入可以得到优待,等等。爱尔兰自 1973 年开始免除专利收入的税赋。近年来,许多欧洲国家开始采纳专利盒税收优惠制度,包括匈牙利、比利时、法国、荷兰、卢森堡、西班牙、英国。③ 例如,匈牙利对从合格知识产权的实施或转让合格知识产权中获得的利润予以最高 50% 的税率扣减。匈牙利分别实施 10%(小企业)和 19%(大企业)的企业所得税扣减,这使得研发企业实际承担的税率分别仅为 5% 和 9.5%。④

一些国家为鼓励研究开发活动而提供税收优惠,这自然也包括对药品的研发活动。税收优惠直接为研究活动提供资金支援,例如,在美国,制药公司能够得到 20% 的研发税收优惠。如果属于罕见病药品,则税收优惠将高达其临床试验成本的 50%。相似地,英国也有相应的税收优惠,以激励疫苗的开发以及治疗艾滋病、肺结核等药品的开发。⑤ 对于被忽略疾病的治疗药品开发,也应该提供相应的税收优惠。

---

① See Michael J. Graetz and Rachael Doud, "Technological Innovation, International Competition, and the Challenges of International Income Taxation," *Columbia Law Review* 113 (2013): 354.
② Id., pp. 362-363. 一般来说,"专利盒"主要针对源自专利的收入,"创新盒"则包括专利和其他无形财产的收入。但出于论述便利,本书以专利盒来指代两种优惠机制。
③ See Michael J. Graetz and Rachael Doud, "Technological Innovation, International Competition, and the Challenges of International Income Taxation," *Columbia Law Review* 113 (2013): 363.
④ Ibid. 其他国家更详细的介绍,参见 Id., pp. 363-369, 380-390.
⑤ See Shamnad Basheer, "The Invention of an Investment Incentive for Pharmaceutical Innovation," *Journal World Intellectual Property* 15, no. 6 (2012): 332.

中国现行法综合了上述两种模式。① 从本质上看，对研发费用予以税前抵扣的优惠模式是为了降低创新者研发成本。此外，由于税收优惠的激励机制与专利保护并行不悖，而且，专利盒的优惠模式与研发成果获得知识产权保护直接相关，直接增加了创新者的收益。假定创新者从知识产权中获得利润 1080 元，但因承担 25% 的企业所得税而需要支付 270 元，则创新者获得的预期回报仅 73 元（即税后利润 730 元与成功概率 10% 的乘积）；如果按照 15% 的优惠税率，则能够获得的预期回报为 83.8 元。尽管创新者的预期回报低于研发投资 100 元，但因税前扣除 35 元，其实际利润率（29%）远高于不享有税收优惠时的利润率（8%）。

（四）药品创新激励的补贴模式：定价和补偿机制

社会医疗保障体系中的定价和补偿机制也是药品创新激励制度的重要内容。一个国家的社会医疗保障体系对药品价格的控制具有三项目标：一是确保有需要的患者能够获得必要药品；二是健康保险预算在可控范围之内，确保保障体系在短期和长期均可持续；三是为持续创新提供新的或维持现有的激励机制。从整体而言，价格机制主要从三个方面来确定药品价格：药品的出厂价格；医疗补偿的水平，通常以零售价格的百分比来确定；对医生或药房等利益相关者的限制，以确定药品被医生开出处方、分销和使用的条件。② 其中，医疗补偿水平对于原研药商具有重要意义。因为如果不对昂贵的新药给予补贴，或者需要患者支付绝大部分费用，则患者将可能倾向于不选择使用新药。

药品的价格控制主要通过引入学名药的竞争来实现。对于学名药而言，因为进入医疗保障体系可能需要满足额外的条件，从而可能延迟进入医疗保障的药品市场。例如，如果所有的药商均需要向医疗保障机构提供专利地位的信息，或需要提供原研药和学名药之间生物等效性的额外评估——这些措施保护了原研药商的利益。尽管社会医疗保障机构对于是否构成专利侵权、药品是否具有生物等效性以及是否符合安全性等问题并无能力裁定，但其允许将具有确定力的法律决定（裁决）作为是否批准其定价和补偿的依据，这就可能导致学名药延缓进入该市场。在欧盟，有些成

---

① 参见《中华人民共和国企业所得税法》(2007) 第 27、第 28、第 30、第 32、第 34 条。另可参见全国人大常委会法制工作委员会行政法室：《〈中华人民共和国科学技术进步法〉释义及实用指南》，中国民主法制出版社 2008 年版，第 117–121、201–204 页。

② See European Commission, "Pharmaceutical Sector Inquiry (Final Report)," pp. 132–133, July 8, 2009, https://ec.europa.eu/competition/sectors/pharmaceuticals/inquiry/staff_working_paper_part1.pdf.

员国就将药品的定价和补偿机制与药品的专利地位相链接,表 2-1 就是其中的例子。①

表 2-1 欧盟国家医疗保障体系中药品定价、补偿与专利链接

德国	市场进入与获得补偿的管理当局	学名药的申请者须证明其不受专利影响（patent-free）的地位，即，申请人须递交原研药商的书面同意或确认书
匈牙利	定价和补偿主管机关	学名药商须递交专利状况的声明；原研药商可以在法庭中提出专利侵权之诉，并阻止相关补偿程序的继续进行
葡萄牙	定价当局；法庭	定价当局（经济部）不得批准处于诉讼中的学名药之定价，将导致延误数月进入市场。原研药商可对定价和补偿决定进行法律诉讼

（五）药品创新激励的奖励模式

奖励机制属于直接补贴创新者收益的一种做法。它包括诱导型（inducement prizes）和承认型（recognition prizes）两类。前者是对希望开发的技术予以悬赏，在 18—19 世纪常被用于激励创新，著名的例子包括英国经度测算奖励和拿破仑对食品保存技术的奖励。② 后者是对已有研究成果予以奖励，如诺贝尔奖、国家科学技术奖等。虽然奖励机制对创新的激励作用在整个 20 世纪不为人们所重视，但现在却越来越受到人们的赞赏。例如，美国国防部、能源部和宇航局在 2009 年提供了 3500 万美元的奖金，奖励对象从宇航员手套（25 万美元）到 60 瓦 LED（发光二极管）灯泡（1000 万美元）。③

一般来说，奖金由主管部门预先确定，按照标准向一个或多个胜出者

---

① See European Commission, "Pharmaceutical Sector Inquiry (Final Report)," p. 490, July 8, 2009, https://ec. europa. eu/competition/sectors/pharmaceuticals/inquiry/staff_working_paper_part1. pdf.

② See Daniel J. Hemel and Lisa Larrimore Ouellette, "Beyond the Patents-Prizes Debate," *Texas Law Review* 92 (2013): 362. 私人机构也会进行创新奖励，但这不属于本书讨论的范围，因为这并非制度的范畴。这些创新的奖励机制也不完全等同于《中华人民共和国科学技术进步法》所规定的奖励制度。

③ See Daniel J. Hemel and Lisa Larrimore Ouellette, "Beyond the Patents-Prizes Debate," *Texas Law Review* 92 (2013): 363.

分配，奖金的数额可以按照市场的方式来确定。① 奖金的形式也具有多样性，它可以是对成功开发出预防禽流感病毒疫苗的创新者给予几千万元的奖金，也可以是政府购买若干万支疫苗的承诺，甚至是对研究人员的雇佣预期或承诺。② 中国规定政府采购应当购买或率先购买自主创新产品或服务，也可视为一种特殊的奖励机制。近年来，学者们提出很多以市场为基础或以绩效为基础的奖金计算方案，③ 而奖励机制适用的技术领域大都集中在医药研发领域。④

药品创新的成本分担模式强调对原研药商予以补偿来激励其研发投资，不同的是，奖励模式通过公共资金或私募资金来补偿原研药商，以换取数据的免费使用。它往往在事前公布对某一类创新的奖励方法，对成功做出创新的任何人/企业按照其程序给予奖励。奖金可能来自政府等公共资金，也可能来自慈善组织或私募资金。例如，比尔·盖茨的基金会对肺结核的诊断和治疗药品设立了创新奖励项目，该病是世界上流行度第二并在发展中国家中属于致命疾病的传染病。奖金的具体数额或计算方法可以在事前确定并予以分配，也可以在事后进行评估和给予报酬，使创新者所获得的报酬与其创新的社会贡献相适应。例如，可以是对成功开发出禽流感病毒疫苗的制药企业给予数百万美元的奖励，也可以是政府承诺购买50万剂疫苗。⑤ 激励创新的奖励模式已有很长的历史，其新近的发展是，人们将奖励模式作为药品和其他知识产品创新的超级商业模式，以作为专利等排他权的替代，解决其可能产生的垄断定价所导致的消费者福利损失（净损失），促进实用创新的扩散，以及扩大药品的可获取性。⑥

---

① See Michael Abramowicz, "Perfecting Patent Prizes," *Vanderbilt Law Review* 56 (2003): 115.

② See Saul Levmore, "The Impending iPrize Revolution in Intellectual Property Law," *Boston University Law Review* 93 (2013): 157.

③ 较全面的总结与评价，参见 Michael Abramowicz, "Perfecting Patent Prizes," *Vanderbilt Law Review* 56 (2003): 115.

④ 全面的梳理，参见 William Fisher, Talha Syed, Thomas Pogge et. al eds., *A Prizes System as a Partial Solution to Health Crisis in the Developing World*, in Incentives For Global Public Health (Cambridge: Cambridge University Press, 2010), pp. 181–208.

⑤ See Saul Levmore, "The Impending iPrize Revolution in Intellectual Property Law," *Boston University Law Review* 93 (2013): 152. 有人将购买承诺视为一种独立的激励机制，与奖励制度不同。See Frank Muller-Langer, "Neglected Infectious Diseases: Are Push and Pull Incentive Mechanisms Suitable for Promoting Drug Development Research?" *Health Economic Policy & Law* 8, no. 2 (2013): 15–17.

⑥ See James Love and Tim Hubbard, "The Big Idea: Prizes to Stimulate R&D for New Medicines," *Chicago-Kent Law Review* 82 (2007): 1519.

一般认为，将奖励模式作为专有权的补充机制是可取的。[①] 学者们提出了两类奖励模式。[②] 其一，自愿性的奖励基金模式。作为专有权保护制度的补充，原研药商可自由决定是否放弃垄断定价，向设立奖励的基金注册，由后者依据其产品对健康的影响按比例给予报酬，且其无须放弃专有权。一般来说，奖金的多少依据产品的定价而定，其定价一般不得高于产品的平均生产成本。该模式的主要倡议者为 Aidan Hollis 和 Thomas Pogge，他们将基于该模式的组织命名为"健康影响基金"（Health Impact Fund，HIF），原研药商向 HIF 注册并申请基金奖励的具体数额。HIF 要求原研药商向全球提供的药品价格仅能略高于药品的平均生产和销售成本，该管制性价格能够在 HIF 的网站进行查询，能够为零售商所获取。其二，强制性的奖励基金模式。作为专有权保护的替代物，它试图通过建立"药品创新奖励基金"，将创新激励与面向消费者的产品定价分隔开来，从而使得包括新药研发等知识产品能够立即进入公有领域。奖金仅授予对公共健康产生重要影响的创新药。该模式为 James Love 和 Tim Hubbard 提出，并被美国前国会议员 B. Sanders 推动的《药品创新奖励法案》采纳，该议案在 2005 年和 2007 年两次在美国议会上被提出，但未能成为法律。该议案试图建立强制性的奖励基金，其总金额为美国 GDP 的 0.5%，并将用于影响穷国的重要疾病之药品开发，其中 4% 的资金将投入全球性的、被忽视疾病药品的开发之中。

更具体地讲，人们提出了四种相互区分又相互联系的奖励机制：[③]

> 第一种可选模式是：保留所有专有权的现有制度，但产品获得 FDA 批准上市之后，通过其对健康医疗结果的影响来确定相应的奖金数额，以替代产品制造或销售的专有权。第二种可选模式是：依据前述方法，但将奖金的一部分分配给那些对最终产品的成功开发做出了贡献但未获报酬的独立当事人，他们免费开放许可了数据、材料、技术诀窍和技术等研究成果。第三种可选模式建立在第二种模式基础

[①] 在专利法领域的奖励模式，参见 Michael Abramowicz, "Perfecting Patent Prizes," *Vanderbilt Law Review* 56 (2003): 115；在知识产权法领域的奖励模式，参见 Steven Shavell and Tnguy van Ypersele, "Rewards versus Intellectual Property Rights," *Journal Law &Economic* 44 (2001): 525.

[②] See Frank Muller-Langer, "Neglected Infectious Diseases: Are Push and Pull Incentive Mechanisms Suitable for Promoting Drug Development Research?" *Health Economic Policy & Law* 8, no. 2 (2013): 7 – 9.

[③] See James Love and Tim Hubbard, "Prizes for Innovation in New Medicines and Vaccines," *Annals Health Law* 18, no. 2 (2009): 155 – 156. （内部引证省略）

上，它通过将一部分资金用于开发的早期阶段或过渡阶段，并将这部分资金交由竞争性的第三方来管理，按照对最终成功上市的产品所做出的贡献大小，依据事先公布的可测度的客观标准来分配。第四种可选模式是：只要专利权人获得了报酬，在上游研究领域中对使用发明的专有权就被取消，从而可以自由使用发明。

相比于其他保护模式，奖励模式避免了药品的垄断定价，促进了药品的可获取性，降低了垄断所导致的消费者福利损失。另外，它也特别有利于解决发展中国家所面临的药品严重缺乏问题，特别是所谓的热带病，因为在发达国家较少发生，跨国制药企业通常不愿意开发其治疗药品。例如，开发能够预防恶性疟原虫疟疾的疫苗就可以获得奖励，因为这是常常发生在发展中国家的、死亡率最高的、最危险的疟疾。此外，原研药商因为获得了基金的奖励，也就无须担心竞争者的模仿行为，从而节约了专利诉讼等方面的成本。[1]

奖励机制最核心的原则是，政府向技术创新者支付相应的开发费用和合理利润，用以换取创新药品的自由使用。例如，政府向原研药开发者支付上述费用之后，仿制药商即可进入药品市场，以边际成本的价格向社会公众提供药品。奖励机制直接补助创新者的研发收益，同时为其节约了相应的研发成本。研发成本包括：①信息成本。因为政府的悬赏提供了有价值的技术开发项目信息，反之易于为创新者所获取，假定其成本为1元，相比于通过市场信号来确定研发项目所耗费的资金5元，其将节约4元的信息成本。②机会成本。由于政府提供的奖励将在研发成功之时予以支付，相比于专利权提供的市场利润，其获取回报的时间大大提前，从而提高了其资本的利用效率。假定专利权的利润回收期限为20年，因为奖励制度的利润回报将提前至研发成功之时（1年），资本利用效率提高了20倍。③执行成本。因为不需要监控市场对其发明的利用情况，创新者节约了维持和保护专利权所付出的成本。

---

[1] See Frank Muller-Langer, "Neglected Infectious Diseases: Are Push and Pull Incentive Mechanisms Suitable for Promoting Drug Development Research?" *Health Economic Policy & Law* 8, no.2 (2013): 9-10.

本 章 小 结

　　提供专利法之外的药品创新激励制度是鼓励药品研发的重要法律工具。医药基础研究与临床试验所耗费的巨额资金离不开私人资本，特别是风险投资，它们需要获得足够大的利润回报。生物制品的研发具有极大的市场前景，生物医药领域的创新大都由中小企业承担，其投资主要来自私人风险资本。"从投资者的角度来看，从成功上市的药品中获取的回报必须非常巨大，这是因为它们要弥补高失败率下的投资损失，才能在整体上获得合理的正常投资回报。风险越高，成功之后获得的平均回报也越高，这属于激励研发投资所必要。"[①]

　　人们对于药品知识产权保护的争议忽略了非产权激励机制的作用。事实上，研发资助、税收优惠都能够发挥激励创新的重要作用。[②] 这些激励机制不只属于支持知识产权制度的伦理系统，[③] 而是实在法上的重要内容；它们不是知识产权法的替代制度，而是与它并行不悖、各有其适用范围的创新激励机制。这些激励机制的广泛使用，属于广义的 TRIPs-Plus 规则。正在影响全球的新型冠状病毒相关药品、疫苗的研发深刻影响了人们对于非产权激励机制的看法。以疫苗研发资助为例，美国在 4 万亿资助项目中常规大约有 14 亿~15 亿美元用于新型冠状疫苗的开发，2020 年 4 月又拨款 35 亿美元，5 月宣布共计 150 亿美元的疫苗研发项目"曲速行动"（Operation Warp Speed），落实在 2021 年前 3 亿剂疫苗的"美国优先"目标。[④] 欧盟通过欧洲投资银行提供了不少于 10 亿美元的资助基金，该基金是总额 250 亿美元一揽子融资资助的一部分。中国、俄罗斯也提供了大量

[①] National Academies of Sciences, Engineering, and Medicine, *Making Medicines Affordable*: *A National Imperative*. (Washington: The National Academies Press, 2018), p. 40, doi: https://doi.org/10.17226/24946.

[②] 专利（产权）保护与奖励机制（广义）在激励创新上的作用是互补的，而不是排斥的。See Ted Sichelman, "Patents, Prizes, and Property," *Harvard Journal Law & Technology* 30 (2017): 279. 该文梳理了并评价了美国最新的相关文献。Id., 280-284.

[③] 参见胡波:《共享模式与知识产权的未来发展——兼评"知识产权替代模式说"》，《法制与社会发展》2013 年第 4 期。该文认为，知识产权替代模式说存在理论谬误，这值得赞同，但笔者并不赞同将奖励等机制归于法律的伦理支持系统。事实上，如前文所指出的，它是由成文法所规范的一种创新激励机制。

[④] See Bhaven N. Sampat & Kenneth C. Shadlen, "The COVID-19 Innovation System," *Health Affairs* 40, no. 3 (2021): 400-401.

研发基金资助疫苗开发，这些研究资助共计开发了81项临床阶段的疫苗项目，其中包括中国15项、俄罗斯4项。①

专利权和管制性专有权的保护阻碍了学名药的市场进入，高昂的药价影响到公共健康，其对发展中国家的影响更为明显。为了协调药品创新激励和保证药品获取，对原研药商的奖励制度、税收或研发补贴制度等成为知识产权保护的重要补充或替代机制。② 事实上，一个国家的法律并非完全单一的保护模式，往往混合多种保护机制。本书以狭义TRIPs-Plus规则即知识产权规则为研究对象，故在后续章节不再涉及非产权激励的具体制度。

---

① See Bhaven N. Sampat & Kenneth C. Shadlen, "The COVID-19 Innovation System," *Health Affairs* 40, no. 3（2021）: 403.

② See Amy C. Madl, "Using Value-Agnostic Incentives to Promote Pharmaceutical Innovation," *Stanford Law Review* 71（2019）: 1305.

第三章 药品 TRIPs-Plus 规则的国际法渊源

制药业是推动国际知识产权保护的重要动力。1994 年缔结的 TRIPs 协议是历史上保护知识产权最全面的多边条约,作为世界贸易组织的三大基础性协议,其重要推力来自制药业。在 TRIPs 协议缔结之前,药品知识产权保护与药品可及性保障的争议是发展中国家与以美、欧、日为代表的发达国家之间的重要贸易争端,其首要的问题是:发展中国家是否必须对医药创新给予专利保护?世界贸易组织对此做出了回答:允许成员方对人体或动物疾病的诊断、治疗和外科手术方法不予专利保护,但在过渡期届满之后应对药品给予专利保护。

对于制药业在 TRIPs 协议中取得的成功,其积极推动者不无得意地宣称他们获得了想要得到的 95%,但剩下的 5% 也被认为同样重要;当许多国家将 TRIPs 协议视为知识产权保护的"天花板"时,他们发现谈判的成果却只是知识产权保护的"地板"。[1] 自 TRIPs 协议缔结以来,制药业积极推动更高水平的知识产权保护标准走向国际化,其主要的手段包括双边协议(双边自由贸易协议、投资协议,欧洲合作伙伴协议)、地区性的自由贸易协议和复边(plurilateral)协议(如 ACTA,即《反假冒贸易协定》;TPP,即《环太平洋合作伙伴协议》)。人们将这些高于 TRIPs 协议的、被认为是剩下的 5% 的知识产权保护标准称为"超 TRIPs"(TRIPs-Plus)保护规则。

过去,制药业大都依赖美、欧、日等富裕国家的专利保护来获取药品研发的投资回报。自 20 世纪最后 10 多年以来,拉丁美洲、亚洲乃至非洲日益成为重要的新兴市场,诸如中国、巴西、印度和印度尼西亚等发展中国家的居民收入水平不断提高,出现了大量的中等收入阶层,他们对西药的需求逐渐超出了对传统药品的需求。[2] 在这些日趋重要的新兴市场获得

---

[1] See Susan K. Sell, "TRIPS Was Never Enough: Vertical Forum Shifting, FTAs, ACTA, and TPP," *Journal Intellectual Property Law* 18 (2011): 448.

[2] See Brook K. Baker, "Ending Drug Registration Apartheid: Taming Data Exclusivity and Patent/Registration Linkage," *American Journal Law & Medicine* 34 (2008): 283.

药品的垄断权，有助于制药业获得更多利润，用以抵消富裕国家对创新药超竞争定价的政府管制等因素造成的影响。因此，制药业并不满足其在 TRIPs 协议中已获得的利益，而是希望将剩下的 5% 也向全球推广。本章从 TRIPs 协议出发，研究"后 TRIPs 时代"制药业推动的 TRIPs-Plus 新规则。

第一节 起点：TRIPs 协议中的数据保护

TRIPs 协议确立了知识产权保护的国际规则。对于制药业而言，他们获得了在全球范围之内"制造、使用、销售、许诺销售和进口"专利药品或专利方法的权利，成员方最少应给予其自申请日起 20 年的专利保护。而在 1986 年谈判 TRIPs 协议之前，有超过 50% 的发达国家或发展中国家拒绝给予药品专利保护。[①] 同样，对药品专利的当地实施或进口限制也难以再为成员方所使用。制药业除了在专利法领域取得进展之外，TRIPs 协议第 39.3 条规定对药品和农用化学产品上市所需提供的数据给予保护是他们的另一重大收获。在 TRIPs 协议之前，仅有少数国家对受管制产品的上市数据给予保护。美国于 1972 年对杀虫剂提供了管制性数据保护，1984 年对药品提供了测试数据专有权保护。欧盟自 1987 年起对为获取药品上市许可而递交的数据提供了专有权保护。TRIPs 协议是世界上第一个保护数据的国际条约，[②] 考虑到 TRIPs 协议对发展中国家的过渡规定，第 39.3 条自 2000 年 1 月 1 日起在所有世界贸易组织成员中生效。

一、数据受保护的条件

依据 TRIPs 协议第 39.3 条，数据受保护的条件包括：①为获得药品和农用化合物的上市许可须递交的数据；②保护的产品须包含"新型化学实体"；③相关数据不为公众所知悉；④数据的获取需付出相当程度的努力（包括经济、技术等投入等）。

[①] See Pedro Roffe et. al. , "From Paris to Doha: The WTO Doha Declaration on the TRIPS Agreement and Public Health," in *Negotiating Health: Intellectual Property and Access To Medicines*, eds. Pedro Roffe et al. (Routledge, 2006), pp. 10, 13.

[②] UNCTAD eds. , *Resource Book on TRIPs and Development: An Authoritative and Practical Guide to The TRIPs Agreement* (UNCTAD, 2005), p. 522.

（一）受保护的数据类型

TRIPs 协议第 39 条共 3 款。依据第 39.1 条，受保护的数据包括"向政府或政府部门递交的数据"。这似乎表明受保护的数据不限于药品和农用化合物的测试数据，可以包括所有类型的数据。因为不影响第 39.1、39.2 条之"未公开信息"之保护，"作为药品或农用化学产品上市许可条件"而向政府部门递交的数据也包括在内。依此，所有数据（test or other data）均受保护，但必须是未披露之数据。[①] 其中，"测试数据"（test data）是指为获取上市许可的临床或临床前测试所产生的数据，这些未公开的信息可以体现为书面材料，包括药品或农用化学产品的安全性数据，与人类、动物或植物的健康有关的科学研究结果，对环境的影响和使用效率等数据。"其他数据"（other data）包括制造、保存或包装方法等方面的数据。原则上，数据可以任何方式递交，包括书面方式、电子文档甚至口头方式。实践中常由成员方法律规定数据的递交方式，只要这些数据为上市许可所必须；未能符合这些形式要求并不会导致其不受保护。此类数据的递交是药品或农用化学产品上市许可的条件之一，成员方有关产品上市许可的法律直接决定了数据保护的客体范围。上市许可不需要的数据，或者超出法律要求的数据，即使是在上市许可的程序中递交，也不受第 39.3 条保护。[②]

TRIPs 协议第 39.3 条仅保护向政府部门递交的数据。但是，从立法目的来看，本条应从广义上来解释，否则成员方将很轻易地规避其应予以保护的国家义务。例如，将上市许可权力交由某些私人服务提供者来承担。因此，政府部门应该接受有权依据其法律或行政命令的申请者的数据递交。成员方可以决定不需要递交任何上市许可的数据，而对其他国家已批准的上市许可予以承认。TRIPs 协议并未强制成员方不能采取上述管制策略，此时，第 39.3 条自无适用空间。[③] TRIPs 协议也未界定何谓"药品"或"农用化学产品"，这也属于成员方自由裁量权所适当适用的范围。但是，这也是常常发生争议的地方。"从通常意义上看，药品是指在药房销

---

① See Daniel Gervais, *The TRIPs Agreement: Drafting History and Analysis*（Sweet and Maxwell, 2003），p. 276.

② See Peter-Tobias Stoll, Jan Busche and Katrin Arend, *WTO—Trade-Related Aspects of Intellectual Property Right*（Martinus Nijhoff, 2009），p. 649.

③ See Jerome H. Reichman, "The International Legal Status of Undisclosed Clinical Trial Data: From Private to Public Goods?" in *Negotiating Health: Intellectual Property and Access to Medicines*, eds. Pedro Roffe et. al.（Routledge, 2006），p. 141.

售并用于医学治疗的药品。第39.3条并未将其限定于人用药品。农用化学产品可以被界定为包括生物活性物在内的化合物。相反，动物和植物之类的产品，无论是通过基因工程还是传统育种方法开发出来，均不能被视为化学产品。"①

（二）新型化学实体

TRIPs协议第39.3条所保护的数据必须是"新型化学实体"的测试数据或其他数据，但TRIPs协议同样未界定何谓"新型化学实体"。在如何界定其准确含义，特别是考虑它是否具有新颖性时，人们存在重大分歧。如果从协议体系一致性或成员方知识产权法律体系一致性的角度来看，其应与专利法（包括工业设计法）中的新颖性标准具有一致性。但是，在决定是否保护数据时，对每件申请案进行与专利相关的现有技术检索将存在极大的困难。有建议认为，未有同样的上市申请为主管部门所受理或批准，即推定其属于本条规定的新型化学实体。② 判断是否属于新型化学实体的时间标准应该是上市许可申请案递交之日，同一药品如果没有在先申请，或者未能在商业中为公众所获知，即属于"新"化合物。

本条也未界定"新"的地域范围是绝对的（全球）还是相对的（本地），即未能澄清新型化学实体是指全球的首次申请还是成员方境内的首次申请。有时，产品在某一领域属于公知、公用之知识，但对于医药部门而言则属于首次申请。新治疗用途的产品可不视为"新型化学实体"，因为该化合物是已知的。同样，新颖性的判断也可在特定国家的管制框架下评估，而无须考虑在其他管制框架下已知的情形。从通常意义来看，当测试数据属于药品新用途的试验结果，成员方也无保护义务。此时，已知化合物的使用方法或适应症是新的，但化合物本身并不是新的。同样，寻求药品新的配方、给药形式、组合、结晶形式等药品上市许可，也可不适用本条。这些都被认为是协议赋予成员方的自由裁量空间。依据该观点，成员方对于这些已由其他国家批准上市的药品，有权决定将所有递交的数据予以公开。③

这种对"新型化学实体"的狭义解释符合TRIPs协议第39.3条的文

---

① See Peter-Tobias Stoll, Jan Busche and Katrin Arend, *WTO—Trade-Related Aspects of Intellectual Property Right* (Martinus Nijhoff, 2009), p.650.

② See Daniel Gervais, *The TRIPs Agreement: Drafting History and Analysis* (Sweet and Maxwell, 2003), pp.276 – 277.

③ See Carlos Maria Correa, *Protection of Data Submitted for the Registration of Pharmaceuticals: Implementing the Standards of the TRIPs Agreement* (The South Centre, 2002), p.17.

义，也符合形式主义的解读。但是，也有观点认为，从国际习惯法的目的解释规则来看，上述解释并不妥当。① 第39.3条的目标在于保护具有商业价值的数据免于被披露或被用于"不公平的商业利用"。即第39.3条保护的是具有商业价值的商业秘密。当主管部门要求递交的数据在已授权的国家并未要求递交的情况下，该数据仍然具有重要的价值；即使是同样的数据，只要其他成员方当局未予以公开，其价值仍然是非常重要的。因此，其价值不取决于是否取得了首次上市许可，而取决于在该国是否能够公开获得。还有观点认为，第39.3条与专利保护具有完全不同的立法目标，将数据保护完全类比专利权将产生严重的法律漏洞，特别是对于自然产生的物质——即使其药用或农业用途在申请之前不为公众所知。② 因此，新型化学实体的判断标准应该是相对的而非绝对的，同样也应保护新用途的已知化合物。

（三）相当程度的努力

受保护的数据需要权利人付出"相当程度的努力"，但由于这些数据并非权利人所发明或创造，TRIPs协议本身并未予以界定，也未提供任何受保护的实质性条件。在大多数情况下，例如临床试验中获取的数据毫无疑问地满足"相当程度的努力"之要件，相似的情况也包括农药的田野试验。但在其他情况下，该条件的适用存在模糊之处。它既包括质的方面，即是技术的投入还是经济的投入？它也包括量的方面，即多少满足"相当程度"？从本质上讲，数据保护的目的在于保护测试数据的投资，而不是其智识方面的贡献。主管部门可以要求请求保护的申请者举证以证明该数据需要付出相当程度的努力。③ 此外，"相当程度的努力"所指的范围应宽于TRIPs协议第70.4条中"重要投资"（significant investment）的范围。对于"努力"的合理解释应该不仅包括经济上的重要性，也包括技术上、科学上的重要性，还包括实验测试的付出。④ 因此，也有观点认为，TRIPs协议第34条中"合理努力"（reasonable efforts）之术语可作为本条的解释

---

① See Aaron Xavier Fellmeth, "Secrecy, Monopoly, and Access to Pharmaceuticals in International Trade Law: Protection of Marketing Approval Data Under the TRIPS Agreement," *Harvard International Law Journal* 45 (2004): 465–466.

② See Peter-Tobias Stoll, Jan Busche and Katrin Arend, *WTO—Trade-Related Aspects of Intellectual Property Right* (Martinus Nijhoff, 2009), p. 651.

③ See Carlos Maria Correa, *Protection of Data Submitted for the Registration of Pharmaceuticals: Implementing the Standards of the TRIPs Agreement* (The South Centre, 2002), p. 19.

④ UNCTAD eds., *Resource Book on TRIPs and Development: An Authoritative and Practical Guide to the TRIPs Agreement* (UNCTAD, 2005), p. 531.

规则。而判断第34条之情形，常常使用专利法上"不当试验"（undue experimentation）测试标准；"合理努力"也就是"不当试验"的反面。①

（四）未公开的数据

TRIPs协议第39.3条不保护已经向公众公开的数据，只有未公开的数据才受本条保护。所有要求递交的信息已被出版或以其他方式公开，均不产生任何私有权利，政府或第三方均可使用。当与药品有关的安全性、有效性等数据的实质性部分能够公开获得时，不管是在科学杂志上出版，还是为公共健康主管部门所公开，仍有大量数据处于保密状态之中，这些数据包括产品的物理和化学属性及其制造方法。信息的公开与未公开性质是客观的，需要依据具体情形来判断。② 因此，并非只要申请者宣称是保密信息或未公开数据而递交给上市许可当局，就可以得到保护。其是否属于未公开数据仍须予以个案审查。

二、数据的保护方式

TRIPs协议第39.3条确立了数据受保护的条件。在如何保护的具体问题上，该条提供了未公开数据的两种不同的保护。一是成员方必须禁止不公平的商业性使用，二是禁止产品上市审批当局公开披露这些数据。同时，如果为保护公共利益所必须，或者能够确保这些数据不会遭遇"不公平的商业性使用"，则可以公开这些数据。

（一）禁止公开及其公共利益例外

TRIPs协第39.3条禁止公开的数据，其本质是对商业秘密的保密义务。从条文来看，保密义务并没有规定的具体期限。原则上，保密义务一直持续至信息被公开之日。当然，这也不影响成员方的法律确定保密义务的法定期限。③

作为一项例外规则，该条规定，如果为保护公众利益所必须，则可公开数据。一种观点认为，新药的上市涉及公共健康，有关安全性和有效性的测试数据和其他数据中的大部分均可为公众所获取，因为禁止公开的义务乃是建立在商业考虑基础之上，而未考虑药品信息的开放性中所体现的

---

① See Daniel Gervais, *The TRIPs Agreement: Drafting History and Analysis* (Sweet and Maxwell, 2003), p. 277.

② See Carlos Maria Correa, *Protection of Data Submitted for the Registration of Pharmaceuticals: Implementing the Standards of the TRIPs Agreement* (The South Centre, 2002), p. 16.

③ Id., p. 21.

公共健康利益。① 但是，从该条的文义来看，该观点似有可斟酌之处。禁止公开的例外规则之目的是保护公众利益，但须为保护公众利益所"必须"（necessary）。何谓"必须"，成员方当然享有一定的自由裁定，但仍然会构成数据公开的重要障碍。从字面含义来看，"必须"应包含不可避免性，WTO 争端解决小组在其先例中确立了"必须"的含义。在"美国限制金枪鱼进口"案中，"必须"被解释为"没有其他任何替代措施存在"。② 因此，本条应该解释为：除非数据的公开属于保护公众利益的唯一合理的可能方式，成员方应禁止数据的公开。③ 这一解释也符合条约的体系解释方法。因为 TRIPs 协议第 39.3 条属于特别敏感的商业秘密保护之组成部分，政府应该保护作为商业秘密的数据，故须采取严格限制的解释标准。然而，严格限制的解释标准也并不可取。尽管 WTO 争端解决小组或上诉机构的"必须"检测标准具有重要的约束力，但遗憾的是，在 WTO 法下，"必须"并未得到一致的解释，相反，它常常依据具体的条文来确定含义。因此，《多哈宣言》可以作为判断本条中成员方所采取的公开措施是否属于"保护公众所必须"的措施。④ 强制许可实施的被许可人为获取上市许可，特别是为了满足公共健康需要或作为对反竞争性行为的救济手段，披露这些信息就可被允许。⑤ 当然，如果在 WTO 下发生了争议，成员方应该证明未予公开就将不可避免地产生损害公共健康的危险。

（二）禁止"不公平的商业性使用"及其适用范围的分歧

与公共利益例外披露数据存在严格限制不同，TRIPs 协议第 39.3 条仅禁止对数据的"不公平的商业性使用"。换句话说，非商业性使用不属于第 39.3 条的适用范围。然而，何谓"商业性使用"？何谓"不公平"？何种情况下可以公开披露这些数据？TRIPs 协议并未予以明确界定。其具体内容的解释在发达国家与发展中国家之间产生了分歧。从法律层面来看，其本质的问题是：TRIPs 协议第 39.3 条所给予的法律保护究竟是何种保护

---

① See Carlos Maria Correa, *Protection of Data Submitted for the Registration of Pharmaceuticals*: *Implementing the Standards of the TRIPs Agreement* (The South Centre, 2002), p. 22.

② See United States—Restrictions on Imports of Tuna, §5.35, DS29/R (June 6, 1994).

③ See Aaron Xavier Fellmeth, "Secrecy, Monopoly, and Access to Pharmaceuticals in International Trade Law: Protection of Marketing Approval Data Under the TRIPS Agreement," *Harvard International Law Journal* 45 (2004): 451.

④ See Peter-Tobias Stoll, Jan Busche and Katrin Arend, *WTO—Trade-Related Aspects of Intellectual Property Right* (Martinus Nijhoff, 2009), p. 652.

⑤ UNCTAD eds., *Resource Book on TRIPs and Development*: *An Authoritative and Practical Guide to the TRIPs Agreement* (UNCTAD, 2005), p. 532.

模式？不同国家和不同理论均存在定性上的争议。

原研药商、美国和欧盟主张 TRIPs 协议规定的是数据的专有权保护模式，即数据专有权（data exclusivity）。传统上，许多工业化国家要求申请者提供详细和全面的数据，即使存在已经授权上市的药品。这些国家常常提供数据专有权制度来禁止数据为未经授权的第三人所使用，当数据专有权保护期届满且其专利保护期届满之后，仿制厂商就无须进行相关的测试程序即可获得竞争性产品的上市许可。[1] 他们认为，禁止对数据不公平的商业使用的有效且唯一的措施便是在一定期限内提供对数据使用的专有权："为实现本条（TRIPs 协定第 39.3 条）之目的，就必须解释为：禁止竞争者未经授权而使用数据。即使有人认为政府对此类数据的使用为非商业方式使用，这类使用与竞争者使用相比而言是微不足道的。但是，依据法律解释之法理，本条必须解释为：在一定期限内保护数据不为竞争者所使用，否则，任何保护方式均将无效、多余且毫无价值。"[2]

美国贸易代表办公室（United States Trade Representative，USTR）也持相似观点："在一定期限之内，数据不得用以支持、澄清或用于审查其他人的上市申请，除非获得了数据的原始递交者授权。（对 TRIPs 协议第 39.3 条）做任何与此不同的解释都不符合该条的逻辑和谈判历史。"[3] 欧盟也持类似观点，认为 TRIPs 协议第 39.3 条明显授予成员方以自由裁量权，确定数据保护的具体方式，但他们不认为有更多的替代方案，因此唯一正确的解释是一定期限内的数据专有权保护。当然，由于该条并未明确规定数据专有权的保护期限，成员方有权决定数据专有权保护期之长短。[4] 总之，欧盟及其成员国的基本观点是："（TRIPs）协议包含一项对测试数据保护的义务，以'禁止不公平的商业使用'，而'禁止不公平的商业使用'的最有效方法是不允许主管部门在合理期限内依赖这些数据（来批准其他人的产品上市申请）。而且，无论已批准上市的产品是否受专利保护，数据保护均应不受影响，因为数据保护与专利保护实属两个不同的

---

[1] See Peter-Tobias Stoll, Jan Busche and Katrin Arend, *WTO—Trade-Related Aspects of Intellectual Property Right*（Martinus Nijhoff, 2009）, p. 648.

[2] See Carlos Maria Correa, *Protection of Data Submitted for the Registration of Pharmaceuticals: Implementing the Standards of the TRIPs Agreement*（The South Centre, 2002）, p. 47.

[3] Ibid.

[4] European Union, "Questions on TRIPS and Data Exclusivity: An EU Contribution,"（2001）: 4-5.

问题。"①

但是，大多数发展中国家和转型国家在传统上对已经获取本国和外国上市许可的原研药商并不给予一定期限的专有权。因此，竞争者对同一药品或农用化学产品的上市许可之申请，可依据首次申请者获准上市的数据来申请审批。② 他们认为，在 TRIPs 协议中将测试数据纳入知识产权的一类，并不意味着对其提供专有权的保护。从第 39 条的结构来看，测试数据的保护被谈判者归为较特殊的个案，在第 7 节"未披露信息"的框架下给予保护，因而不能视为一种专有权的特别保护（sui generis）制度。因为在反不正当竞争法框架下的商业秘密保护并未表明其享有排他权，TRIPs 协议对地理标志的保护也是如此。③ 故 TRIPs 协议第 39.3 条仅仅给予数据以禁止占用（misappropriation）的不正当竞争法保护。即第 39.3 条并不禁止政府机构的商业性使用，而是禁止竞争者的使用。该条的用词、语境和目的等诸多方面都不支持如下观点：该条仅能以专有权的方式来实施。这是来自发展中国家代表所明确表达的立场。④

从 TRIPs 协议第 39.3 条的起草历史来看，世贸组织成员对于这一问题也并非没有争议。欧盟也承认这一争议的存在："欧美式的数据保护模式是否确有必要，发达国家和发展中国家存在不同观点；即使是发达国家之间，对于数据专有权的期限长短也存在不同观点。"⑤ 这也可从第 39.3 条起草过程中的不同版本得到体现。

三、数据的不正当竞争保护模式

不同国家之间对于数据保护的模式产生了争议，因而需要澄清条约的具体含义。遗憾的是，尚未有权威的解释来澄清 TRIPs 协议第 39.3 条所采取的保护模式。美国与阿根廷曾经为此发生过世贸组织下的争议，但它

---

① Paper submitted by the EU to the TRIPS Council, for the Special Discussion on Intellectual Property and Access to Medicines, IP/C/W/280, June 12, 2001.

② See Peter-Tobias Stoll, Jan Busche and Katrin Arend, *WTO—Trade-Related Aspects of Intellectual Property Right* (Martinus Nijhoff, 2009), p. 648.

③ See Carlos Maria Correa, *Protection of Data Submitted for the Registration of Pharmaceuticals: Implementing the Standards of the TRIPs Agreement* (The South Centre, 2002), pp. 13 – 14.

④ Council for Trade-Related Aspects of Intellectual Property Rights, Submission by the Africa Group, Barbados, Bolivia, Brazil, Cuba, Dominican Republic, Ecuador, Honduras, India, Indonesia, Jamaica, Pakistan, Paraguay, Philippines, Peru, Sri Lanka, Thailand and Venezuela, IP/C/W/296, June 29, 2001.

⑤ European Union, "Questions on TRIPS and Data Exclusivity: An EU Contribution," (2001): 3.

们在 2002 年 7 月 20 日通知争端解决小组双方已经达成谅解,从而并未形成有约束力的先例。该通知指出:"阿、美政府各自表述了他们对 TRIPs 协议第 39.3 条的观点,认为依据争端解释机制 (dispute settlement understanding, DSU) 的规则可以解决这些差异问题。双方均将继续对立法进程的进展予以评估……根据这些评估,美国政府可决定是继续磋商还是请求建立第 39.3 条之争端解决小组。此外,双方一致认为,争端解决小组应采纳相应的意见和规则来澄清该条所授予权利的具体内容,以确定阿根廷的法律是否符合该条的义务。阿方承认,如有必要,其将在一年内向国会提交符合上述意见和规则的法律草案。"①

因此,有必要从理论上澄清 TRIPs 协议第 39.3 条的本质含义。根据 DSU 第 3.2 条,争端解决机构(专家组与上诉机构)对 TRIPs 协议的解释应遵从"国际公法解释的惯例规则"来澄清协议适用中的问题。② 换言之,WTO 争端解决的条约解释通则就是普遍适用《维也纳公约》。《维也纳公约》第 31 条规定,根据有效解释原则,以条约用语的词典含义为基础,结合特定的上下文,并考虑条约宗旨而善意做出唯一的解释。同时,《维也纳公约》第 32 条规定,如果依据第 31 条的解释出现荒谬的结果,或者不能澄清其含糊之处,则可寻求条约谈判过程中形成的历史文件,即采历史解释之方法来确定其具体含义。因此,对于 TRIPs 协议第 39.3 条所确定的保护模式,可以从谈判的历史资料来予以确定。

TRIPs 协议文本的起草历程大体上可以分为三个阶段,但仅有最后阶段的谈判留下了较为丰富的文献记录。③ 在其最初阶段,谈判主要围绕新的协议是否应该考虑货物假冒之外的内容而展开。在第二阶段,主要是各谈判方主动、积极地提出各种原始方案,形成地区性或国别性的备忘录,并最终以不同的协议草案出现。在这一阶段,发展中国家和发达国家之间产生了巨大的分歧,而 TRIPs 协议 39.3 条便是其中之一。

美国最早在乌拉圭回合谈判中建议应启动涉及知识产权的整合性议

---

① See WT/DS171/3, para. 9. 该争议还包括阿根廷法律中的多项制度:强制许可、专利权的销售权、进口限制、方法专利(包括其举证责任问题)、临时禁令、微生物的可专利性等。

② 这被 TRIPs 协议争端解决小组多次援引。参见梁志文:《TRIPS 争端解决机制下违禁作品的版权保护》,《法治研究》2010 年第 3 期。Also see Christopher Wadlow, "Regulatory Data Protection under TRIPS Article 39 (3) and Article 10bis of the Paris Convention: Is There a Doctor in the House?" *Intellectual Property Quarterly* 4 (2008): 353.

③ See Christopher Wadlow, "Regulatory Data Protection under TRIPS Article 39 (3) and Article 10bis of the Paris Convention: Is There a Doctor in the House?" *Intellectual Property Quarterly* 4 (2008): 371.

程，其 1987 年提交的版本在商业秘密保护的条款下涉及了数据的保护："作为合法营业（do business）的条件而递交给政府的商业秘密不能被公开，除非涉及国家紧急情况或公共健康和安全，且其披露不得损害递交者的实际或潜在市场，也不得损害该商业秘密的价值。"① 随后，美、欧、日等 23 个发达国家于 1988 年 3 月举办非正式会议，与会者对商业秘密的保护没有异议，但对数据保护则存有疑义："少数代表赞同应该保护递交给政府的信息，但大多数代表对美国提出的方案表示质疑。代表们质疑'信息市场价值的全部补偿'和'与公共健康有关的迫切环境'的含义。有两个代表认为该条款完全没有必要，一个代表建议研究现有法律来决定是否存在一致的最低标准。"② 1988 年 10 月，美国提出了一份更为详细的建议，③ 从美国最初提出的建议来看，对测试数据的保护模式采取的是专有权的方法，其文本毫无涉及不正当竞争的内容，也未涉及《巴黎公约》之援引，且属于近乎 10 年绝对保护的专有权。

欧盟在 1988 年 7 月提供的版本中将商业秘密的保护引入了反不正当竞争法，但并未明确它是否保护测试数据。随后于 8 月召开的、讨论欧盟建议的会议上，人们注意到了这一点："谈判者赞同写入一个条款，以禁止违背诚实商业实践（honest commercial practices）的行为，但是认为该条所保护的范围还不够宽，不能包含政府机构不当披露私有信息的情形。"④ 但即使是对欧盟的建议，以印度为代表的发展中国家也表示极力反对。它们认为："商业秘密不属于知识产权的范围。后者的特点是公开性、需要注册登记，而前者却以秘密为前提，强调保密。……（因而）该议题超出了谈判的职权范围。"⑤ 最终，欧盟与美国分别提出了自己的建议草案，其最为显著的特点是，美国版的建议也将测试数据的保护与不正当竞争联系起来。

在 TRIPs 协议起草的第三阶段，于 1990 年 7 月 23 日形成的安内尔草案（Anell Draft）提供了 3 个版本的解决方案。⑥ 该协议的不同草案版本差

---

① See Christopher Wadlow, "Regulatory Data Protection under TRIPS Article 39（3）and Article 10bis of the Paris Convention: Is There a Doctor in the House?" *Intellectual Property Quarterly* 4（2008）: 372.

② Id., p. 373.

③ Ibid.

④ Id., 374.

⑤ Ibid.

⑥ See Daniel Gervais, *The TRIPs Agreement: Drafting History and Analysis*（Sweet and Maxwell, 2003）, pp. 272 – 273.

异较大,特别是1990年草案,它们分别反映了不同国家在测试数据保护上的不同立场和态度,很难说世贸组织成员一致同意以专有权的方式保护测试数据。这也同样体现在此后形成的布鲁塞尔草案(Brussels Draft)。① 1991年12月20日,各方达成《主席最后草案》(*Chairman Draft Final Act*,又称 *Dunckel Draft*),该草案与 TRIPs 协议第39.3条的最终文本相比,除了将草案中的 parties 改成 members 之外,几无差别,但与布鲁塞尔草案相比则存在较大差异。布鲁塞尔草案试图确立确定期限(不少于5年)的数据专有权,依据该方法,为获得新药或新农用化学产品的上市许可而递交的数据在合理期限内将不能用于竞争性产品的审批,一般来说,该期限应不少于5年,且应与数据获取的努力程度相一致。从本质上讲,成员方有义务赋予权利人对其递交的数据享有专有权,以禁止第三方依赖这些数据来获得竞争性产品的上市许可,或者有权要求这些数据的使用者给予递交者补偿。② 但是,在第39.3条的正式文本中,这些体现专有权的表述不复存在,而更明显地依托于反不正当竞争法的保密义务。从这一点来看,第39.3条对数据保护的最低标准就是禁止对数据的不正当竞争使用行为。③

最后,从 TRIPs 协议第39条的体系来看,数据的保护模式也应该属于不正当竞争法的范围。因为不仅该条所在小节的标题为"未披露信息保护",而且第39.1条在字面上也将数据纳入了反不正当竞争的保护范围之中。本条赋予了与第39.2条相似的法律后果;同时,禁止不公平的商业性使用也意味着这是一种与不公开不同的保护方式,否则,本条就会没有特定相关性。

当然,TRIPs 协议第39.3条仅要求成员对测试数据提供某种形式的保护,但究竟采取何种保护形式,成员应具有自主决定的空间。这是因为 TRIPs 协议仅规范成员方知识产权保护的最低标准,它并不反对成员方提高知识产权保护的制度安排。从本质上讲,关于测试数据保护模式的不同立场取决于成员是知识产权出口国还是进口国。而根据本国国情,成员方

---

① See Daniel Gervais, *The TRIPs Agreement*: *Drafting History and Analysis* (Sweet and Maxwell, 2003), p. 271.

② UNCTAD eds., *Resource Book on TRIPs and Development*: *An Authoritative and Practical Guide to the TRIPs Agreement* (UNCTAD, 2005), p. 526.

③ See Jerome H. Reichman, "The International Legal Status of Undisclosed Clinical Trial Data: From Private to Public Goods?" in *Negotiating Health*: *Intellectual Property and Access To Medicines*, eds. Pedro Roffe et al. (Routledge, 2006), pp. 133–150.

最少有四种符合 TRIPs 协议第 39.3 条的制度选择:①

（1）禁止占用模式。这是符合第 39.3 条最低保护水平的保护模式。它仅禁止通过欺诈或不诚实手段获得用于注册的数据，并将其用于上市许可的申请。

（2）对注册数据采取成本分担模式。该模式允许学名药商自动使用注册数据来申请上市许可，但其必须支付原研药商因获取注册数据而付出的成本，其承担的具体成本应与学名药商销售该药品的市场规模在比例上相一致。

（3）数据专有权模式。数据的最先递交者被授予在特定期限内的有效市场垄断权，它将有很大可能阻碍药品的有效获取。

（4）保障公共健康的数据专有权模式。该模式通过对严格的、缺乏弹性的数据专有权保护规则进行修改和分类，限制其保护范围或者设立例外规则来解决公共健康问题。

四、禁止数据的"不公平的商业性使用"

绝大多数观点都认为 TRIPs 协议第 39.3 条对数据的保护是不正当竞争的保护模式，② 从条约体系来看，该协议第 39.1 条与本条有密切关系，它规定："为确保《巴黎公约》（1967 年文本）第 10 条之二所规定的、有效禁止不公平竞争的行为，成员方应保护……依第 39.3 条所规定的向政府或政府部门递交的数据。"在 TRIPs 协议第 39.2 条的注释中，对"违背诚实商业实践"做出了界定，但并未对"不公平的商业性使用"做出任何界定。因此，理论上需要解决的问题是："不公平竞争"是否可用以解释"不公平的商业性使用"？它与"诚实商业实践"有何关系？换言之，TRIPs 协议第 39.3 条与《巴黎公约》第 10 条之二之间，在性质上是何关系？

Correa 教授认为，TRIPs 协议第 39.3 条中的"不公平"概念须依

---

① See Robert Wissman, "Data Protection: Options for Implementation," in *Negotiating Health: Intellectual Property and Access To Medicines*, eds. Pedro Roffe et al. (Routledge, 2006), pp. 151 – 152.

② See Charles Clift, "Data Protection and Data Exclusivity in Pharmaceuticals and Agrochemicals" in *Intellectual Property Management In Health and Agricultural Innovation: A Hangdbook of Best Practices*, eds. A Krattiger et al. (MIHR – USA, 2007), p. 432.

《巴黎公约》第 10 条之二来解释。他认为《巴黎公约》第 10 条之二是一个弹性化概念，即使它曾经并不包括测试数据或商业秘密的内容，也认为这两者均适用同样的"公平性"判断标准。他也认为"不公平"的概念与特定社会、特定时间的价值观有关，不存在绝对的、普遍的判断规则，故某一项行为是否构成"不公平"，在不同的成员方之间结果将会不同，这是因为反不正当竞争原则的基础在于其道德性。"大多数国家认为，依据在先的注册，或依赖原始申请人递交的数据来获取相似（similar）产品的上市许可，不属于不公平的商业行为；但也有些国家认为，这些做法属于不公平的商业行为。上述不同实践均符合第 39.3 条的要求。因为它要求成员方禁止'不公平的商业行为'，但允许成员方自由决定何种行为构成'商业性的不公平'。"①

Fellmeth 教授则认为，Correa 教授的解释将使得 TRIPs 协议第 39.3 条变成一项自愿性规则，成员方的法律可自由决定测试数据的保护，因为第 39.1 条对测试数据的保护模式已经援引了《巴黎公约》第 10 条之二，此种解释纯粹是浪费笔墨，或者将会产生第 39.3 条规定了数据专有权的解释结果。依据第 39.3 条，政府公共卫生当局为公众利益可以披露上市许可的数据，或者允许在药品市场上竞争性地使用上述数据；但这些做法均将违背《巴黎公约》第 10 条之二，因为商业秘密的保护条件之一是其保密性。依据第 39.3 条，受保护的数据必须是未公开的数据，即属于商业秘密的数据；如果第 39.3 条允许公开这些数据，则明显不符合商业秘密的保护规则。如此一来，则只能说明第 39.3 条规定的是数据专有权。因此，正确的解释是："第 39.1 条所规定的义务援引的是《巴黎公约》第 10 条之二；第 39.3 条保护上市许可的数据以禁止'不公平的商业使用'，它是独立且区分于前者的规定。这也符合第 39.3 条所使用的术语——'保护这些数据以禁止不公平的商业利用'，它与第 39.1 条和《巴黎公约》第 10 条之二所使用的'有效保护以禁止不公平竞争'明显不同。"②

Reichman 教授也认为《巴黎公约》第 10 条之二并不能包含 TRIPs 协议第 39.3 条之内容。他认为，尽管《巴黎公约》第 10 条之二在语义上涵盖的范围很广，但实际上仅仅禁止以虚假陈述或假冒（passing off）为代

---

① See Carlos Maria Correa, *Protection of Data Submitted for the Registration of Pharmaceuticals: Implementing the Standards of the TRIPs Agreement* (The South Centre, 2002), p.28.

② See Aaron Xavier Fellmeth, "Secrecy, Monopoly, and Access to Pharmaceuticals in International Trade Law: Protection of Marketing Approval Data Under the TRIPS Agreement," *Harvard International Law Journal* 45 (2004): 454.

表的不正当竞争行为。"占用、完全模仿或寄生性复制等一般原则并未在国际层次上形成共识,因此,不能将该原则读入《巴黎公约》第 10 条之二。"① Wadlow 教授更进一步指出,商业秘密和数据的保护均未能落入《巴黎公约》第 10 条之二的范围。因此,公平性的判断就不能依据《巴黎公约》,而应依据国际贸易的实际诚信实践。但是,他认为《巴黎公约》第 10 条之二关于"竞争"的界定是可以适用的,因为它"适用于'竞争'和'竞争者'之间的行为。第 10 条之二中的'竞争'条件明确来自该条第 2 段中被视为不公平的'竞争行为',这也符合该条第 3 段中第 1、第 2 小段所指的作为受损害的'竞争者'。《巴黎公约》第 10 条之二的语义解释表明,它仅强制性适用于竞争者本身的权利与救济"②。

Wadlow 教授的这一观点值得赞同。即"商业性使用"系指竞争者的使用行为。因此,非商业性使用不属于 TRIPs 协议第 39.3 条的适用范围,包括政府部门为解决当地健康或安全风险而使用这些数据。出于促进科学和技术发展目的而使用这些数据,如同专利法上的实验例外一样,也应属于非商业目的。③ 政府部门是否有权依赖所递交的数据来审批竞争者的产品上市申请? 一般认为,政府主管机构并不属于数据递交者的竞争者,因而其对数据的利用不属于商业性使用,无论是对这些数据的传递还是依据这些数据来审查竞争者的申请,条件是这些数据不能为竞争者所获得。政府机构对药品或农用化学产品的上市并无经济利益,其使用数据是履行确保这些产品的安全性和有效性之职责。④

但是,并不是所有的商业性利用都属于 TRIPs 协议第 39.3 条所禁止的行为,它所禁止的是"不公平"的商业利用行为。何谓"不公平"? 这需要从条约所使用语言的字面含义及其目标来确定。从字面意义来看,《牛津简明词典》(*Concise Oxford Dictionary*)将"不公平"解释为"不平等的、不诚实的、有偏见的或不合规则的"。尽管这些释义与不当获利有

---

① See Christopher Wadlow, "Regulatory Data Protection under TRIPS Article 39 (3) and Article 10bis of the Paris Convention: Is There a Doctor in the House?" *Intellectual Property Quarterly* 4 (2008): 365.
② Ibid.
③ See Jerome H. Reichman, "The International Legal Status of Undisclosed Clinical Trial Data: From Private to Public Goods?" in *Negotiating Health: Intellectual Property and Access To Medicines*, eds. Pedro Roffe et al. (Routledge, 2006), p141.
④ See Peter-Tobias Stoll, Jan Busche and Katrin Arend, *WTO—Trade-Related Aspects of Intellectual Property Right* (Martinus Nijhoff, 2009), p. 653.

关,但也并未比"不公平"的含义更清楚。① 结合"不公平"这一概念是在竞争环境下适用的,它的含义应该在经济意义上使用。由于数据的获取成本独立于产品的研发成本,对数据递交者的公平对待并不考虑是否授予了专利,因此,不能将专利制度对产品的保护视为对数据递交者的补偿。此外,《多哈宣言》也应该适用于数据保护,为公共健康目的而促进药品获取的制度安排,需要成员方考虑对原研药商的经济补偿与公共健康保护之间的利益平衡问题。

如果原研药商对其递交的、用于上市审批的数据之市场价值未获得足够的补偿,对于这些数据之使用就是"不公平的"。至于如何对数据的递交者予以补偿,是赋予一定期限的专有权,还是限制搭便车的竞争行为,抑或是采取成本分享模式? 对于 TRIPs 协议第 39.3 条而言,它只规定了成员方保护数据的义务,成员方享有选择保护模式的自由。② 那么,竞争者(学名药商)是否可以依据在先申请者(原研药商)的数据而取得产品的上市许可? 对于竞争者而言,对原研药商上市许可数据之利用,虽然目标在于获取上市许可,属于间接性的商业使用,并能够从这些数据的利用中节省实验资金和时间,从而获得相应的竞争优势。但是,竞争者的竞争优势相对于原研药商而言是成本节约,如果原研药商已经从其市场领先的地位或一定期限的市场垄断中获得了足够的补偿,竞争者的利用行为也就不构成"不公平的商业性利用"。

第二节 药品 TRIPs-Plus 规则的国际进展:欧盟与 TPP

和世贸组织的其他协议一样,TRIPs 协议第 4 条确立了包含非歧视性标准的最惠国待遇原则,它被视为多边国际贸易制度的基础性原则。当世贸组织成员通过缔结地区性贸易协定而给予贸易伙伴更优惠的贸易条件时,就可能偏离世贸组织的最惠国待遇原则。在特定条件下,尽管 TRIPs 协议并没有规定类似规则,但是这种做法将是允许的。

---

① See Peter-Tobias Stoll, Jan Busche and Katrin Arend, *WTO—Trade-Related Aspects of Intellectual Property Right*(Martinus Nijhoff, 2009), p. 653.

② Id., p. 654.

一、概述

由于世贸组织规则允许成员之间互相提供更高的贸易条件，近年来国际贸易政策的一个重要变化是出现了大量的地区性贸易协定（regional trade agreement，RTA）。"至 2012 年 10 月，共有 351 份生效的 RTA 被提交给关税及贸易总协定/世贸组织（GATT/WTO）。其中，208 份依据 GATT（General Argeement on Tariffs and Trade）被提交，108 份依据服务贸易总协定（General Argeement on Trade in Services，GATS），36 份依据可实施条款（enabling clause）。除了蒙古，世贸组织成员至少参与了其中一份 RTA。"[①] 在被统计的 194 份 RTA 中，有 165 份包含知识产权一般条款的内容，其中 110 份缔结于 2000 年以后，而 2009 年以后缔结的 RTA 中全部都含有知识产权保护的条款。在 165 份包含知识产权条款的 RTA 中，有 76 份包含指向具体知识产权类型的内容，其中又有 54 份包含与制药业有关的条款。[②]

在 54 份涉及制药业条款的 RTA 中，主要的知识产权制度包括：可专利性条件和排除客体，如日本—泰国自由贸易协定第 130.1 条；新用途的可专利性，如安第斯共同体协定第 486 号决定第 21 条；生命形式的可专利性，如美国—摩洛哥自由贸易协定第 15.9.2 条；专利链接，如美国—摩洛哥自由贸易协定第 15.10.4 条；专有权例外，如美国—智利自由贸易协定第 17.20 条；管制性专有权，如欧洲自由贸易联盟—韩国自由贸易协定第 3 条；最低保护期的数据专有权，如北美自由贸易协定第 1711.6 条；专利保护期延长，如 EFTA—韩国自由贸易协定；强制许可，如北美自由贸易协定 1709.10 条；权利穷竭原则，如墨西哥—萨尔瓦多自由贸易协定第 16-26.1 条；药品的商标保护，如美国—阿曼自由贸易协定第 15.3 条；Bolar 例外，如美国—中美洲—多米尼加自由贸易协定第 15.9.5 条。

上述内容除属于传统专利法的内容外，管制性专有权、专利链接和专利保护期延长以及 Bolar 例外均与药品上市许可有关。与美国有关的 RTA 均有上述内容的条款；而与欧盟或欧共体有关的 RTA 中通常会包含管制

[①] Raymundo Valdes and Tavengwa Runyowa, "Intellectual Property Provisions in Regional Trade Agreements," World Trade Organization Economic Research and Statistics Division Staff Working Paper ERSD - 2012 - 21, para. 3.

[②] Id., para. 22, Chart 1.

性专有权、专利保护期延长的规定，而专利链接的内容通常未有规定。其原因是，在欧盟层次，专利链接制度并未被其承认，尽管在欧盟成员国中，有些国家也提供专利链接的保护。后文将详述与美国有关的自由贸易协定，表3-3所示的是除此之外其他涉及药品创新保护联动机制的自由贸易协定。从该表可以看出，TRIPs协议提供的数据保护大都体现在RTA中。而且在通常情况下，均有高于TRIPs协议保护水平的数据专有权条款，其中还包含发展中国家之间的RTA，如墨西哥签订的协议。但这并不意味着广大发展中国家都愿意提供高水平的保护机制，如印度、巴西等发展中国家。其原因是，墨西哥与美国签订的RTA中就已经包含了高水平的保护制度。

表3-3 地区性自由贸易协定中的药品创新联动保护制度（除美国外）①

项目	专利链接	数据保护（最低）	数据专有权（期限）	保护期延长
安第斯共同体		√		√
哥伦比亚—墨西哥		√	√	
欧共体—阿尔巴尼亚		√	√	
欧共体—波斯尼亚—黑塞哥维那		√	√	
欧共体—克罗地亚		√	√	
欧共体—前南斯拉夫马其顿共和国		√	√	
欧共体—墨西哥		√	√	
欧共体—蒙古		√	√	
欧共体—土耳其		√	√	
欧共体条约		√	√	√
欧洲自由贸易联盟—智利		√	√	√
欧洲自由贸易联盟—埃及		√		
欧洲自由贸易联盟—以色列		√	√	
欧洲自由贸易联盟—韩国		√		√

---

① Raymundo Valdes and Tavengwa Runyowa, "Intellectual Property Provisions in Regional Trade Agreements," World Trade Organization Economic Research and Statistics Division Staff Working Paper ERSD-2012-21, annex Ⅳ.

续表 3－3

项目	专利链接	数据保护（最低）	数据专有权（期限）	保护期延长
欧洲自由贸易联盟—黎巴嫩		√	√	
欧洲自由贸易联盟—新加坡				√
欧洲自由贸易联盟—突尼斯		√	√	
欧洲自由贸易联盟—塞尔维亚		√	√	
欧洲经济区（EEA）		√	√	
欧洲自由贸易联盟（EFTA）		√	√	
法罗—挪威				√
日本—瑞士		√	√	
墨西哥—萨尔瓦多		√	√	
墨西哥—危地马拉		√	√	
墨西哥—洪都拉斯		√	√	
墨西哥—尼加拉瓜			√	

注："√"指对应项目所含保护制度内容。

二、欧盟签署的 FTA

以典型的《欧盟—韩国自由贸易协定》为例，其规定了成员国有义务保护数据专有权与专利保护期延长制度。其第 10.35 条规定的是专利保护期延长制度："1. 成员国承认，在各自境内受专利保护的药品和植物保护产品，其上市须获得行政当局或注册程序的批准。2. 成员国应该规定，在各自领域内因取得产品首次上市许可而导致专利的有效保护期缩短，应该依据专利权人的申请，延长其专利保护期。授予专利期延长的期限可不超过 5 年。"

欧韩 FTA 保护的数据专有权包括两类产品。

其一，为药品数据专有权。药品，依附录 2－D 第 6 条第 1 款的解释，是指"任何可用于人类，为医疗诊断、治疗，或疾病预防，或为恢复、矫正身心功能或结构的物质或物质组合"。其范围包括化学药、生物制剂、草药、辐射性药品、复方药品、基因治疗产品、细胞治疗产品和组织工程产品等。对于药品而言，第 10.36 条规定："1. 成员国应确保为药品上市许可而递交的数据得到保密、不得公开，也不得依据它（批准他人的上市申请)。2. 成员国应该通过各自的立法规定，如果数据符合 TRIPs 协议第 39 条所指关于安全性和有效性的数据，且该数据系首次由申请者为在一国境内申请新药上市许可而递交，则不得将之用于该药品的其他上市许可申请之中，除非数据提供者明确同意。3. 数据保护的期限应不少于 5 年，自各国境内获得首次上市许可之日起计算。"

其二，第 10.37 条为获取植物保护产品的上市许可而递交的数据提供专有权保护。该条规定："1. 成员国应在批准植物保护产品的上市许可时审查其安全性和有效性条件。2. 成员国须确保，由申请人所递交的、为植物保护产品的首次上市许可而做的测试、研究报告或信息不能用于第三方或其他意图获取该植物保护产品上市许可之人，除非取得的将提供者明确的同意。此种保护在此后被称为数据保护。3. 数据专有权的期限应不少于 10 年，自各国境内首次获得上市许可之日起计算。"

三、《环太平洋伙伴关系协定》（TPP）及其发展（CPTPP）

2015 年 10 月 5 日，美国、日本和其他 10 个泛太平洋国家在美国亚特兰大举行的谈判中就《跨太平洋伙伴关系协定》（*Trans-Pacific Partnership Agreement*，TPP）取得实质性突破，并达成了基本一致的意见。该协议覆盖的 12 个国家占全球经济的比重达到了 40%。尽管 TPP 为美国总统特朗普所否决，但这并不意味着其知识产权保护部分的内容成为历史，因为它反映的是美国制药业的利益需求，而且其条文也是以往美国自由贸易协定的集大成者。在美国主导的自由贸易协定中，知识产权保护往往属于最重要的一部分，而且，其制度设计常常超出 1994 年缔结的 TRIPs 协议，其中，最重要的体现是医药领域的知识产权保护。TPP 也不例外，其第 18 章第 6 节的内容更是明显体现。该节标题为"专利/未披露的测试或其他数据"（Patents / Undisclosed Test or Other Data），共 3 个分节。其中，第二分节标题为"与农用化学产品有关的保护措施"（Measures Relating to Agricultural Chemical Products）；第三分节标题为"与医药产品相关的保护措施"（Measures Relating to Pharmaceutical Products），主要规定了药品专利保护期的延长（第 18.48 条）、Bolar 例外（第 18.49 条）及管制性专有权（余下诸条）。①

TPP 知识产权章第 18.47 条共 3 款，规定了新农用化学产品的研发者对测试数据享有最少 10 年的排他权；与美国法的区别在于，它没有补偿期的限制。此外，第 3 款所界定的新农用化学产品并未包括已知化合物的新用途。在药品管制性专有权方面，TPP 则延续了美国 Hatch-Waxman 法案的基本精神，对新化学药和已知化合物新用途的药品分别规定了 5 年（第 18.50 条第 1 款）、3 年（第 18.50 条第 2 款）的保护期。同样，TPP 也规定了生物制剂的管制性专有权（第 18.52 条），与美国法的区别是在保护期，后者只规定了最少 8 年的保护期，但同时规定缔约方应在 10 年后就排他权的期限和保护对象进行磋商。TPP 第 18.54 条规定，受专利保护的农用化学产品、化学药品和生物制剂，如果其专利保护期限先于管制性专有权期限届满，缔约方不得缩短后者的保护期限。这些国际条约已经逐步影响到各成员国的国内法，并形成了保护力度不一的管制性专有权体系。

TPP 对受管制产品的数据提供了高水平的保护，尽管这受到了人们的指责与批评，但它仍然为成员国进行利益平衡提供了空间。除了总则第 18.6 条承认成员国为保护公共健康而采取的合理措施之外，第 18.50 条第 3 款更是明确规定，就本条第 1、第 2 款（即化合物药品）及第 18.52 条（即生物制剂）的规定而言，为保护公共健康，成员国有权采取符合 TRIPs 协议的相关措施，包括《多哈宣言》，为执行该宣言而对 TRIPs 协议任一条款所做的保留，以及在成员国已经生效的 TRIPs 协议相关修正条款。TPP 也认识到学名药在促进药品获取方面的价值，例如，第 15.52 条第 3 款就承认，成员国应该就生物制剂的保护期和保护对象在条约生效 10 年后进行协商，以评估其对包含生物制剂的新药开发的影响，以及对于及时获取学名药的影响。

但是，自美国总统特朗普上台之后，美国退出了 TPP，剩下的 TPP 11 个签字国在日本、加拿大和澳大利亚的推动下，在此基础上形成了《全面与进步跨太平洋伙伴关系协定》（*Comprehensive Progressive Trans-Pacific Partnership*，CPTPP），并于 2018 年年底正式生效。CPTPP 第 1 条规定，该条约以 TPP 的文本为依据。同时，第 2 条规定，成员国搁置部分条款的生

---

① 美国政府于 2015 年 11 月 5 日公布了 TPP 的正式文本，参见 "TPP Treaty, Intellectual Property Rights Chapter," accessed November 15, 2015, http://medium.com/the-trans-pacific-partnership/intellectual-property-349efdc7adf. 后文关于 TPP 的文本的论述，均依据该版本进行。

效,直至各成员国一致同意终止其搁置状态,其中包括了专利保护期延长(第 18.46 条和第 18.48 条)、数据保护(第 18.50 条和第 18.51 条)等知识产权制度的条款。①

第三节 药品 TRIPs-Plus 规则的国际进展:美国

TRIPs 协议缔结之后,制药业继续向全球推行其更高水平的保护制度。美国也不遗余力地利用多种渠道向发展中国家推行其激励药品创新的法律制度,其手段主要有二:一是通过双边、多边或复边自由贸易协定来推广超出 TRIPs 协议保护义务的法律制度;二是通过单边措施,主要是利用其"特别 301 条款"向贸易伙伴施加压力,落实 TRIPs 协议和新的双边、多边或复边自由贸易协定下的国家保护义务。

一、美国 FTA 与药品 TRIPs-Plus 保护

自 20 世纪 90 年代中期以来,美国积极向发展中国家推销其更高水平的知识产权保护制度,并成功将其国际谈判场所从 WIPO 和 WTO 转向自由贸易协定(FTA)的双边或复边(地区性)谈判上来。② 其实,在 TRIPs 协议缔结之前,美国也同样通过双边或复边谈判来降低发展中国家对缔结 TRIPs 协议的抵制态度。为此,美国通过开放市场进入和增加直接投资这一"胡萝卜",以及特别 301 条款等经济压制手段这一"大棒",实现了提高知识产权保护水平的目标。大量 FTA 的缔结表明"超 TRIPs"(TRIPs-Plus)保护义务的知识产权制度在发展中国家逐渐扩散。

(一)美国 FTA 中 TRIPs-Plus 条款的发展概览

所谓 TRIPs-Plus 保护规则,是指限制 TRIPs 协议所允许的弹性条款或

---

① 参见加拿大政府公布的 CPTPP 文本,"Comprehensive and Progressive Agreement for Trans-Pacific Partnership," https://international.gc.ca/trade – commerce/trade – agreements – accords – commerciaux/agr – acc/cptpp – ptpgp/text – texte/cptpp – ptpgp. aspx?lang = eng.

② See Henning Grosse Ruse-Khan, "The International Law Relation Between TRIPS and Subsequent TRIPS-Plus Free Trade Agreements: Towards Safeguarding TRIPS Flexibilities?" *Journal Intellectual Property Law* 18 (2011): 3.

权利限制条款，提供比 TRIPs 协议更多、更宽的知识产权保护。① 例如，TRIPs 协议对平行进口未加任何限制，这意味着成员方可以允许产品的平行进口；如果在 FTA 中规定平行进口构成侵犯知识产权，则这一新的规定属于 TRIPs-Plus 保护。再如，对 TRIPs 协议第 39.3 条中的新型化学实体，成员方可以将已有化合物的新用途排除出去，但 FTA 中却将其包括进来，这也属于 TRIPs-Plus 保护。美国积极推广 FTA 的目标在于"通过创设先例，以便在时机成熟之际将其转换成多边协议"。而从双边到多边之路，美国推行的 FTA 具有六大作用：连锁反应、俱乐部效应、压制效应、仿效作用、法律解释性效应以及服从效应。② 即一项 FTA 的缔结会给其他贸易伙伴带来示范效应，因为缔结者将获得进入美国市场的特权，最终影响到其他贸易伙伴的决策；而缔结的 FTA 越来越多时，就可形成某项法律制度的国际惯例，使更多的贸易伙伴遵守这一规则。

TRIPs 协议仅规定了知识产权保护的最低水准，它允许成员方提供更高水平的保护。美国以超 WTO 的市场准入来获取发展中国家的 TRIPs-Plus 保护，并辅以特别 301 条款的"大棒"，取得了在多边谈判中难以获得的好处。同样，制药业是 TRIPs-Plus 保护规则最重要的幕后推手。"这些双边和地区性贸易协定中的特殊条款包括：数据专有权，禁止平行进口，药品上市许可和专利保护相链接，严格限制强制许可的实施，专利保护期延长。原研药商在美国贸易代表的支持下，实际起草了上述所有条款。"③ FTA 中的大量条款增加了 TRIPs 协议下未曾保护的客体，扩大了权利内容，是在做权利保护的加法，是"TRIPs-Plus"条款，甚至是"U. S. -Plus"条款。FTA 中往往缺乏合理使用、权利限制与例外，无过错侵权人保护的正当程序，以及学名药的快速审查等制度，这是权利限制方面的减法，也被称为"TRIPs-Minus"条款，甚至是"U. S. -Minus"条款。它们限制了发展中国家为实现其公共政策而采取某些制度的自由空间。

自 TRIPs 协议缔结至 2013 年 1 月 1 日，美国已与 20 个国家签署生效的 FTA，其中除澳大利亚、加拿大、以色列、韩国、新加坡外，均为发展

---

① See Cynthia Ho, *Access to Medicine in the Global Economy: International Agreements on Patents and Related Rights* (Oxford University Press, 2011), p. 225. 本书绪论部分指出，TRIPs-Plus 规则包含两部分内容：新增的权利保护部分与新增的权利限制部分。

② See Jean-Frederic Morin, "Multilateralizing TRIPS-Plus Agreements: Is the US Strategy a Failure?" *Journal World Intellectual Property* 12 (2009): 175 – 197.

③ See Susan K. Sell, "TRIPS Was Never Enough: Vertical Forum Shifting, FTAs, ACTA, and TPP," *Intellectual Property Law Journal* 18 (2011): 447, 453.

中国家。它们包括巴林、智利、哥伦比亚、中美洲五国（哥斯达黎加、萨尔瓦多、危地马拉、洪都拉斯、尼加拉瓜）、约旦、多米尼加、墨西哥、摩洛哥、阿曼、巴拿马、秘鲁。① 美国签署的 FTA，从其包含的内容和保护水平来看，大体上分为四个阶段。

第一阶段是以达成北美自由贸易协定为标志，其对药品创新的保护体现为：在数据保护方面，与 TRIPs 协议第 39.3 条基本相似，其较高保护水平的表现是规定了 5 年的保护期限。

第二阶段是以 TRIPs 协议缔结之后所达成的 FTA 为标志，其共同特点是：美国式的药品创新保护作为国际协议的标准向美国贸易伙伴特别是发展中国家推广。这些条款缺乏必要的弹性。

第三阶段是以 2007 年 5 月美国国会共识为标志，体现在美国与秘鲁、哥伦比亚和巴拿马的 FTA 中。为落实《多哈宣言》，TRIPs 协议得到修改，允许没有仿造能力的发展中国家进口依强制实施许可而制造出来的学名药。2007 年，WIPO 在发展中国家的坚持和积极参与下提出了"发展议程"。同年 5 月，美国国会达成共识，决定在双边 FTA 中移除严重影响公共健康的条款，以便支持发展中国家为实现公共健康而采取的措施，也为更好地实施多哈宣言。

第四阶段是以 2008 年金融危机为标志，美国的地缘政治和经济实力发生了重要变化，以 20 世纪 80 年代的竞争力和创新力复苏为旗帜，美国积极加快 TRIPs-Plus 的推进步伐。此后，美国与新加坡、韩国的 FTA 强化了药品创新的保护机制。除此之外，《反假冒贸易协定》（ACTA）和《环太平洋合作伙伴协议》（TPP）更是体现了美国急于推行 TRIPs-Plus 规则的意图。特别是 TPP，从其基本框架来看，是以美韩 FTA 为基本模板的，特别是其药品创新保护的基本制度。非常明显的是，美国与秘鲁、哥伦比亚和巴拿马 FTA 中和 2007 年新贸易规则中对药品获取的弹性规定被废弃了，取而代之的是强制性的专利保护期延长和管制性专有权的市场专有权制度。特朗普总统上台之后，美国虽然退出了 TPP，但强化 TRIPs-Plus 保护规则已然成为新的基本动向。例如，2017 年 5 月 18 日，美国贸易代表根据特朗普总统的指示，启动修改《北美自由贸易协定》的谈判，该谈判

---

① See "Free Trade Agreements," accessed January 10, 2013, http://www.ustr.gov/trade‐agreements/free‐trade‐agreements. 但该网站未提供以色列—美国 FTA 的文本，故本书未对此予以分析。

协议文本处于保密状态，①但毫无疑问，关于药品创新的 TRIPs-Plus 保护规则将会采纳《美韩自由贸易协定》的具体规定，甚至更为严格。

（二）管制性专有权

美国 FTA 中管制性专有权的规定，从数据受保护的条件、保护的模式和是否存在权利限制三个方面来看，不同时期缔结的 FTA 呈现出不同的内容。与 TRIPs 协议相比，大部分 FTA 扩大了数据的保护范围，缩小了 TRIPs 协议中的弹性。

1. 数据受保护条件

TRIPs 协议确立了管制性专有权的四项条件：未公开数据、新型化学实体、相当程度的努力、为上市许可所递交的数据。除北美自由贸易协定之外，其他各项 FTA 与 TRIPs 协议第 39.3 条存在或多或少的差别。

（1）未公开数据。4 项 FTA 未有"未公开"条件，1 项 FTA 仅要求药品的上市数据须满足"未公开"条件，即"农用化学产品"无须满足"未公开"条件。因此，在绝大多数 FTA 中，成员国对所有公开或未公开之数据均有保护义务。

（2）新型化实体。在新颖性方面，有 2 项 FTA 未提及该要求，4 项要求为新型化学实体（其中 3 项仅限于药品），5 项表述为"新药""新农用化学产品"。4 项 FTA 明确包括化合物的新用途，其中 1 项适用于农用化学产品。7 项 FTA 明确规定，在其他国家为申请上市提供的数据，可以享有管制性专有权的资格，其中，有 3 项将适用于农用化学产品。几乎所有的 FTA 均将上市许可的主管部门对在其他国家的在先许可负有管制性专有权的义务。

（3）相当程度的努力。7 项 FTA 含有"相当程度的努力"条件，其中，有 3 项仅适用于"药品"，即农用化学产品无须满足这一条件；有 1 项仅适用提供的临床试验新数据。因此，绝大多数 FTA 不要求成员国对数据的保护进行额外的投资。

（4）为上市许可所递交的数据。最后一个条件在所有 FTA 中均得到承认。

2. 数据受保护的模式

TRIPs 协议第 39.3 条所确立的最低保护标准是成员方须提供反不正当竞争的管制性专有权。北美自由贸易协定所提供的保护模式与 TRIPs 协议

---

① See USTR, "North American Free Trade Agreement," https://ustr.gov/trade‐agreements/free‐trade‐agreements/north‐american‐free‐trade‐agreement‐nafta#.

最相似，但其明确提供了 5 年的保护期，即自上市许可批准之日起 5 年内禁止数据公开和不公平的商业利用。部分 FTA 区分药品和农用化学产品，前者以反不正当竞争的模式保护，后者则提供数据专有权的保护。在美国与秘鲁、哥伦比亚和巴拿马的 FTA 中，药品的上市许可数据保护的规定与北美自由贸易协定相似，自上市许可批准之日起 5 年内禁止公开与不公平的商业利用；对于农用化合物提供 10 年的数据专有权，即不得利用原始申请人所递交的、用于上市许可的关于产品安全性、有效性的数据，也不得依赖在先的已获得审批的证据。对于已有化合物的新用途，美国与阿曼、巴林和韩国的 FTA 对药品提供了 3 年的数据专有权，农用化学产品则提供了 10 年的数据专有权。4 项 FTA 使用了反不正当竞争的保护模式，但均作为数据专有权保护的补充规则而存在。从保护内容来看，几乎所有的 FTA 都不允许主管部门将用于上市许可的安全性、有效性信息作为审批第三方申请的依据，也不得依赖原始申请人已获上市许可的证据来做出审查决定。

3. 数据专有权的例外

TRIPs 协议第 39.3 条规定了两项例外。一是保护公众的例外。仅有 6 项 FTA 规定了这一例外。美国与秘鲁、哥伦比亚和巴拿马的 FTA 还特别提及多哈宣言下贸易伙伴采取保障公共健康的措施之正当性。二是公平的商业利用或非商业性利用之例外。仅 4 项 FTA 提及这一规定，其中美国与澳大利亚 FTA 中明确规定政府作为非商业性利用之条件。与 TRIPs 协议第 39.3 条相比，美国与秘鲁、哥伦比亚和巴拿马的 FTA，以及北美自由贸易协定均提及数据在学名药的快速审批程序中的使用情形。

4. 其他

几乎所有的 FTA 均规定，专利保护期届满不影响数据的保护。

（三）药品专利保护期的延长

TRIPs 协议规定了成员方对专利权的保护期限为申请日起 20 年，专利审查的期限越长，专利权人实际享有的专利权期限就越短。对于存在上市管制的产品而言，除非获得当局的上市许可，否则就不可能将专利商业化。此即所谓的"有效的保护期"。有 3 项 FTA 界定了"有效的专利保护期"，它是指"产品上市被许可之日至专利保护期届满之日（original expiration date of the patent）的期限"。[①] 对于药品专利而言，其平均有效专利

---

① See U. S. – Bahrain FTA., Article 14.8.6.

保护期大约为 11 年，远少于其他产品的 17 年。① 但是，TRIPs 协议并未要求成员方提供保护期的延长。

除北美自由贸易协定外，所有的 FTA 均规定有属于 TRIPs-Plus 的保护期延长制度，特别是药品专利保护期延长的制度，尽管其具体表述有所不同。例如，美韩 FTA 规定的是"新药"专利保护期延长的制度。专利保护期延长制度有两种类型：一是专利授权延迟而对专利权人的补偿，一般来说，农用化学产品和药品以及其他产品均可得到这些延长制度的保护。二是上市许可的管制导致专利产品或依专利方法制造的产品之上市延滞，对专利权人给予的补偿。美韩 FTA 甚至将在其他国家的药品上市许可所导致的延滞作为延长保护期的理由，其第 18.8.6 条规定："为在成员境内获取上市许可，对受专利保护的新药品和制造、使用新药品的方法，双方均应规定，依专利权人的请求而能获得药品专利保护期、新药品专利保护期或使用、制造药品方法专利保护期的调整，以补偿专利权人为在成员境内实现药品首次商业性使用而进行的上市许可程序所导致专利有效期的不合理缩短。"所有的 FTA 均规定，被延长的专利权享有完整的权利，也得到完全的专利保护；同时，所有权利的限制制度也同样适用于它。② 一般来说，药品专利保护期延长是 FTA 成员国所负的最低义务，但在美国与哥伦比亚、秘鲁和巴拿马 FTA 中属于成员国的可选制度。

专利保护期延长制度中最重要的问题之一是，何谓"不合理的延迟"？例如美国—中美洲—多米尼加 FTA 规定，专利审查中的不合理延迟是指，自专利申请之日起超过 5 年才授权的情形，或者自请求实质审查之日起 3 年内尚未授权的情形，以后一届满的期限为准。③ 这一期限在不同的 FTA 中略有差别，例如在美韩 FTA 中，专利审查中的不合理延迟是指自申请日起超过 4 年才授权之情形。对于存在上市管制的产品而言，FTA 并未界定何谓"不合理地缩减了专利的有效保护期"，但指明应考虑在成员国内首次批准上市之时间。专利保护期的延长将延缓学名药进入市场的时间，在延长期限内，因专利垄断，将导致专利药价格高企。

FTA 中规定的保护期延长制度导致发展中国家的药品专利保护期相比美国等发达国家而言更长。在美国法上，由于管制性延迟而延长保护期的

---

① See WTO Panel Report, Canada-Patent Protection of Pharmaceutical Products, WT/DS114/R. (March 17, 2000).
② See U.S.- KOR. FTA., Article 18.8.6b.
③ See CAFTA – DR., Article 15.9.

制度有一套复杂的计算规则，其中包括最长的期限限制，即药品专利的有效最大保护期为自批准上市之日起 14 年。[①] 但所有 FTA 要求延长专利的保护期，却未有最长期限的限制。这其中的重要原因在于主导 FTA 谈判政策的是原研药商的利益代言人。而在美国，除了强大的原研药商，还有一个同样能够发挥重要影响力的学名药商。

（四）上市许可与专利保护的链接

专利链接（patent linkage）是指有些国家的药品上市主管部门将学名药的上市许可与其已有的专利相挂钩的一项制度。如果学名药被控侵犯了已有专利权，则主管部门不批准其上市申请。通常，其拒绝批准的理由不是药品的安全性、有效性或质量可靠性问题，而是可能存在侵犯专利权的风险。它使得专利权人能够有力地防止学名药的竞争，且开发成本低廉。它仅须向管制当局登记，既无须采取任何民事性措施，也无须证明其专利的有效性。故原研药商将大量登记专利，即使这些专利很有可能无效，也很有可能与批准上市的药品无关。学名药商如果要获得上市许可，其须通过诉讼程序确定专利权无效或者药品不受专利保护，这将花费大量时间和诉讼成本。诉讼成本和上市延迟将成为学名药商进入市场的重要障碍。FTA 中主管部门对于上市许可申请所涉及的专利权，大体上包括两类处理方式。

第一，主管部门拒绝学名药的上市申请，其条件是，准备申请上市的学名药将可能（would）侵犯某些专利权。这是保护水平最高的专利链接制度。学名药的制造或销售如有可能侵犯专利权，但实际上也有可能不构成侵权，同样会被拒绝批准上市。几乎所有 FTA 均规定成员国有强制性义务提供这种高水平的专利链接保护。但对于秘鲁、巴拿马和哥伦比亚而言，这些制度是可选择（may）的而非强制性的（mandatory）义务。然而，依据 FTA 中的其他条款，它们须尽力（best efforts）快速处理专利的申请和上市许可申请，以避免造成不合理的延迟；同时，它们也同意与美国合作以促进这些目标的实现。对于专利链接而言，尽管这些义务"不是强制性的，但其有义务与美国继续合作（以改善知识产权保护），这将使得它成为装饰性的条款，特别是与美国签署了 FTA 的国家，如果缺乏充分保护知识产权的法律，通常很难抵住来自美国的贸易压力"[②]。大量

---

① See U. S. C. § 156（C）(3).
② See Cynthia Ho, *Access to Medicine in The Global Economy: International Agreements on Patents and Related Rights*（Oxford: Oxford University Press, 2011）, p. 237.

FTA 要求成员国采取合适的措施防止（prevent）学名药商获得受专利保护产品的上市许可，直至专利保护期届满。① 换言之，在整个专利保护期之内，主管部门不得批准具有生物等效性的学名药上市。这毫无疑问将延缓学名药的上市，事实上增加原研药商的市场专有期限。

第二，上市许可的主管部门将第三方申请上市的产品可能涉及的专利权之情况告知专利权人的制度。如果在专利保护期之内主管部门批准了学名药的上市申请，则应将所有申请的信息通知最初提出申请的专利权人（original patent owner）。有些 FTA 还规定，成员国有义务采取措施使专利权人能够获得申请上市的第三方的信息。②

专利链接属于典型的 TRIPs-Plus，不仅 TRIPs 协议本身没有只字片语提及该义务，也无任何条文或先例暗示了该制度。专利链接制度导入发展中国家，将可能产生对无效专利予以保护的后果。美国与哥伦比亚、秘鲁和巴拿马的 3 项 FTA 允许成员国提供快速机制，学名药商能够依此而启动专利无效或确认不侵权的程序。③ 但是，由于司法结构的局限性，大多数发展中国家的法律以这些程序来鼓励学名药的开发在实际上是不现实的。④

二、美国 FTA 药品 TRIPs-Plus 保护的典型文本

从整体来看，缔结 FTA 的谈判方式和形式具有四种不同类型。其一，采取严格的双边谈判方式缔结协议，如美国与约旦、新加坡、以色列、澳大利亚、摩洛哥和智利等。其二，采取与一个地区性组织谈判并缔结 FTA，主要有中美洲—美国 FTA 和北美自由贸易协定，前者涉及中美洲的五个国家，后者涉及加拿大、墨西哥。其三，有些国家采取加入一个已经缔结的协议之方式来谈判 FTA，如多米尼加。第四，有些国家最初加入某个地区性组织的谈判，在某个阶段退出这个地区性协议，但最终缔结了 FTA，如哥伦比亚、秘鲁。在这些 FTA 文本中，有两类典型代表：其一，体现为较有弹性适用空间；其二，体现为较严格的保护水平。前者主要包括美国与哥伦比亚、秘鲁和巴拿马的 FTA，它们体现了美国国会 2007 年共识之精神；后者主要以美韩 FTA 为代表，TPP 正是以该协议为蓝本。

---

① See U. S. – Chile FTA, Article 17.10.2 (c).
② See U. S. – Chile FTA, Article 17.10.2 (b).
③ See U. S. – Colombia FTA., Article 16.10.4 (c) & (d).
④ See Cynthia Ho, *Access to Medicine in The Global Economy: International Agreements on Patents and Related Rights* (Oxford: Oxford University Press, 2011), p. 280.

TRIPs 协议第 39.3 条并未要求成员提供数据专有权保护,美国—哥伦比亚 FTA 对农用化学品和药品分别规定了不同性质的保护模式,前者为数据专有权的模式;而后者基本符合 TRIPs 协议的不正当竞争保护模式,但规定了 5 年的专有保护期。但是,美韩 FTA 则统一为数据专有权的保护模式。采取数据专有权的保护模式将导致上市许可的主管部门不能依靠已有的测试数据来评估产品的安全性和有效性,其他申请者也不能依据生物等效性来获取上市许可,因而学名药的开发者不得不进行重复性的临床测试或等待管制性专有权期限届满,以获得其上市许可。此外,数据专有权的保护不受专利保护期是否届满的影响。美韩 FTA 第 18.9.4 条规定,"在一国境内获准上市的产品同时受专利保护,如果其专利保护期早于前述保护期限届满,成员不得改变其保护期限"。从保护对象来看,并不要求受保护的数据为"未公开的数据",且也并未要求属于使用"新型化学实体"的产品。新药或新农用化学产品包括使用新型化学实体的产品,也包括使用已有化合物,但尚未在本国境内用于药品或农用化学的产品。

美国—哥伦比亚 FTA 在药品的管制性专有权上更具弹性,特别允许成员如果依据另一方的上市许可而准许药品上市,其管制性专有权的期限自首次上市授权之日起计算,这能够限制原研药商试图达到延长药品垄断目标而运用上市许可策略的实现。此外,必须要指出的是,两个 FTA 均考虑到公共健康对药品管制性专有权的限制,例如美韩 FTA 第 18.9.3 条规定:"在符合下述条件的情况下,成员方可对药品采取不同于前述第 18.9.1 条、18.9.2 条的合适措施来保护公共健康:(i) TRIPs 协议与公共健康宣言[WT/MIN(01)/DEC/2]("宣言");(ii) 双方之间有效的,WTO 成员方以符合执行"宣言"的 WTO 协议之方式放弃 TRIPs 协议的任何条款;(iii) 在双方之间有效的,执行"宣言"的 TRIPs 协议的任何修正案。"这同样为美国—哥伦比亚 FTA 第 16.10.2.d 条所规定。

附:FTA 文本中的管制性专有权[①]

1. 美国—哥伦比亚 FTA

第 16.10.1 条 (a) 如果双方要求或准许新农用化学产品的上

[①] 具体条款参见美国贸易代表办公室官方网站,http://ustr.gov/trade-agreements/free-trade-agreements.

市许可而须递交有关产品的安全性或有效性的信息，未经前述信息递交者同意，在双方境内自上市许可之日起 10 年内，双方不得批准其他人申请同样或相似产品的上市。如果该申请是依据（i）前述用以获取上市许可的安全性或有效性的信息，或（ii）已经上市许可的证据。

（b）如果双方要求或准许新农业化学产品的上市而须递交在另一方已获上市许可的、有关产品的安全性或有效性的证据，包括在另一方已获上市许可的证据，未经前述信息递交者同意，在双方境内自上市许可之日起 10 年内，双方不得批准其他人申请同样或相似产品的上市。如果该申请是依据（i）前述在另一方境内用以获取上市许可的安全性或有效性的信息，或（ii）在另一方境内已经获得上市许可的证据。双方可以规定，要求获得本款保护的申请者须在另一方境内已获上市许可之日起 5 年内在本方境内递交申请。

（c）本条中的"新农用化学产品"是指在本国境内未曾被用于农用化学产品的化合物。

第 16.10.2 条　（a）如果一方要求，利用了新型化学实体的药品上市而须递交未公开的测试数据或其他数据，以便确定其使用的安全性或有效性，如果这些数据的获取须付出相当程度的努力，其不能公开这些数据，除非为保护公众，或者采取合理措施以禁止对这些数据的不公平的商业性利用。

（b）双方须在本协议生效之后对依前款规定所递交的数据给予保护。除非获得数据递交者同意，自数据递交的合理期限内，仅有递交者可以依据这些数据来获得药品的上市许可。本款的合理期限，正常情况下须最少包括自批准药品上市之日的 5 年，还应考虑数据的属性，获取数据的难度和投资大小。本款的规定不影响双方对从生物等效性和生物可获得性研究得出的同一产品执行快速审批程序。

（c）当一方依据另一方做出的上市许可，在上市申请的全部文件递交之日的 6 个月内以批准该申请，该申请被批准之后，其数据专有使用权的合理期限须以首次批准上市之日起计算。

2. 美国—韩国 FTA

第 18.9.1 条　（a）如果双方要求或准许新药品或新农用化学产品的上市许可而须递交有关产品的安全性或有效性的信息，且其获取须付出相当的努力，未经前述信息的递交者同意，在双方境内自上市许可之日起 10 年（农用化学产品）或 5 年（药品）内，双方不得批准其他人申请同样或相似产品的上市。如果该申请是依据（i）前述用以获取上市许可的安全性或有效性的信息，或（ii）前述已经上市许可的证据。

（b）如果双方要求或准许为新药品或新农业化学产品的上市而须递交在另一方已获上市许可的、有关产品的安全性或有效性的证据，包括在另一方已获上市许可的证据，未经前述信息递交者同意，在双方境内自上市许可之日起 10 年（农用化学产品）或 5 年（药品）内，双方不得批准其他人申请同样或相似产品的上市。如果该申请是依据（i）前述在另一方境内用以获取上市许可的安全性或有效性的信息，或（ii）在另一方境内已经上市许可的证据。

（c）本条中的"新药品"是指在本国境内未曾被批准使用于药品的化合物。"新农用化学产品"是指在本国境内未曾被批准使用于农用化学产品的化合物。

第 18.9.2 条　（a）如果双方要求或准许，对已经批准上市的药品中包含的化合物，其上市许可须递交有关药品上市所必要的新临床信息，而非生物等效性的信息，未经前述信息的递交者同意，在双方境内自上市许可之日起 3 年内，双方不得批准其他人申请的同样或相似产品的上市。如果该申请是依据（i）前述用以获取上市许可的新临床信息，或（ii）已经上市许可的证据。

（b）如果双方要求或准许前款之药品的上市而须递交在另一方已获上市许可的、有关产品的新临床信息证据，而非生物等效性的信息，包括在另一方已获上市许可的证据，未经前述信息递交者同意，在双方境内自上市许可之日起 3 年内，双方不得批准其他人申请同样或相似产品的上市。如果该申请是依据（i）前述在另一方境内用以获取上市许可的安全性或有效性的信息，或（ii）在另一方境内已经上市许可的证据。

第 18.9.5 条　作为批准药品上市的条件，当成员国允许申请人依赖他人在成员国境内或他国境内递交的并已获准上市的药品安全性或有效性信息，以此来评审该上市申请时，成员国应规定：

（a）当专利权人已向许可当局登记受专利保护的产品或使用方法，在专利保护期之内，如果其他人提出上市申请，审查部门应将申请人的身份告知专利权人。

（b）在专利保护期之内，在审批程序中采取措施禁止未经经专利权人同意批准其他人的上市申请。

第18.9.6条 （a）应专利权人的请求，双方均应对专利授权过程中不合理延迟的期限予以补偿而调整专利保护期。本款所指的"不合理延迟"最少应包括在成员国境内自专利申请日起超过4年，或者提出实质审查请求之日起3年后予以授权的情形，具体以两者中最迟的为准。因可归责于专利申请人之原因而延误的期间，不予补偿。（本款适用于2008年1月1日后的所有专利申请）

（b）对于受专利保护且在成员境内批准上市的新医药产品或新医药产品的制备或使用方法，应专利权人的申请，各成员将给予其专利保护期的调整，或对新医药产品及其制造、使用方法所涉及的专利权保护予以延长，将其作为在成员境内首次上市许可审批导致专利有效期不合理缩短的补偿。本节规定的所有调整应授予产品、制备或使用方法所涉专利的所有权项，也包括同样的权利限制与例外。

注："新医药产品"最少应包括在成员境内首次批准的包含新型化学实体（new chemical entity）的产品。"专利有效期"指产品上市批准之日与原专利权保护期届满之日的期限。

三、美国《特别301报告》

在TRIPs协议缔结之前，为了迫使发展中国家接受较高水准的知识产权保护制度，美国1988年综合贸易和关税法特别301条款赋予美国贸易代表每年将知识产权保护不力的国家划分为三类"观察国家"，并进行调查和贸易制裁的权力。[①] 在TRIPs协议缔结之后，发展中国家仍然受美国特别301条款的压制。在WTO建立了争端解决机制（DSU）作为谈判解决工具之后，美国利用特别301条款来单边解决争端的方案并未得到WTO的支持。在"美国－1974年贸易法第301－301条"案中，WTO争端解决小组裁定，除非作为穷尽WTO所有救济之后的最后争端解决手段，第301条所规定的单边行动违反了DSU的规定。[②] 尽管如此，美国每年仍发布《特别301报告》，以督促其他国家落实TRIPs协议，监督和落实与美国所达成的双边协议中国家对知识产权的保护义务，鼓励其他国家采取TRIPs-

---

① See Matthew Turk, "Bargaining and Intellectual Property Treaties: The Case for a Pro-development Interpretation of TRIPS but not TRIPS Plus," *International Law & Politics* 42, (2010): 994 – 997.

② Id., p. 1008.

Plus 的法律制度。

与上市许可有关的权利保护制度具有明显的美国式风格。对于拒绝采取 TRIPs-Plus 的发展中国家，或者拟利用符合 TRIPs 协议弹性条款来促进药品获取的国家，美国常常将其纳入《特别 301 报告》中的不同观察国家名单之中。即使 2001 年在 WTO 下达成了促进公共健康的《多哈宣言》之后，美国也频频使用《特别 301 报告》来督促和鼓励这些制度的实施。从美国贸易代表办公室所每年发布的《特别 301 报告》来看，药品创新的保护一直是其重要的组成部分，其所关注的内容主要有两项：管制性专有权，和/或专利链接。在 2002 年，有 16 个国家被列入观察国家的理由是缺乏管制性专有权和/或专利链接制度。在 2003 年，立陶宛、匈牙利、哥伦比亚和危地马拉被明确要求采取美国式的管制性专有权，其他 15 个国家则因未实施管制性专有权或专利链接的制度而被列入观察国家。2004 年，在 15 个"优先观察国家"中，12 个国家因为未能对以研究为基础的药厂所递交的数据提供充分的保护，和/或未能在专利保护期内禁止学名药的上市许可；在 34 个"观察国家"中，19 个国家被划入的部分原因就包括了未能对药品审批中的数据提供充分的保护。在 2005 年，有 11 个国家被列为优先观察国家或 306 观察国家，13 个国家被列入观察国家，其部分原因均与管制性专有权或专利链接有关。在 2006 年发布的《特别 301 报告》中，共有 48 个国家被列入，其中 25 个国家是因为与制药业有关的政策有关，特别是数据专有权和专利链接制度。2006 年《特别 301 报告》中有意思的部分是，它特别赞扬了乌干达、科特迪瓦、秘鲁、斯洛文尼亚、越南和中国台湾地区，因为它们制定了美国风格的相关法律。

2007 年，美国国会和布什当局达成了"美国新贸易政策"的两党共识，该共识要求美国在涉及知识产权、劳工标准和环境问题的 FTA 谈判中采取更平衡的政策。尽管美国在与秘鲁、巴拿马谈判 FTA 中放松了数据专有权、专利保护期延长和专利链接的保护水平，以解决药品创新保护与公共健康的矛盾问题，但是这些共识并未影响美国特别 301 报告中药品创新保护的基本要求。自 2007 年以后，药品创新保护是《特别 301 报告》中的主要内容。① 由此可以看出，管制性专有权和/或专利链接均是考虑将一个国家列入优先观察国家或观察国家的重要原因。

与 FTA 不同，在美国《特别 301 报告》中并未涉及专利保护期延长

---

① 所有数据均来自美国贸易代表办公室发布的年度《特别 301 报告》，accessed January 10, 2019, https://ustr.gov/issue-areas/intellectual-property/special-301.

的内容。而且，美国贸易代表在《特别301报告》中对于管制性专有权与专利链接的保护力度也是不同的。以2012年《特别301报告》为例，它将中国列为优先观察国家，其理由中有专门一节——"药品知识产权保护"。①

由于中国加入世贸组织，谈判时承诺提供6年的管制性专有权来实施TRIPs协议第39.3条，美国特别关注中国法上管制性专有权的实施情况。事实上，TRIPs协议并未明确管制性专有权的最低期限，而中国承诺的6年保护期已高于FTA中药品管制性专有权的5年期限。专利链接制度则完全不在TRIPs协议所规定范畴，作为TRIPs-Plus的部分，美国试图向发展中国家推销该项制度，它"鼓励"（encourage）中国采取相似的制度来保护药品创新。对尚未有法律落实TRIPs协议第39.3条的印度，美国将其列为优先观察国家，"要求（urges）对药品和农药的上市许可所须测试数据或其他数据提供有效的保护，以禁止不公平的商业使用和未经授权的披露行为"②。

知识产权保护问题一直是中美贸易关系的焦点问题。2018年，美国提升了与中国贸易争议的筹码。事实上，美国一直对中国药品创新保护机制并不满意，并批评"中国入世承诺与实际做法之间存在巨大落差"③，因为"有大量报道称中国食品药品监督管理局在6年数据保护期内批准学名药的上市，有些甚至在原研药之前获得批准"④。美国制药业协会（PhRMA）甚至列出了"一系列对管制性数据保护、专利执法和专利审查方面的政策与法律的改革建议，以解决其会员长期以来关注的问题"⑤。"美国议员帕斯克罗（Pascrell）呼吁中国食品药品监督管理局建立审批学名药之前的专利争端解决制度"⑥，但是，"中美之间贸易争端的基础并不

---

① See 2012 Special 301 Report, pp. 34 – 35.
② See 2012 Special 301 Report, p. 35.
③ "False Promises: The Yawning Gap Between Chinas WTO Commitments and Practices," accessed January 20, 2019, http://www2.itif.org/2015 – false – promises – china.pdf.
④ Office of the United States Trade Representative, 2016 Special 301 Report, p. 36, accessed Janary 20, 2019, https://ustr.gov/sites/default/files/USTR – 2016 – Special – 301 – Report.pdf.
⑤ "Findings of The Investigation into China's Acts, Policies, and Practices Related to Technology Transfer, Intellectual Property, and Innovation Under Section 301 of The Trade Act of 1974," p. 12. accessed January 20, 2019, https://ustr.gov/sites/default/files/Section%20301%20FINAL.PDF.
⑥ Ibid.

在于知识产权""很明显，知识产权问题只是争端的一个借口"①，因此，即使中国制定 TRIPs-Plus 规则的立法，产业游说集团的胜利并不能终结相关的贸易争端。

《特别 301 报告》除了督促 WTO 成员落实 TRIPs 协议第 39.3 条之外，还有监督落实美国与有关国家达成的双边贸易协定（如 FTA）的作用。例如，2012 年的报告继续将智利列为优先观察国家，其重要原因是："智利并没有完全落实生效智美自由贸易协议……美国要求（urges）智利提供有效的制度以快速解决与药品上市申请相关的专利问题……美国也要求智利对药品上市许可所须测试数据或其他数据提供充分的保护，以禁止不公平的商业使用和未经授权的披露行为。"②《特别 301 报告》明确将专利保护期延长制度作为把一个国家列入观察国家的理由，尤其针对与美国签订有自由贸易协定的国家。2012 年的报告将以色列列为优先观察国家，其原因是："美国与以色列在 2010 年 2 月 18 日达成了一项关于药品保护制度的长期备忘录，其中，以色列承诺加强对药品测试数据和其他数据的保护，延长药品专利保护期，以及自申请日起满 18 个月即行公布专利申请文件。……以色列已经制定了关于测试数据的法律，正在审议专利申请文件出版的法律……尽管延长专利保护期的立法正在起草，但尚未正式审议。美国鼓励以色列尽快通过上述法律。"③ 再如，多米尼加被列入观察国家的理由是："美国鼓励多米尼加执行其对药品和农药上市许可所须测试数据或其他数据提供有效保护制度的义务，以禁止不公平的商业使用和未经授权的披露行为；提供有效的制度以快速解决与药品上市申请相关的专利问题。美国也要求其完整执行 FTA 关于专利保护期调整的义务。"④

四、美国推行药品 TRIPs-Plus 保护的国际影响

美国积极通过双边或多边 FTA 来推行药品 TRIPs-Plus 保护，但从 FTA 的签约国来看，它们绝大多数是小规模的经济体，其平均 GDP 不足美国的 1%；以购买力计算的平均收入水平（中位数）约为美国的 16%，仅韩

---

① Robert Farley, "How China Might Repel the US Intellectual Property Trade Offensive," accessed Janary 20, 2019, https://the diplomat.com/2019/01/how-china-might-repel-the-us-intellectual-property-trade-offensive/.

② See 2012 Special 301 Report, p. 26.

③ Id., pp. 36 – 37.

④ Id., p. 43.

国、新加坡、澳大利亚和巴林四国在缔约时超过美国水平的50%。① 因此，从 FTA 的谈判议价能力来看，它们均明显弱于美国，这些国家对知识产权保护的需求也明显弱于美国。那么，美国为何不选择更重要的贸易伙伴——欧盟、日本或金砖四国来推动 FTA 呢？

笔者认为，其重要原因在于它有利于美国顺利推动 TRIPs-Plus 的国际化。由于这些小规模的经济体拥有的信息资源非常有限，特别是熟知 TRIPs-Plus 保护的专家很少，当讨论草案文本的具体细节时，双方在专家和信息等资源方面不对等的地位使得美国更易于获得理想的保护标准。巴西、中国和印度等更大规模的经济体拥有更多的专家和相关信息资源，因此更容易了解这些规则的达成会对发展中国家产生何种不利影响，因而可能产生较强的抵制。这是美国从推动 TRIPs 协议的缔结过程中得到的经验。② 自 20 世纪 90 年代以来，发展中国家拥有了更多关于知识产权保护的信息和专家，而且也有更多像联合国粮农组织、世界卫生组织和世界银行等国际组织主动参与知识产权的讨论，有些国际组织甚至直接为发展中国家如何缔结 FTA 中的 TRIPs-Plus 条款出谋划策。③ 但是，很多小规模经济体的发展中国家对于 TRIPs-Plus 的大多数内容仍然缺乏相应的专家和必要信息等资源。例如，作为全球第四个、阿拉伯国家中第一个与美国签署 FTA 的国家，约旦在协议谈判时被劝说并相信药品 TRIPs-Plus 保护将促进制药业的快速发展，有利于改进学名药的开发和原创药的研发能力，但是，事实表明，约旦所能获得的益处被明显放大了，而其成本却被明显低估。④

而任何一个成功缔结的 FTA，对于美国所希望推行的 TRIPs-Plus 标准而言，将最终产生累积的效果。当足够多的国家和美国签署 FTA 并接受高标准的知识产权保护规则，这些规则就可能成为国际惯例而对已有国际条约的解释产生影响。换言之，如果成员之间就 TRIPs 协议某一条款发生争议，美国就有可能在 WTO 解决争端的时候将这些协议作为证据来支持

---

① Bernardita Escober-Andrae, "North-South Agreements on Trade and Intellctual Property beyond TRIPS: An Analysis of US Bilateral Agreements in Comparative Perspective," *Intellectual Property Law Journal* 16 (2011): 470.

② See Matthew Turk, "Bargaining and Intellectual Property Treaties: The Case for a Pro-development Interpretation of TRIPS but not TRIPS Plus," *International Law & Politics* 42 (2010): 991.

③ Id., p. 1006.

④ See Harmed El-Said and Mohammed El-Said, "TRIPS-Plus Implications for Access to Medicines in Developing Countries: Lessons from Jordan-United States Free Trade Agreement," *Journal World Intellectual Property* 10 (2007): 438.

其所希望的解释。一份由产业绩效顾问委员会递交给美国政府的报告中明确宣称：FTAs"有利于执行国家在 TRIPs 协议下所负的义务，并为澄清 FTA 贸易伙伴在 TRIPs 协议下所负的义务提供了重要的工具"①。这一观点不仅为利益游说集团所承认，也为学术界所认同。TRIPs 协议第 4 条规定了最惠国待遇原则，这就意味着 WTO 成员与美国签署高标准的知识产权保护规则，将"立即且无条件"地把这些保护授予其他所有成员的国民。美国逐渐将这些条约作为知识产权保护的全球标准，而一旦时机成熟，美国就会从 FTA 的双边谈判"转到 WTO、WIPO 等多边谈判场所，以将这些规则作为国际标准而引入。这只是时间问题"。②

从 TRIPs-Plus 规则在 FTA 中的具体体现来看，也可以看出逐步累积的效果。当某一个制度被纳入一项 FTA 中之时，它就会被当作今后谈判的模仿对象和新的起点。北美 FTA 谈判的时候，墨西哥被游说加入该协议；它与 TRIPs 协议相比，明确了赋予了 5 年的管制性专有权期。此后，几乎所有的 FTA 要求签约国不得允许第三方依据测试数据来获得相同或类似产品的上市许可，即使是专利保护期届满也是如此。更进一步的是，管制性专有权的对象不再限于新型化学实体，而是所有新药品，甚至是新临床数据；其保护期限的计算，则以在各国境内最后批准上市之日开始计算，从而延长了管制性专有权的期限。这就意味着，只要获得任何一个国家的上市许可，即使未在本国上市，也同样能够得到保护；而如果在本国批准上市，则保护期要以最后批准上市之日开始计算。当某一规则已经达到美国所希望的保护水平时，它们就会以相同或近乎相同的表述出现在不同的 FTA 中。例如，在美国—中美洲 FTA 中，要求所有贸易伙伴提供合适的"执行措施"以禁止专利保护期内学名药获得上市许可（第 15.10.2.a 条），该类似表述随后在所有的 FTA 中使用，包括与摩洛哥（第 15.10.4.a 条）、澳大利亚（第 17.10.4.a 条）、巴林（第 14.9.4.a 条）、阿曼（第 15.9.4.a 条）、秘鲁（第 16.10.3.a 条）、哥伦比亚（第 16.10.3.a 条）以及巴拿马（第 15.10.2.a 条）等 FTA。

而且，TRIPs-Plus 保护的累积效果不仅体现在与美国有关的 FTA 中，它还会以相似方式自动出现在发展中国家之间的 FTA 中。例如，在墨西

---

① See Jean-Frederic Morin,"Multilateralizing TRIPs-Plus Agreements：Is the US Strategy a Failure?" *Journal World Intellectual Property* 12（2009）：186.

② See Gaelle P. Krikorian and Dorota M. Szymkowiak,"Intellectual Property Rights in the Making：The Evolution of Intellectual Property Provisions in US Free Trade Agreements and Access to Medicine," *Journal World Intellectual Property* 10（2007）：389.

哥与萨尔瓦多、危地马拉、洪都拉斯、尼加拉瓜四国分别签订的 FTA 中，均有高于 TRIPs 协议保护水平的数据专有权条款。① 在加入北美自由贸易协定之前的 20 世纪 80 年代，墨西哥甚至没有对药品提供任何知识产权的保护；而当墨西哥加入 FTA 后，它不仅积极游说发展中国家接受 TRIPs 协议的多边框架，也同样追求双边框架下的 TRIPs-Plus 规则。这被称为连锁反应，当美国参与的双边协议中的 TRIPs-Plus 规则"被移植到其贸易伙伴国内法之后，将如同被打开的潘多拉盒子，会在原贸易伙伴之外扩展开来"②。产生这一现象仍应归于 TRIPs 协议的最惠国待遇原则。移植了 TRIPs-Plus 规则的发展中国家，有义务为所有 WTO 成员的国民提供该水平的保护；在与其他国家谈判相关协议时，它们将会坚持将这些规则带入这些协议，以防止其他国家因为较低的保护水平而拥有相应的竞争优势。最惠国待遇原则本是为了实现各贸易伙伴之间的平等对待，但该原则意外地、极大地提升了美国的能力，使其能够通过双边谈判和协议来创设新的知识产权保护的国际标准。③

毫无疑问，TRIPs-Plus 降低了 TRIPs 协议中弹性条款的可适用性，将提高药品获取的成本，从而对公共健康产生影响。例如，药品 TRIPs-Plus 保护将影响《多哈宣言》为保护公共健康而采取的许多执行措施，如专利强制实施许可。当然，《多哈宣言》的效力在美国与哥伦比亚（第 16.10.2 条）、秘鲁（第 16.10.2 条）、巴拿马（第 16.13.1 条）和韩国（第 18.9.3 条）FTA 管制性专有权的规则中也得到承认。从 FTA 的体系来看，《多哈宣言》仅适用于数据的保护，而作为 TRIPs-Plus 的重要组成部分，《多哈宣言》的效力在专利链接和专利保护期延长的制度中难以适用。如果成员国基于公共健康颁布实施药品专利的强制许可，但不能批准药品上市申请，则实际上架空了《多哈宣言》所允许的执行措施。在所有的 FTA 中，仅美国—智利 FTA 在第 17 章（知识产权）序言部分中承认《多哈宣言》的效力："承认 2001 年 11 月 14 日在多哈昆泰 WTO 第四次部长会议上缔结的《TRIPs 协议关于公共健康的宣言》所确定的各项原则。"

---

① See Raymundo Valdes and Tavengwa Runyowa, "Intellectual Property Provisions in Regional Trade Agreements," World Trade Organization Economic Research and Statistics Division Staff Working Paper ERSD - 2012 - 21, para. 22.

② See Jean-Frederic Morin, "Multilateralizing TRIPs-Plus Agreements: Is the US Strategy a Failure?" *Journal World Intellectual Property* 12 (2009): 178.

③ See Peter Drahos, "BITs and BIPs-Bilateralism in Intellectual Property," *Journal World Intellectual Property* 4 (2001): 802 - 803.

本 章 小 结

　　制药业是 TRIPs 协议和 TRIPs-Plus 规则的幕后推手。TRIPs 协议第 39.3 条规定测试数据受保护的条件和保护方式。尽管对于 TRIPs 协议第 39.3 条所采取的管制性专有权模式存在争议，但一般认为，第 39.3 条仅要求成员对测试数据提供反不正当竞争的保护模式。在制药业的推动下，美国在自由贸易协定（FTA）中积极推行药品的 TRIPs-Plus 保护规则。美国以 1984 年《药品价格竞争与专利保护期恢复法案》为蓝本，积极向贸易伙伴推销专利保护期延长、数据专有权和专利链接制度。这些制度以各种形式出现在美国现已生效的 20 个 FTA 和每年度的《特别 301 报告》中，并逐步为发展中国家所采纳，成为潜在的国际新标准，对药品获取和公共健康产生了严重影响。作为美国重要的贸易伙伴之一，中国对这一发展趋势不能漠视。

中编

TRIPs-Plus 保护规则

第四章 药品专利保护的 TRIPs-Plus 规则

美国 1984 年 Hatch-Waxman 法案不仅创制了管制性专有权的保护制度,而且也在药品管制过程中延伸了专利权的保护。当然,它也试图为学名药的快速上市提供制度依据。Hatch-Waxman 法案创设的、与专利权保护有关的制度主要有:专利链接制度、药品专利保护期延长(或补偿)制度以及与学名药上市有关的激励制度(主要是首仿药市场排他权与 Bolar 例外)。[①] 在这些内容中,专利链接制度与药品专利保护期延长制度以激励原研药的开发为基本目标,是美国自由贸易协定积极推行的 TRIPs-Plus 规则,它们尚处于形成具有全球性国际保护规则的阶段。本章主要研究这些制度。

第一节 药品专利链接制度

专利链接(patent linkage)并非相关法律所使用的术语,而是学者们对肇始于美国 1984 年《药品价格竞争与专利期补偿法》(以下简称 Hatch-Waxman 法案)所创设的相关制度和一系列法律规则的概括。一般认为,它是指依据有些国家的法律规定,药品(或其他产品)上市管制的行政主管部门将药品上市申请的批准条件与已有专利的地位相联系,如果涉嫌侵犯专利权,就不会批准药品的上市申请。[②] 这一制度的核心做法是,将药品的上市许可与其专利权地位相联系,有效地阻止了学名药在专利保护期内的上市进程,进而起到了加强药品专利权保护的效果。

专利链接制度肇始于美国 1984 年 Hatch-Waxman 法案,迄今也仅仅 30

[①] 学名药快速审批机制也是其重要内容。
[②] 在某些语境下,专利链接制度并不限于上市许可,还包括在医疗保险中将药品的定价和补贴或其他管制性措施与其专利地位相联系。See European Commission, "Pharmaceutical Sector Inquiry: Preliminary Report," p. 378, November 28, 2008.

余年。对长达400余年（从英国《垄断法》始）[①]或500余年（从威尼斯《专利法》始）[②]的专利法来说，它无疑是一个新鲜事物。然而，该制度在美国的力推下逐渐在不同国家扩展，美国签订的自由贸易协定都规定有专利链接制度。从所涉国家来看，包括加拿大、澳大利亚、日本、萨尔瓦多、智利、约旦、摩洛哥、巴林、阿曼、哥伦比亚、秘鲁、洪都拉斯、冈比亚、尼日利亚、哥达加斯加、多米尼加、韩国、新加坡等。[③]

专利链接制度属于TRIPs-Plus规则，无疑是原研药厂家游说的结果。对于他们来说，专利链接制度是专利保护内在逻辑的发展，避免了针对学名药厂家的不必要的专利诉讼，通常来说，专利诉讼成本昂贵，但结果并不确定。相比于传统的、针对侵权的专利保护制度，专利链接具有极其有力的优势。因为学名药一旦上市，就不可避免地侵蚀了原研药厂家的市场份额，而在传统专利法下，原研药厂家即使申请诉前禁令，也难以避免这一事实，更何况诉前禁令的颁发条件非常严格。[④]但是，这对于学名药厂家来说就意味着市场进入的障碍，是对专利权的不当扩张和保护。因为在传统上，申请学名药的上市并不属于侵犯专利权的行为，在法院确认侵权之前，并不能将学名药从市场上清除出去。更何况，并非所有的专利权效力都牢不可破，由于药品上市审批部门无力解决当事人专利权争议，专利链接制度避免了在专利诉讼中对其效力的司法审查，最终有损公共利益。[⑤]本节试图通过比较不同国家对待专利链接制度的态度，以及研究它对药品创新与药品获取的影响，并进而为中国法制建设提供参考建议。

一、强制性的专利链接制度

1. 美国
美国是专利链接制度的肇始者，其1984年Hatch-Waxman法案被人称

[①] See Ron A. Bouchard et al., "Empirical Analysis of Drug Approval-Drug Patenting Linkage for High Value Pharmaceuticals," *Northwestern Journal of Technology & Intellectual Property* 8（2010）：177.

[②] See Ron A. Bouchard et al., "Structure-Function Analysis of Global Pharmaceutical Linkage Regulations," *Minnesota Journal of Law, Science & Technology* 12（2011）：395.

[③] 参见本书第三章第三节。

[④] See Cynthia M. Ho, *Access to Medicine in the Global Economy: International Agreements on Patents and Related Rights*（Oxford：Oxford University Press, 2011）pp. 273-274.

[⑤] Id., p.274.

为专利链接的"大宪章",① 该法案为 2003 年通过的《国家医护处方药改进与现代化法案》(*Medicare Prescription Drug, Improvement, and Modernization Act*, MMA)所修改,其基本制度构成为:

(1)橙皮书(Orange book)。② 《依治疗等效评估而被批准的药品》(*Approved Drug Products with Therapeutic Equivalence Evaluations*)通常被称为"橙皮书",它是依法对符合安全性、有效性条件而批准上市的药品予以公示的手段,主要标准是该产品已经被批准的药品,且没有因安全性和有效性问题而被撤市。橙皮书所公开的药品是独立于其他行政或司法的管制活动,但处方药的治疗等效性评价结果并非 FDA 的官方行动,不影响药品在该法案下的法律地位。橙皮书的第三个重要内容是药品受专利保护的清单,③ 它由原研药申请人提供,FDA 必须登录这些信息。

(2)学名药申请人依据专利权属状况而提出的各类声明。学名药申请人依据简要新药申请(Abbreviate New Drug Application, ANDA)程序提出药品上市申请时必须递交下列之一证书声明:无专利信息登记在橙皮书中(第Ⅰ段声明);或者橙皮书清单上的专利保护期届满(第Ⅱ段声明);或该专利将在某个日期过期(第Ⅲ段声明);或属于专利无效、专利不受保护或申请上市的药品之生产、使用或销售不侵犯专利权之情形(第Ⅳ段声明),学名药才可被批准上市。④ 对于方法专利,申请人须声明,ANDA 不属于专利保护的适应症之使用范围,即第 viii 节声明。⑤

(3)原研药权利人在法定期限内提起专利诉讼的,则推后 30 个月审查上市申请或直至案件终结。⑥ 当学名药以"第Ⅳ段声明"递交上市申请时,由学名药申请人将该信息通知专利权人。由于数据存在管制性专有权的保护,此种情形通常发生在原研药首次批准上市之日起的 4 年之后。专利权人在收到该通知之后 45 日内,依据美国《专利法》第 271(e)(2)

---

① See Ashutosh Kumar, "Patent or Patient, Link Them Properly: Patent Linkage and Competition," http://production.sw.works.bepress.com/ashutosh_ kumar/1/.

② See US FDA, "Orange Book Preface," https://www.fda.gov/Drugs/DevelopmentApprovalProcess/ucm079068.htm.

③ 橙皮书中也有关于药品是否具有市场独占权的内容,如在市场独占权期间,学名药厂家可能无法提交药品上市的快速审批申请,如果允许提交申请,也只是临时批准。

④ See 21 U. S. C. §355 (j) (2) (A) (vii) (2006). 据美国法,依"第Ⅳ段声明"而提出的 ANDA 申请通常只限于数据保护期届满前 1 年内。

⑤ See 21 U. S. C. §355 (j) (2) (A) (viii).

⑥ See 21 U. S. C. §355 (j) (2) (B).

(A) 节之规定,可向法院提起侵犯专利权的诉讼。① 原研药权利人一旦在该期限内提起诉讼,FDA 就会在此后 30 个月内暂停审查,直至案件终结(无效或不侵权),或直至专利保护期届满,以先至为准。②

(4) 首仿药 180 天市场排他权。③ 在美国法上,小分子化合物与生物制品保护有所不同。2010 年,美国通过《生物制品价格竞争与创新法案》(*Biologics Price Competition and Innovation Act*,BPCIA),规定了与被参考生物制品具有生物相似性(biosimilar)或可互换性(interchangeable with)的生物学名药(follow-on biologics)快速审批制度。同时,它也规定了生物学名药厂家(以下简称"申请人")与被参考生物制剂厂家(以下简称"原研药商")之间的专利纠纷解决程序[§262(1)],即人们常说的专利链接制度。为了方便当事人在药品上市申请的过程中解决专利争议,BPCIA 将递交生物学名药上市申请的行为规定为"拟制专利侵权"(artificial patent infringement)的行为[修订为美国专利法§271(e)(2)(C)(i),(ii)]。美国最高法院之所以将该行为称为"拟制专利侵权",是因为申请人并未构成传统专利法上的侵权行为。

BPCIA 制定了不同于 Hatch-Waxman 法案的专利链接制度,其主要理由在于生物制品的仿制成本与小分子化合物药大不相同。首先,它并未使用"学名药"的术语,而是"生物类似药"(biosimilars)(即生物学名药)或"可互换生物制品"(interchangeable biologics)来判断生物制品的快速审批。其次,BPCIA 并未规定橙皮书和 30 个月的延迟审批制度。最后,BPCIA 所规定的首仿药市场排他权也不同于 Hatch-Waxman 法案。正因为上述不同,有学者认为 BPCIA 并未建立生物制品的专利链接制度。④

具体而言,根据 BPCIA 的规定,申请人必须在收到 FDA 受理通知之日起的 20 日内向原研药商提供申请文件与产品制造的信息,并进而规定了在申请人与原研药商之间就相关专利清单进行信息交换的制度,以解决潜在的法律争议[§262(1)(3)]。BPCIA 为当事人解决争议规定了两阶段的法律程序。在第一阶段,双方当事人合作并确定交由诉讼解决的专

---

① 该条规定:"提交下列文件是一种侵权行为:(A) 依据《联邦食品、药品与化妆品法》第 505(j)条或第 505(b)(2)条规定而提出的申请,如果该药品受专利保护,或对药品的使用受专利保护。"

② See 21 U.S.C. §355(j)(5)(B).

③ See 21 U.S.C. §355(j)(2)(vii).

④ See D. Christopher Ohly & Sailesh K. Patel, "There is No Orange Book: The Coming Wave of Biological Therapeutics," *Journal Intellectual Property Law & Practice* 6 (2011): 479.

利清单。第二阶段则是涉及第一阶段中未及处理的、但列入清单的专利，依据规定，申请人应最迟在被批准的生物制剂首次商业化销售前180天通知原研药商［§262（1）（8）（A）］。在这些程序中，申请人对诉讼两阶段时机与范围的确定都有实际的主导能力。

申请人不符合上述程序规定将承担两个后果。一是若申请人不向原研药商提供申请和生产信息，原研药商可立即向法院提起"确认所涉生物制剂或生物制剂用途专利有效、可执行及确认侵权之诉"［§262（1）（9）（C）］。二是申请人向原研药商提供了规定的信息，但未履行后续程序义务，原研药商可向法院提起其在橙皮书上登录专利的侵权确认之诉［§262（1）（9）（B）］。

2017年6月12日，美国最高法院对 Sandoz Inc. v. Amgen Inc. et al. 一案做出了判决，[①] 该案涉及 BPCIA 所建立的专利链接制度之具体适用。该案原告安进公司（Amgen）是世界上最有影响力的生物制剂开发者，其生产的优保津（Neupogen）牌非格司亭原研药为重组人体白细胞生成素，是治疗骨髓移植和化疗后恢复的特效药。山德士（Sandoz）向 FDA 递交上市申请的 Zarxio 牌非格司亭药是优保津的生物学名药。山德士接到 FDA 受理通知的1日后就将申请及上市计划告知了安进公司。但山德士随后告知安进公司，它不准备依 BPICA 规定将申请和生产信息告知安进公司，故安进公司可依 BPICA 向法院起诉侵权。

安进公司起诉山德士公司侵权，也依据加州反不正当竞争法起诉被告的行为构成"非法行为"。起诉的主要依据是 BPCIA：山德士公司未能依法提供申请和生产信息，以及未能在获得批文之前将其药品上市营销进行告知。安进公司依据 BPCIA 寻求禁令救济。山德士公司反诉称涉案专利无效，不构成侵权，也主张其行为并未违反 BPCIA。

在案件处理过程中，FDA 对山德士申请的 Zarxio 牌生物制剂颁发了学名药上市的批文，山德士公司向安进公司发出药品上市的通知。随后，地区法院对山德士依 BPCIA 提起的反诉进行了部分裁决，并驳回了安进公司不正当竞争的诉由。联邦巡回法院部分支持、部分撤销地区法院判决，并发回重审。巡回法院仍然驳回了安进公司不正当竞争的起诉，认为山德士公司并未违反 BPCIA 对申请和生产信息披露的规定，也未违反 BPCIA 对不符合该规定所提供的排他性救济（exclusive remedies）。法院还认为，申

[①] See Sandoz Inc. v. Amgen Inc. et al. case, https://www.supremecourt.gov/opinions/16pdf/15-1039_1b8e.pdf.

请人在获得批文之后须（must）提供商业化销售的通知，该义务是强制性的（mandatory）。因此，法院颁发禁令，禁止山德士公司发出第二份合格通知且满 180 日之前上市 Zarxio 牌生物学名药。

美国最高法院在本案中的基本观点为：第 262（1）（2）（A）节并不能依联邦法下的禁令救济来予以执行，但联邦法院在重审时可裁定原告是否可以获得州法上的禁令救济。申请人在获得批文之前，可（may）提供第 262（1）（8）（A）节下的通知。其阐明的主要理由有：

（1）第 262（1）（2）（A）节规定的申请人披露义务不能依联邦法上的禁令救济来执行。美国最高法院认为联邦巡回法院的结论是正确的，但其推理有缺陷；它认为专利法第 271（e）（4）条明确规定了"拟制侵权行为"的唯一救济（only remedies）手段，故除法律文本中具体规定外，不能获得其他救济，如强制申请人提供申请和生产信息的禁令。该推理存在的问题是，山德士未履行披露义务并非属于对"拟制侵权行为"的救济手段。或者说，递交申请构成"拟制侵权行为"，但未履行披露申请和生产信息义务的行为则不属于"拟制侵权行为"。

第 262（1）（9）（C）节的规定也体现了立法者不希望原研药商使用联邦法上的禁令救济来执行申请人的披露义务。该条规定，对申请人未能履行披露义务之行为，原研药商可以立即对该"拟制侵权行为"提出确认之诉。该规定所提供的救济，在没有其他法律明确规定的情况下，意味着立法者不希望原研药商获得禁令救济，至少是在联邦法层面，原研药商不能以此来执行该披露义务。

（2）第 262（1）（2）（A）节规定的申请人披露义务可以由联邦法院来决定是否能够得到州法上的禁令救济。关于山德士公司的行为是否构成加州反不正当竞争法上的"非法行为"，联邦巡回法院错误地将寻找该问题答案的依据指向 BPCIA。法院不应该依据山德士公司是否履行了 BPCIA 规定的义务来判断，而是应该以加州法为依据，来裁定违反第 262（1）（2）（A）节规定的申请人披露义务是否属于加州法上的非法行为，而且，在这一点上，对于未符合第 262（1）（2）（A）节的规定来说，还应看 BPCIA 是否优越于其他任何州法的规定。

（3）申请人在获得批文之前，可（may）提供第 262（1）（8）（A）节下的通知。第 262（1）（8）（A）节规定，申请人应（shall）最迟在依第（k）款而被许可的生物制剂首次商业化销售前 180 天通知原研药商。因为"依第（k）款而被许可的生物制剂"这一词组限制的是"商业化销售"而不是"通知"，故"商业化销售"是生物制品学名药被批准上市的时间节点。因此,申请人可以在收到 FDA 批文之前或之后向原研药商发出通知。第 262(1)(8)(A) 节的法律文本也只是确定其仅仅包含唯一的时间节点要求(销售前 180 天),而不是联邦巡回法院认为的两个时间节点(即获得批文后,销售前 180 天)。如果国会意图规定两个时间节点的要求,它就会在法律中予以明确规定。安进公司认为应有两个时间节点的观点不具有说服力,其依据的不同政策主张不得推翻法律明确规定的词义。

2. 加拿大

加拿大是世界上跟随美国建立专利链接制度的第二个国家,它于 1993 年通过《专利药品(批准通知)条例》[Patented Medicines (Notice of Compliance) Regulations, NOC Regulations](以下简称《NOC 条例》),并于同年生效,该条例最近于 2015 年进行了修订。该条例取代了加拿大专利法上有关强制许可的条款。① 在加拿大,取得药品上市许可的形式为《批准通知》(Notice of Compliance),原研药以新药申请(new drug submission, NDS)的形式提供测试数据,学名药申请人则通常递交简要新药申请(abbreviate new drug submission, ANDS),以生物等效性来获得审批。原研药申请人在递交申请时可将药品专利予以登记,并以专利登记簿(patent register)的方式向社会公开。当学名药申请人提出 ANDS 申请时,只有它解决了登记的专利问题之后,通过递交对相关专利的法律和事实之详细陈述之"辩解通知"(notice of allegation, NOA)之后,才允许上市。专利权人自收到 NOA 之日起 45 日内可提起司法审查请求,禁止颁发 NOC 给学名药申请人。一旦启动司法审查,NOC 将延迟至在最早 24 个月后颁发,或者直至法院做出裁决,或者专利保护期届满。②

与美国法不同的是,加拿大法院对学名药的专利审查为司法审查性质,而非美国法所采的侵权之诉。加拿大联邦上诉法院确认,《NOC 条例》下的司法审查目的仅仅在于决定是否可依《药品食品条例》颁发 NOC,如果当事人要解决争议专利是否有效或是否构成侵权,则应依《专利法》来获得救济。③ 在《NOC 条例》的司法审查中,法院裁决的是学名药申请人的辩解(NOA)在法律上是否正当(legally justified)。如果法院

---

① See Ron A. Bouchard, "I'm Still Your Baby: Canada's Continuing Support of U. S. Linkage Regulations for Pharmaceuticals," *Intellectual Property Law Review* 15 (2011): 71.
② See Patented Medicines (Notice of Compliance) Regulations SOR/93 – 133, § § 5.
③ See Merck Frosst Canada Inc. v. Canada [1994] 55 C. P. R. (3d) 302, 319 (Can.).

认为是正当的，就会驳回专利权人的申请，学名药的上市申请就必须依法继续审查，进而颁发 NOC；如果认为辩解并非那么正当，则会发出"禁止令"，在专利保护期届满前不得颁发 NOC。① 由于该程序仅被视为快速处理机制，在本质上属于简易程序，法院裁定的仅是 NOA 是否正当，故并不能用以判断涉案专利是否有效、是否存在侵权行为。已有一些药品专利在《NOC 条例》被认为是无效或不侵权的，但在后续侵权之诉中却被裁定专利有效或构成侵权。②

加拿大于 2010 年发布了生物制品的相关法律，规范了生物学名药（Subsequent Entry Biologics，SEBs）的快速审批，但与 BPICA 不同，它并未区别于化合药的专利链接制度。③

3. 其他国家

受美国极力推行自由贸易协定的影响，韩国和新加坡的专利链接制度最接近美国法，其中以韩国的专利链接制度为典型。为实施美韩自由贸易协定，韩国于 2012 年通过其《药事法》修订案和《药事法实施条例》修订案，并随后修改了《专利法》和《公平贸易委员会知识产权不公平竞争行为指南》，从而建立了专利链接制度。韩国建立专利链接制度完全是为了实施《美韩自由贸易协定》第 18 章。但专利链接制度是否涉及生物制品，美、韩之间就此发生了争议。美韩自由贸易协定第 18 章并未就"药品"（pharmaceutical product）进行界定，但有对"新药"（new pharmaceutical product）进行界定，后者是指"缔约国内尚未作为药品批准上市的、至少含有一项新型化学成分的产品"。韩国认为，美韩自由贸易协定第五章对"药品"的界定（即包括药品、生物制品、医用设备或诊断产品）效力仅限于第五章；而美国坚持认为专利链接制度也应涵盖生物制品，并已经通过 Hatch-Waxman 法案和 BPCIA 予以落实。最终，韩国修订了《药品管理法》，与加拿大一样对生物制品和化合药适用了"类 Hatch-Waxman"的专利链接制度。④

美国、加拿大、韩国专利链接制度的基本框架对比见表 4-1。

---

① See Patented Medicines（Notice of Compliance）Regulations SOR/93 - 133，§§ 6.
② See Ron A. Bouchard et al.，"Empirical Analysis of Drug Approval-Drug Patenting Linkage for High Value Pharmaceuticals," *Northwestern Journal of Technology & Intellectual Property* 8（2010）：179.
③ See Health Canada，"Guidance for Sponsors: Information and Submission Requirements for Subsequent Entry Biologics（SEBs）"（March 5, 2010），
④ See Eugenia Costanza Laurenza，"The Scope of 'Patent Linkage' in the US-South Korea Free Trade Agreement and the Potential Effects on International Trade Agreements," *European Journal of Risk Regulation* 6（2015）：439.

表 4-1 美国、加拿大、韩国专利链接制度的基本框架对比①

国家	美国		加拿大	韩国
	化学药	生物制品		
专利名录，包括专利信息登录				
橙皮书：药品专利名录	药品物质、药品（复方与组方）与用途	—	药品活性成分、配方、剂型、用途	药品物质、复方、剂型与用途
专利信息递交期间	与 NDA 一起递交或专利授权后 30 日内	—	与 MA（上市申请）一起或专利授权后 30 日内	在 MA 或专利授权后 30 日内
被排除的专利	不符合上述规定	—	MA 后授权的专利	MA 后授权的专利
名录管理	FDA，行政程序	—	卫生部（MOH），有效审查	MFDS，有效审查
名录修改	可以，以 NDA 申请	—	可以，以 NDA 申请或部长决定	可以，以 NDA 申请或 MFDS 决定
名录删除	可以，通过专利诉讼而提出删除	—	可以，以 NDA 申请或部长决定	可以，以 NDA 申请或 MFDS 决定
通知程序				
通知的发出人	专利无效或不侵权声明的申请人	生物类似物或可互换性生物制剂的申请人	专利无效或不侵权诉讼的申请人	专利无效或不侵权声明的申请人
通知的接收者	专利权人或批文持有人	生物制剂上市批文的持有人	批文持有人	专利权人或批文持有人
通知时限	申请递交后的 20 日内	申请递交后的 20 日内	—	申请递交后的 20 日内

---

① See Kyung-Bok Son et al., "Moderating the impact of patent linkage on access to medicines: lessons from variations in South Korea, Australia, Canada, and the United States," *Globalization & Health* 14 (2018): 101.

续表 4-1

国家	美国		加拿大	韩国
	化学药	生物制品		
学名药暂停审批或销售				
暂停条件	专利诉讼	生物制品商业销售通知之后的专利诉讼	向联邦法院申请	专利诉讼，宣示"真实有效专利"的声明
申请时效	收到通知之日起 45 日内	—	收到通知之日起 45 日内	收到通知之日起 45 日内
申请的裁决	—	法院审查	法院审查	MFDS 审查
特别措施	FDA 行政程序，30 个月自动暂停审批	司法程序，临时禁令	MOH 准行政程序，24 个月暂停审批	行政程序，9 个月暂停销售
措施生效时间	收到通知之日	—	采取措施之日	收到通知之日
滥用责任	—	—	批文持有人应对 ANDA 申请人的所有损害给予补偿	—
首仿药专有权				
申请	第Ⅳ段声明的首个 ANDA 申请	—	—	（1）首位挑战专利并获得有利裁定的 ANDA 申请人；（2）在他人首次挑战专利后专利诉讼时效内（14 日）另行挑战并获得有利裁决的首位 ANDA 申请人；（3）在他人首次挑战专利后专利诉讼时效内（14 日）另行挑战并首次获得有利裁决的申请人

续表 4-1

国家	美国		加拿大	韩国
	化学药	生物制品		
特别措施	180 天排他权	—	—	9 个月，另加 2 个月补偿因报销流程而导致的销售延迟
措施生效时间	首次商业销售之日	—	—	上市之日

二、专利链接制度的否定

在美国及与美国签订有自由贸易协定的国家之外，专利链接制度极为罕见。欧盟多年来一直坚持：在欧盟法上并不存在药品上市许可的专利链接制度，欧盟药品局（European Medicines Agency，EMA）或成员国的药品管理当局并不能因为争议药品受专利（或补充保护证书）保护而驳回学名药的上市申请。① 欧盟 2001/83 号指令第 126 条规定上市许可"不应被驳回、暂缓或撤销，除非存在本指令明确规定的理由"。欧盟 726/2004 号条例第 81 条也有类似规定。因为药品是否受专利保护并非 2001/83 号指令和 726/2004 号条例规定批准上市的条件。虽然有人主张 2001/83 号指令第 10（1）条和 726/2004 号条例第 3（3）条是建立专利链接制度的理由，但 2001/83 号指令第 126 条和 726/2004 号条例第 81 条规定学名药上市的依据是关于药品质量、安全和药效的科学依据，因为只有这些才关涉公共健康。与私法有关的问题，如药品是否受专利保护，应交由有权的法院去处理，只有法院才能确定是否存在侵犯专利权的行为。②

有少数欧盟成员国规定了将学名药上市与专利地位相链接的做法。斯洛伐克 1998/140 号法令第 22（8）条规定学名药的上市申请只能在专利保护期届满之后才能被批准；匈牙利 2005/52 号法令第 7（9）条要求学名药申请人递交"专利声明"，以证明其未侵害任何专利权；意大利也有

---

① See European Commission, "Pharmaceutical Sector Inquiry: Preliminary Report," November, 2008, p. 378.
② Ibid.

类似做法。① 对于成员国的这些做法，欧盟委员会（European Commission）采取了一些措施分别对斯洛伐利亚和意大利提出统一立法的措施。例如，2012年1月26日向意大利政府发布的新闻稿中宣布，如果其法律在2个月内仍不修改的话，欧盟将采取法律行动。②

其实，意大利政府依据特别授权在2012年1月24日颁布了第24号临时法令，决定废除意大利《工业产权法典》的相关条款。意大利议会在3月24日通过了第27号法律予以确认。事实上，欧盟委员会的决定是欧洲学名药商协会推动的结果。③ 欧盟不仅在药品上市许可时禁止将批准条件与是否受专利保护相链接，而且在医疗保障体系下的药品定价与补贴中也同样不允许将其与专利状况相联系。2012年欧盟委员会建议在保护投资的《透明度指令》第14条中明确规定：

> 1. 依据本指令第3条做出的申请、批准程序和药品价格管制决定，或依据第7、9条对公共健康保险系统所纳入药品的决定，由成员国以行政程序的形式做出，它独立于知识产权的保护。
>
> 2. 知识产权保护并不是拒绝、暂停或撤销药品价格或纳入公共健康保险系统的有效根据。
>
> 3. 本条第1、2段的适用，不得有损欧盟和国家立法对知识产权的保护。

它还建议该指令的陈述（Recital）部分第15条也应明确澄清：

> 负责审批的国家当局在审查学名药的申请时，不得要求申请人提供有关原研药专利状况的信息，也不得对学名药制造及其销售将侵犯知识产权的争议做出裁决。因此，知识产权问题不应干预或延迟成员国定价和补贴程序的进行。

---

① See Peter Bogaert & Eveline Van Keymeulen, "How do Patent Rights Affect Regulatory Approvals and Data Exclusivity Rights for Pharmaceuticals in the EU?" *Pharmaceutical Patent Analyst* 1, no. 4 (2012): 298. Also see Ravikant Bhardwaj et al., "The Impact of Patent Linkage on Marketing of Generic Drugs," *Journal Intellectual Property Right* 18 (2013): 318.

② European Commission-Press Release, "Pharmaceuticals: Commission calls on Italy to comply with EU rules on marketing authorization of generic drugs," http://europa.eu/rapid/press-lease-ip-12-48-en.htm.

③ See EU Commission Tells Italy government: "Comply with Rules on Generics", www.pharmatimes.com.

欧盟不仅在境内坚持否定专利链接的观点，在其签订的自由贸易协定中也始终如一。例如，欧盟与加拿大之间签订的《综合经贸协定》（Comprehensive Economic and Trade Agreement，CETA）就体现了这一点。CETA 的最终文本关于延缓学名药上市的规定称之为"申诉权"（the right of appeal），但由于欧盟坚持反对专利链接制度，故该做法仅适用于加拿大。① 但欧盟法律规定了专利权人有权请求诉前临时禁令（interlocutory injunction），因而可以阻止学名药商在诉讼终结或当事人协商一致前上市学名药。诉前临时禁令在各成员国内做法不一，尽管有人认为它类似于加拿大的 NOC 制度，② 但后者是自动暂停批准学名药的申请，仍然不属于同一制度。

其在欧盟与发展中国家签订自由贸易协定时也有所体现。例如印度—欧盟自由贸易协定的签订过程中，尽管欧盟坚持数据专有权和药品专利保护期延长的做法，但对于印度坚持不签订高于 TRIPs 协议保护水平的协议，欧盟驻印大使明确表达，欧盟既不会坚持印度改变现有法律的做法，也不会在协议中寻求延长专利保护期的规定。在此过程中，印度制药商联盟对印度政府产生了重要影响，它们对数据专有权和药品审批与专利条件相链接的做法保持警惕，从而促使印度坚持不超出 TRIPs 协议义务的谈判原则。③

印度法上没有规定专利链接制度。无论是作为药品审批程序的一部分，或是专利审批或保护程序中的一部分，都看不到任何规定。尽管印度药品审批部门在药品审批过程中，作为审批程序的一部分，可以要求申请人——无论是原研药商还是学名药商——对申请上市的药品之专利情况进行披露，但法律并未明确必须披露的专利类型，也未规定未能披露所应承担的法律后果。④ 针对印度《药品与化妆品法》的上述规定，有些原研药商主张可以推断出学名药在专利保护期内不得被批准上市。其中，拜耳公司于 2008 年 12 月 19 日正式采取法律行动，在德里高等法院申请诉前临时禁令，阻止印度学名药商 Hetero 对其抗癌药"达沙替尼"（Dasatinib）

---

① See Joel Lexchin & Marc-Andre Gagnon, "CETA and Pharmaceuticals: Impact of the Trade Agreement between Europe and Canada on the Costs of Prescription Drugs," *Globalization and Health* 10 (2014): 30.

② Ibid.

③ See Sandeep K Rathod, "Patent linkage and data exclusivity: a look at some developments in India," *Journal of Generic Medicines* 8, no. 3 (2011): 147.

④ Id., p. 143.

之学名药的上市申请。拜耳公司在印度拥有该药的专利权,以 Sprycel 的商标销售,主要用于治疗白血病。法院发布了诉前禁令,禁止 Hetero 公司为制造、销售或出口药品而申请上市许可;同时,法院还要求(expected)印度药品审批部门"在履行其法定职能时不得允许任何违反其他法律的行为,如果被告提出的申请将侵犯原告专利权,则不应批准被告的申请"[1]。这导致印度药品审批部门在 2008 年发布了一个类似专利链接制度的声明:"我们将建立创新药商在印度拥有专利权的药品清单,一旦我们建立了受专利保护的药品数据库,就不再批准其任何学名药的上市。"[2]

这就是 Bristol-Myers Squibb Co. v. Hetero Drug Ltd. 案,该案的裁决在印度引发了广泛的关注,其原因之一是,法院裁决的印度药品审批部门并非被告(共同被告),expected 一词被认为是超出法律权限的。[3] 学名药商们也非常关注该案的合法性,它们质疑通过司法方式来实施专利链接制度——药品管理法律和专利法并无明确规定。[4] 基于上述批评意见之考虑,2009 年 8 月 18 日,德里高等法院对拜耳公司提起的 Bayer Corporation & Ors. v. Cipla Ltd. 案做出了不同的判决,该案涉及治疗甲状腺癌的多吉美(Nexavar)之学名药,最终上诉至印度最高法院,产生了巨大影响。[5]

该案被告抗辩说,学名药并非《药品与化妆品法》上的假药,因为法律对假药的禁止是为了确保患者安全,而不包括侵犯专利权的药品;药品审批部门批准药品上市的行为本身不是侵犯专利权的行为,评估专利权问题超出了其法定权力,药品审批部门没有处理专利权保护范围、有效性和侵权等复杂问题的制度能力;如果将药品批准的条件与其专利地位有关,这明显是对专利法的越权解读;拜耳公司的诉求本质上是要法院通过司法解释的方式进行立法,但这并不符合法治原则。印度药品审批部门也发表了意见,认为其不是保护专利权的机构,法律并未规定专利链接制度,无

---

[1] See Anshul Mittal, "Patent Linkage in India: Current Scenario and Need for Deliberation," *Journal Intellectual Property Rights* 15 (2010): 188–189.

[2] See "Generic cos may not get nod to sell patented drugs," http://articles.economictimes.indiatimes.com/2008-04-26/news/27698161_1_generic-versions-generic-companiesdcgi; also see Sandeep K Rathod, "Patent linkage and data exclusivity: a look at some developments in India," *Journal of Generic Medicines* 8, no. 3 (2011): 145. 该声明在一片批评声中被撤回。Also see ibid.

[3] See Sandeep K Rathod, "Patent linkage and data exclusivity: A look at some developments in India," *Journal of Generic Medicines* 8, no. 3 (2011): 143.

[4] See Anshul Mittal, "Patent Linkage in India: Current Scenario and Need for Deliberation," *Journal Intellectual Property Rights* 15 (2010): 189.

[5] See Sandeep K Rathod, "Patent linkage and data exclusivity: A look at some developments in India," *Journal of Generic Medicines* 8, no. 3 (2011): 144.

法依据药品是否受专利保护这一条件来拒绝批准学名药的上市。

德里高等法院初审法官 Bhat 驳回了拜耳公司的起诉,从四个方面对驳回的理由进行了阐释。首先,不同于其他知识产权,依据印度的法律,专利权将有可能受到公众的多次质疑,包括通过行政或司法部门在授权前、授权后的各种异议程序或无效程序。其次,只有专利管理部门才有判断涉案专利是否具有可专利性的权限,《药品与化妆品法》下的主管部门仅负责药品安全性和有效性,要求他们去裁定专利问题,既超出其权限,也超出了《药品与化妆品法》的立法意图,还侵蚀了专利主管部门的权限。再次,法院无权建立专利链接制度,印度并没有像中国和美国一样明确确立专利链接的法律标准。Bhat 法官认为,法院有时可以填补法律漏洞(fill in gaps),但如果专利链接制度为印度法上的法律漏洞的话,这个漏洞的大小堪比大洋(oceanic proportions)。这需要立法,非司法所能解决。最后,在印度国内法中移植专利链接制度的妥当性也堪受质疑。在援引欧盟明确否定该制度之后,Bhat 法官分析了专利链接制度带来的不利后果,包括:①模糊了专利主管部门和药品主管部门的职责;②将作为私人财产权的专利权转换为通过公共当局执行的公共权力;③违反了印度在 TRIPs 协议下所应履行的公共健康义务。①

拜耳公司不服 Bhat 法官的裁决而提起上诉,2010 年 2 月,上诉法庭维持了 Bhat 法官的裁定:②

> 20. ……上诉人认为,依据(《专利法》)第 48 节的规定,未经专利权人同意,禁止任何人"许诺销售"专利产品,DCGI(Drug Controller General of India)应遵守依此做出的禁令。这是对专利法第 156 节关于中央政府遵守专利权这一规定的误读。在本法院看来,尽管 DCGI 是中央政府官员,但第 156 条的立法意图并非禁止 DCGI 批准非专利权人对专利药的上市许可。第 156 条没有规定该义务。
>
> 21. DCA(Drugs and Cosmetics Act)第 2 条规定,该法"并不减损其他任何已生效的法律",上诉人强调该条要求 DCGI 应考虑专利法。但这一观点是对专利法的误读。关于专利法第 156 节"专利权应对所有人都具有一样效果,无论是政府还是任何个人"这一规定,它

---

① See Bayer Corp v. UOI case (2009), http://lobis.nic.in/dhc/SRB/judgement/18-08-2009/SRB18082009MATC78332008.pdf.

② LPA No. 443/2009, Order (February 9, 2010).

并不是指 DGCI 必须在药品上市批准程序中保护其专利、以免于被侵权的现象发生。第 156 节只是表明，政府不能侵犯专利权，这是政府不侵权的消极义务，它并未为中央政府或其任何部门创设保护专利权以免于侵权的义务或职责。

22. 批准受专利保护的（学名）药上市，DCGI 本身并未侵犯任何专利权，也未唆使被批准上市的申请人去侵犯专利权，因此，如果只是因为药品受专利保护就拒绝批准学名药商的申请、以确保专利保护，这是 DCGI 超出 DCA 的权限之做法。那种认为"在表格 44 中有一栏要求申请人披露药品专利状况的规定就已经建立了专利链接制度"的观点，是对该条款的误解。

28. ……拜耳公司希望 DCGI 像专利权人一样依《专利法》第 48 节去保护其权利。很清楚，这并不是 DCGI 的职能，其权力和管辖范围由 DCA 所确定，而非专利法。寻求保护专利权的救济途径并免于侵权现象的出现，完全是专利权人的责任，它处于私法领域之内，DCA 无法处理。

拜耳公司同样不服上诉法庭的判决，进而上诉至印度最高法院。2010 年 12 月 1 日，印度最高法院以相关侵权案件已由高等法院受理，也并无延迟之理由驳回了拜耳公司的上诉请求，否定专利链接制度的司法意见从而在全印度的法院中得以确认。①

三、《中华人民共和国专利法》第四次修订案中的专利链接制度

2005 年颁布的《中华人民共和国药品注册管理办法》（以下简称《办法》）建立起了类似制度，基本的共识是应由专利法来调整该制度。该《办法》已于 2020 年 1 月删除了相关规定。人们讨论是否移植专利链接制度时，无论质疑者还是赞同者，往往是从这一核心做法展开的。但是，"专利链接"这一术语容易使人们忽略与该制度配套的一些规则，如忽略 Hatch-Waxman 法案中追求利益平衡的相关规则，从而片面地强调对药品专利权的保护。其实，这也是美国推行 TRIPs-plus 规则所刻意追求的效果。

---

① See Bayer Corporation & Anr v. Cipla Ltd.; CS（OS）No. 523/2010.

(一) 对法律改革基本文件的评价

美国自由贸易协定中的专利链接规则通常以强化药品专利权保护为目标，其原则性规定几乎不涉及 Hatch-Waxman 法案中利益平衡的规则。中共中央办公厅、国务院办公厅印发了《关于深化审评审批制度改革鼓励药品医疗器械创新的意见》，《意见》无疑也是从这一核心做法来构建整个专利链接制度的，其第 16 条规定：

> 药品注册申请人提交注册申请时，应说明涉及的相关专利及其权属状态，并在规定期限内告知相关药品专利权人。专利权存在纠纷的，当事人可以向法院起诉，期间不停止药品技术审评。对通过技术审评的药品，食品药品监管部门根据法院生效判决、裁定或调解书作出是否批准上市的决定；超过一定期限未取得生效判决、裁定或调解书的，食品药品监管部门可批准上市。

《意见》所描述的专利链接制度并不完整。

第一，申请上市的药品如果涉及专利权，则其是否构成侵犯专利权，仍需要修改《专利法》才能实现。依据 2008 年修正的《专利法》第 69 条第（五）项的规定，"为提供行政审批所需要的信息，制造、使用、进口专利药品或者专利医疗器械的，以及专门为其制造、进口专利药品或者专利医疗器械的"不视为侵犯专利权。这意味着学名药商为上市申请所进行的临床试验行为不构成侵犯专利权。同时，就药品上市的申请文件递交这一行为而言，它也不属于《专利法》第 11 条规定的专利权范围。该条规定的专利权是指"为生产经营目的制造、使用、许诺销售、销售、进口其专利产品，或者使用其专利方法以及使用、许诺销售、销售、进口依照该专利方法直接获得的产品"。这不同于美国法《专利法》第 271 条第 e 款第 2 项的规定，该款规定：依据联邦食品、药品与化妆品法相关规定所提出的申请上市的药品如果落入专利权保护范围，则该提交申请文件的行为被视为侵犯专利权的行为。

第二，《意见》所规定的法律效果是"根据法院生效判决、裁定或调解书作出是否批准上市的决定"。这似乎也远远超出美国专利法上对于该"拟制侵权行为"所给予的救济。美国《专利法》第 271 条第 e 款第 4 项规定，"法院应命令任何涉及该类侵权行为的药品或生物制剂的核准生效日为不早于专利期限届满日"。换言之，药品的上市批文可以得到获准，但其生效日不得早于专利期限届满日。

第三,《意见》没有涉及橙皮书规则、声明书规则和首仿药排他权规则,这些规则共同构成了符合利益平衡原则的专利链接制度。例如,在美国法上,橙皮书规则具有重要的意义。因为学名药商仅需针对橙皮书登录的药品专利做出声明,如第四段声明仅限于申请递交日时已登录专利的原研药。

第四,《意见》的专利链接制度并未区分化学药品与生物制剂。2010年,美国通过《生物制品价格竞争与创新法案》(Biologics Price Competition and Innovation Act,BPCIA)规定了与被参考生物制品具有生物相似性(biosimilar)或可互换性(interchangeable with)的生物学名药(follow-on biologics)快速审批制度。BPCIA制定了不同于Hatch-Waxman法案的专利链接制度,其主要理由在于生物制品的仿制成本与小分子化合物药大不相同。

尽管《意见》只是对药品专利链接制度的原则性表述,但如果中国立法者最终确定要建立药品专利链接制度的话,则需要在相关立法的具体规则之中体现利益平衡的精神。如果仅仅依据《意见》第(十六)条来构建制度规则,那么,中国建立的药品专利链接制度对原研药专利权人的保护水平将会超出美国,在各国立法中是最高的。因此,《意见》要"探索建立专利链接制度",除了借鉴Hatch-Waxman法案所确立的规则,还有必要研究不同国家的立法经验。

在理论上,主张以Hatch-Waxman法案为模板,在《办法》中移植专利链接制度的观点较为普遍。例如,有些学者认为《办法》等规定"缺乏具体性和可操作性"。中国应从美国的药品专利链接制度中"提取出建立规范性药品专利链接制度所需的因素",并在法律上加以规定,甚至主张"选择合适的时机引入药品专利期补偿制度"。[①] 也有些学者认为应该借鉴美、加的专利链接制度,但"专利链接仅仅需要激活使SIPO(国家知识产权局)和法院处理当事人之间的专利纠纷的法定条件,将专利无效和侵权诉讼留给SIPO和法院去解决,而不是在专利链接程序中做出结论"[②]。

对于中国而言,是否需要像有些学者所主张的那样全面移植Hatch-

---

① 刘晶晶、武志昂:《建立中国药品专利链接制度的专家调查研究》,《中国新药杂志》2016年第11期,第1207、1211页。

② 刘立春、朱雪忠:《美国和加拿大药品专利链接体系要素的选择及其对中国的启示》,《中国科技论坛》2014年第1期,第154页。

Waxman 法案？结论并不能只建立在从文本到文本的解读上，而要看专利链接制度在不同国家的实施情况及其经济效应。毫无疑问，专利链接制度是有利于原研药商的。尽管 Hatch-Waxman 法案试图在学名药商和原研药商之间取得利益平衡，但美国式的立法并不完全符合各国医药产业的发展状况。

（二）《中华人民共和国专利法》第四次修订第 76 条的规定

本书作者曾经撰文认为，中国不应该在立法上移植美国式的 Hatch-Waxman 法案。如前所述，专利链接制度并非世界各国的共识，同属发达国家阵营的欧盟对专利链接制度持否定态度，发展中国家中的印度等国也予以反对。不仅如此，与美国签订有自由贸易协定之外的国家也鲜见此规定。因此，移植 Hatch-Waxman 式的立法应该审慎。

2020 年 1 月，中美签署《经济贸易协议》，第一章第三节第 1.11 条（"专利纠纷早期解决的有效机制"）规定了药品专利链接制度。2020 年 10 月 17 日修正的《中华人民共和国专利法》第 76 条建立了类似 Hatch-Waxman 式的专利链接制度。相比美国法的规定，《中华人民共和国专利法》规定了法院与国务院专利行政部门两条链接路径。[①] 因申请注册的药品相关的专利权产生纠纷，相关当事人可向人民法院起诉，请求就申请注册的药品相关技术方案是否落入他人药品专利权保护范围做出判决，或向国务院专利行政部门请求行政裁决。当事人对国务院专利行政部门做出的行政裁决不服的，可以在收到行政裁决书后依法向人民法院起诉。如果当事人选择向国务院专利行政部门请求行政裁决，对行政裁决不服又向人民法院提起行政诉讼的，等待期并不延长。

专利链接制度的核心是依据侵犯专利权的规则来做出判决或行政裁定。专利权人或者利害关系人申请行为保全，请求禁止药品上市申请行为或者审评审批行为的，不予支持。除非药品上市许可申请人在相关专利权有效期内为生产经营目的实施或者即将实施制造、使用、许诺销售、销售、进口行为的情形，且专利权人或利害关系人提供担保的，可以采取行为保全措施。专利权人或者利害关系人滥用权利，提起拟制侵权之诉又无正当理由撤诉，或者全部诉讼请求均未得到支持，药品上市许可申请人起诉请求赔偿因暂停批准药品上市所受到的损失以及诉讼合理开支的，可以

[①] 2021 年 7 月 4 日，国家药监局、国家知识产权局联合发布《药品专利纠纷早期解决机制实施办法（试行）》，自发布之日起实施。同年 7 月 5 日，最高人民法院发布《关于审理申请注册的药品相关的专利权纠纷民事案件适用法律若干问题的规定》，自发布之日起正式实施。

依法受理。

专利链接由以下一系列制度组成。

1. 药品专利信息登录制度

药品监督管理部门建立中国上市药品专利信息登记平台，供药品上市许可持有人登记在中国上市药品的核心专利相关信息并向社会公示，作为仿制药申请人提供专利权属状态声明的依据。未予登录的专利，不得提起拟制侵权之诉。

2. 仿制药申请人专利状态声明制度

仿制药申请人提交药品上市许可申请被受理后 10 个工作日内，应当对照已在中国上市药品专利信息登记平台载明的专利信息，针对被仿制药每一件相关的药品专利做出声明，并提供声明依据。声明分为四类：中国上市药品专利信息登记平台中没有被仿制药品相关专利信息；中国上市药品专利信息登记平台收录的被仿制药品的相关专利已终止或者被宣告无效；中国上市药品专利信息登记平台收录有被仿制药品相关专利，仿制药申请人承诺在专利有效期届满之前所申请的仿制药暂不上市；中国上市药品专利信息登记平台收录的被仿制药相关专利权应当被宣告无效，或者其仿制药未落入相关专利权保护范围。

3. 异议与等待期制度

专利权人或者利害关系人在法定期限内（公开药品上市许可申请之日起 45 日）提出异议，就申请上市药品的相关技术方案是否落入相关专利权保护范围向人民法院提起诉讼或者向国务院专利行政部门申请行政裁决，自人民法院或者国务院专利行政部门立案或者受理之日起 15 个工作日内，药品监督管理部门对仿制药上市许可申请设置一次等待期（化学仿制药注册申请设置 9 个月的等待期），等待期内国家药品审评机构不停止技术审评，但不得批准上市申请。

4. 药品专利挑战制度

为鼓励仿制药高质量发展，对首个挑战专利成功且首个获批上市的申请人给予鼓励措施，在一定期限内（12 个月）不再批准其他相同品种仿制药上市，共同挑战专利成功的除外。市场独占期限不超过被挑战药品的原专利权期限。

拟制侵权纠纷的第一审民事案件由北京知识产权法院管辖，二审由最高人民法院知识产权法庭审理。

（三）专利链接制度建立后应关注其经济效应

具体来说，移植或否定专利链接制度，人们应理性地考虑下列问题：①①美国制药协会对专利链接制度的看法对美国在整体上处理对外贸易关系的影响力如何？②专利链接制度将如何影响学名药商或原研药商的投资决策？③专利链接制度是否不利于学名药商上市某些药品？④专利链接制度如何影响进、出口药品的价值？⑤专利链接制度将延缓学名药的上市，在该延缓的期限内，原研药商游说医生在处方中转用专利药或新药，这些做法产生的额外成本有多高？⑥专利链接制度是鼓励将研发投资用于"长青专利"药品的开发，还是创新药品的开发？⑦从所有的利益主体来看，无论中央政府还是地方政府，无论学名药商还是原研药商，专利链接制度产生的法律成本有多高？

从国情来看，中国无疑属于以学名药生产为主的国家。② 近年来屡屡发生的个人私自购买海外学名药的事件一再表明中国学名药的生产严重滞后于公民公共健康之需求。③ 与此形成对比的是，印度已成为世界上学名药产业最为发达的国家之一，也是目前全球最受青睐的医疗旅游目的地之一，被称为"发展中国家的药房"。④ 据报道，"作为世界第三大学名药生产大国，过去3年印度制药业平均增长速度在14%左右，印度生产了全球20%的学名药，并使制药业成为印度经济的支柱之一。目前，印度药品出口到200多个国家，疫苗和生物制药产品出口到150个国家"⑤。例如，"就艾滋病抗逆转录病毒治疗药品而言，在2005年无国界医生（MSF）项目中高达70%的患者依赖印度提供的学名药；而全球发展中国家的半数艾滋病患者依赖印度的学名药"。因此，印度学名药的法律和管制变化，"将

---

① See Joel Lexchin, "Canada's Patented Medicine Notice of Compliance Regulations: Balancing the Scales or Tipping Them?" *BMC Health Services Research* 11 (2011): 64. 该文的写作是从加拿大的角度展开的，本书认为同样可以适用于中国语境下专利链接制度移植与否、如何移植等问题之解决。

② 中国国产药中95%左右为学名药。参见《中国是仿制药大国？2015年市场规模接近5000亿元》，http://www.51report.com/news/hot/2013/3028330.html.

③ 刘炎迅、王欢：《从国外买便宜百倍药，白血病患者无意中触了法：救命药之罪》，《南方周末》2014年12月18日，http://www.infzm.com/content/106392/.

④ See Jodie Liu, "Compulsory Licensing and Anti-Evergreening: Interpreting the TRIPS Flexibilities in Sections 84 and 3 (d) of the Indian Patents Act," *Harvard International Law Journal* 56 (2015): 208.

⑤ 参见《解析印度学名药占据全球20%市场背后的故事》，http://mt.sohu.com/20160509/n448457516.shtml.

影响着发展中国家和最不发达国家大量患者的健康问题"。①

而"在上世纪60年代,印度市场上的药价之高也曾闻名于世"。② 印度于1970年修订《专利法》,对食品、药品只授予工艺专利,不授予产品专利。2005年,印度为履行TRIPs协议而不得不修改了《专利法》,但是新法案只对1995年以后发明的新药或经改进后能大幅度提高疗效的药物提供专利保护。③ 与此同时,印度对于药品TRIPs-Plus的保护规则坚决说"不"。如前所述,专利链接制度就是其明确反对的制度之一,其本质原因就在于保护和激励其国内的学名药产业。

加拿大是跟随美国规定专利链接制度的第二个国家。在引入该制度前,其国内学名药产业较为发达,原因在于专利法上允许颁发药品强制实施许可的做法;而专利链接制度的移植致使其学名药产业急剧萎缩。④ 不仅学名药产业在加拿大国内发展受阻,而强化药品专利保护的结果也并没有实现提升其国制药企业竞争力的目标,默克公司甚至还关闭了在加拿大的主要研究部门。⑤

当然,从立法目标来看,美国Hatch-Waxman法案试图在原研药商与学名药商之间取得平衡。一方面,它延长药品专利的保护期,建立管制性专有权制度和专利链接制度,以激励创新药的研究、开发;另一方面,它建立首仿药180天的市场专有权,建立Bolar例外制度和学名药快速审批机制,有力地促进了学名药产业的发展。加快学名药产业发展不仅属于Hatch-Waxman法案的立法目标,也是美国对Hatch-Waxman法案进行修订的重要目的。2003年《国家医护处方药改进与现代化法案》对专利链接制度做了一些修改,譬如缩小了橙皮书登录专利的范围,它仅限于药品物质、药品(如配方或合成物)和使用方法之专利,目的在于限制在ANDA申请时产生的30个月暂缓审批对学名药市场进入造成的障碍。同时,它也修改了学名药申请人第四段声明仅限于申请递交日时已登录专利的原研

---

① See Mabel Tsui, "Access to medicine and the dangers of patent linkage: lessons from Bayer Corp v. Union of India." *Journal of Law and Medicine* 18, no. 3 (2011): 577–588.

② 参见《解析印度学名药占据全球20%市场背后的故事》, http://mt.sohu.com/20160509/n448457516.shtml.

③ See Molly F. M. Chen, "Reconsidering the U. S. Patent System: Lessons from Generics," *Vanderbilt Journal Transnational Law* 45 (2012): 1249. 该文对美国、印度、以色列三国涉及学名药的专利制度和相关制度进行了比较分析。

④ See Ron A. Bouchard et al., "Structure-Function Analysis of Global Pharmaceutical Linkage Regulations," *Minnesota Journal of Law, Science & Technology* 12 (2011): 409.

⑤ Ibid.

药。此外，它还规定学名药商可以对橙皮书登录专利的不侵权确认之诉，或侵权诉讼中提出反诉，从而将其从橙皮书中删除。再如，对于原研药商与学名药商之间就专利药的所有和解协议，它规定必须向美国司法部报告备案。这些规则设计的初衷都是保障学名药的上市。在美国，实施专利链接制度的结果是，学名药占处方药的比例从1984年的不足20%上升到2010年的78%，① 2012年更是升高到84%。② 学名药几乎在所有疾病治疗中都会用到，成为疾病治疗的常规用药，使得美国的医疗花费比许多国家要便宜很多，据美国审计局的统计，过去10年来共节省了上百亿美元的医疗费用。③ 从制药业的整体发展来看，美国不仅拥有世界上最有影响的原研药企业，也拥有世界上最强大的学名药产业，如迈兰（Mylan）、绿石（Greenstone）和帕尔制药（Par Pharma）等著名企业就是其重要代表。事实上，在制定Hatch-Waxman法案之前，美国并未形成有规模的学名药产业。从这一点来看，美国Hatch-Waxman法案是非常成功的。④

制度移植出现"南橘北枳"现象表明，在本已形成学名药产业、且原研药产业并不发达的国家贸然引入Hatch-Waxman式的立法，并不是理性、科学的选择。

（四）专利链接制度建立后应关注可能产生的价值冲突

首先，专利链接制度的实施，对传统药品管理部门的职责产生了冲击。在传统上，专利法和药品管理法具有不同的政策考虑和立法目标。⑤ 如前所述，印度坚持认为药品管理法对药品上市批准的条件仅限于药品的安全性、有效性和质量可靠性，是否侵犯专利权的判定并不是药品管理部门的职责。诚如加拿大法院在AstraZeneca Canada Inc. v. Canada（Minister of Health）一案中所指出的：⑥

NOC（即《专利药品（批准通知）条例》，Notice of Compliance）

---

① See C. Scott Hemphilla & Bhaven N. Sampat, "Evergreening, patent challenges, and effective market life in pharmaceuticals," *Journal of Health Economics* 31 (2012): 327.

② See Aaron S. Kesselheim & Jonathan J. Darrow, "Hatch-Waxman Turns 30: Do We Need a Re-Designed Approach for the Modern Era?" *Yale Journal Health Policy Law & Ethics* 15 (2015): 295.

③ Ibid.

④ See Ron A. Bouchard et al., "Structure-Function Analysis of Global Pharmaceutical Linkage Regulations," *Minnesota Journal of Law, Science & Technology* 12 (2011): 408-409.

⑤ See Ron A. Bouchard et al., "Empirical Analysis of Drug Approval-Drug Patenting Linkage for High Value Pharmaceuticals," *Northwestern Journal of Technology & Intellectual Property* 8 (2010): 177.

⑥ AstraZeneca Canada Inc. v. Canada (Minister of Health) case, [2006] 2 S. C. R. 560, 2006 SCC 49 (Can.), p. 12.

处于两个管制制度（即专利法与药品管理法）的交错地带，有时存在相互冲突的（法律）目标。首先是管制新药上市的法律目的在于在药品上市之前就确保其安全性、有效性。……FDA 的目标是为提升国民健康而确保提供安全有效的药品。但是，该目标（由于 NOC 的规定）却变成了次要目标，并且在某种程度上它与专利法所创设的管制制度相重叠（overlap）。在专利法上，作为向公众披露发明（包括药品发明）的对价，创新者获得了 20 年对发明利用的排他性权利。

其次，与 Bolar 例外的冲突。① 依据《中华人民共和国专利法》规定，为提供行政审批所需要的信息，制造、使用、进口专利药品或医疗器械，不被视为侵权行为。在中国，Hatch-Waxman 式的专利链接制度会与其产生明显的制度冲突。特别是中国专利法规定的 Bolar 例外未有时间的限制，比美国法上只能在保护期届满前 2 年内的规定明显宽松，体现了鼓励学名药上市的立法目标。同时，向药品主管部门申请药品上市的行为不属于制造、使用、销售、许诺销售和进口行为，在专利法未将其规定为侵权行为之前，它并未落入专利权的范围。《中华人民共和国专利法》（2020 年）没有类似美国专利法第 271（e）（2）条的规定，后者规定依美国《联邦食品药品和化妆品法》申请学名药上市的行为视为侵犯专利权。因此，在中国，学名药的上市申请并不存在侵犯专利权的问题。行政裁决或法院审理的内容是申请上市的学名药是否落入专利权保护范围。至于学名药被批准后的上市可能侵害原研药商的专利权，则完全可以依据专利法得到处理。如果建立强制性专利链接制度，则学名药商在获取批文之前必须要解决其可能面临的专利纠纷，这明显不利于学名药的快速上市，但有助于实质延长原研药的市场地位。

最后，与药品可及性的冲突。健康权为基本人权。《世界人权宣言》第 25 条第 1 款规定："人人有权享受为维持他本人和家属的健康和福利所需的生活水准，包括食物、衣着、住房、医疗和必要的社会服务；在遭到失业、疾病、残废、守寡、衰老或在其他不能控制的情况下丧失谋生能力时，有权享受保障。"《经济社会文化权利国际公约》第 12 条规定："一、本公约缔约各国承认人人有权享有能达到的最高的体质和心理健康的标准。二、本公约缔约各国为充分实现这一权利而采取的步骤应包括为达到

---

① Bolar 例外的详细论述，参见胡潇潇：《中国专利法"药品实验例外"制度研究》，《法商研究》2010 年第 1 期。

下列目标所需的步骤：（甲）减低死胎率和婴儿死亡率，和使儿童得到健康的发育；（乙）改善环境卫生和工业卫生的各个方面；（丙）预防、治疗和控制传染病、风土病、职业病以及其他的疾病；（丁）创造保证人人在患病时能得到医疗照顾的条件。"

健康权中最核心的内容之一是保障公民获取药品（access to medicines）的权利。公民获取药品的障碍之一来自昂贵的药价，学名药的入市是降低药价的重要手段。学名药与原研药的价格相差巨大，例如，"瑞士诺华公司生产的格列卫，一个月一盒，23500 元。"……"印度有仿制格列卫，当时一盒 4000 元。而现在，一盒已降价到不过 200 元。"① 专利链接制度减缓了学名药的上市时机，有利于保护原研药的开发，但由于排除了学名药的竞争，不利于降低药品价格。

本来原研药的高价并非专利制度的滥用，而是社会为激励新药开发所必须付出的代价。依照专利法，药品专利保护期届满之后，学名药的上市将带来药品价格竞争，从而实质性降低药价，促进药品的可及性，以实现公民的健康权。但是，原研药商策略性地申请"长青专利"（evergreening patent），侵蚀了专利链接制度的正当性。所谓"长青专利"，是指原研药商为阻止学名药的上市，围绕药品专利申请的多个新专利，它们通常并不是新的药用活性充分（active pharmaceutical ingredient），而是在药品的其他方面申请专利，故被称为"派生专利"（secondary patents），尽管在专利质量上存有可疑之处，但同样具有延缓学名药上市的作用。②

第二节　药品专利保护期补偿制度

作为典型的 TRIPs-Plus 规则，专利保护期延长制度肇始于美国 1984 年的《药品价格竞争与专利保护期延长法案》（Hatch-Waxman 法案）。该制度主要包括两种类型的保护期延长：专利授权审批过分延误的补偿与产品上市审批导致管制性延误的补偿。在美国法上，前者被称为"专利权保护期调整"（patent term adjustment，PTA），所有专利权人都可以主张补

---

① 刘炎迅、王欢：《从国外买便宜百倍药，白血病患者无意中触了法：救命药之罪》，《南方周末》2014 年 12 月 18 日，http://www.infzm.com/content/106392/.

② See Hazel V. J. Moir, "Exploring Evergreening: Insights from Two Medicines," *Australian Economic Review* 49（2016）：414.

偿；后者被称为"专利保护期延长"（patent term extension，PTE），专指药品等因上市审批时间而产生的专利保护期补偿或延长。① 专利保护期延长制度是美国近些年来通过双边或多边自由贸易协定试图推行的重要规则。② 以最能体现美国意图的《美韩自由贸易协定》为例，其第18.8条第6款第1项规定了PTA，第2项即为PTE的规定："对于受专利保护且在成员境内批准上市的新医药产品，或新医药产品的制造或使用方法，应专利权人的申请，各成员将给予其专利保护期的调整，或对新医药产品及其制造、使用方法所涉及的专利权保护期予以延长，将其作为在成员境内首次上市许可审批导致专利有效期不合理缩短的补偿。本节规定的所有调整应授予产品、制造方法或使用方法所涉专利的所有权项，也包括同样的权利限制与例外。"同时，该条注释还规定，"新医药产品"最少应包括在成员境内首次批准的包含新型化学实体（new chemical entity）的产品；"专利有效期"是指产品上市批准之日与原专利权保护期届满之日的期限。

从不同国家的立法来看，专利保护期补偿制度具有一些共同的特征：①药品专利权期限延长须专利权人依据法律规定的条件、时限和程序等申请提出；②专利权延长的具体期限通常由专利权授权日和上市申请批准日之间的期间来决定，但最多不超过5年；③与被延长前的专利权相比，药品专利权被延长期内的权利是有限的，通常限于被批准的领域；④专利权期限延长以一次为限。但在具体的批准条件、时限、期间和程序等方面，不同国家的法律规定并不相同。

一、美国法上的药品专利保护期补偿制度

美国Hatch-Waxman法案中药品专利保护期延长的制度在中国已有著述进行了评介，但主要侧重于法律文本的解释。③ 在美国法上，可延长专

---

① See Jaime F. Cardenas-Namat, "Thirty Years of Flawed Incentives: An Empirical and Economic Analysis of Hatch-Waxman Patent-Term Restoration," *Berkeley Technology Law Journal* 29 (2014): 1318; also see Lisa Clark and Debbie Beadle, "Patent Term Extensions: Issues, Challenges and Implications for Pharmaceuticals," *Pharmaceutical Patent Analyst* 1, no. 4, (2012): 432.

② 参见梁志文：《美国自由贸易协定中药品TRIPs-Plus保护》，《比较法研究》2014年第1期。

③ 参见丁锦希：《美国药品专利期延长制度浅析——Hatch-Waxman法案对中国医药工业的启示》，《中国医药工业杂志》2006年第9期；杨莉、李野：《浅析药品专利期延长制度》，《由国新药杂志》2007年第12期；董丽、杨悦：《美国药品专利期延长与市场独占期规定研究》，《中国医药导刊》2006年第5期。

利期的药品专利包括药品专利、用途专利和制备方法专利。其他条件包括：专利期尚未届满，以前从未获得过专利期延长，药品已获得美国FDA的上市许可，且属于经FDA批准的首次上市许可，在FDA批准上市后的60天内向美国联邦专利商标局（PTO）递交专利期延长之申请，提出药品专利期延长的申请人必须是该项专利的权利人。

在美国，药品专利期延长的具体期限取决于法律规定的三个期间。一是药品注册时美国联邦食品药品管理局（FDA）在强制审查程序中所耗费的时间或期间，即管制性审查期间（Regulatory Review Period，RRP）。一般来说，RRP包括试验阶段和审批阶段两部分。人用药品的试验阶段是从研究用新药申请（INDA）被批准，到新药申请（NDA）初次递交之间的期间。审批阶段是从NDA递交到获得批准之间的期间。二是法律明确规定的两项限制：①不得超过5年，或法律特别规定的2年（第156条g款6项C目规定的法律生效前申请但尚未在生效日获批），或3年（即第156条g款6项C目规定的新兽药或动物用生物制品）；②药品注册申请被批准后剩余的专利权期限（即专利有效期限）与延长期限之和不得超出14年。三是规定了申请人的合理勤勉义务。美国《专利法》第156条c款1项规定："专利权期限延长的申请人在管制审查期间内并未履行合理勤勉（due diligence）义务而产生的期间，依本条第（d）（2）（B）节规定，应予以扣除。"

据此，美国法上专利保护期补偿的具体计算分两步来确定。第一步，确定"可以合法延长的专利期限"（patent term eligible for restoration，PTER），其计算公式如下：① $PTER = [(1)/(2)] \times (TP\text{-}PPIP_{tp}\text{-}DD_{tp}) + (AP\text{-}PPIP_{ap}\text{-}DD_{ap})$。该公式中，"$TP$"是指"测试阶段"（testing phase），$PPIP$是指"专利授权前的阶段"（pre-patent issuance phase），"DD"是指"申请人未能履行合理勤勉（due diligence）义务的所有期间"；"ap"是指"许可审批阶段"（approval phase）。下标的"tp""ap"分别表示的是"测试阶段"和"许可审批阶段"产生的各种期间。第二步，计算"最终得以延长的期限"（patent term restored，PTR）。它分两种情况：其一，如果$PTER$小于或等于5年（或第156条g款6项C目规定的2年或3年），同时，$PTER$与药品注册申请被批准后剩余的专利权期限（effective patent

---

① See Jaime F. Cardenas-Namat, "Thirty Years of Flawed Incentives: An Empirical and Economic Analysis of Hatch-Waxman Patent-Term Restoration," *Berkeley Technology Law Journal* 29 (2014): 1318.

term，即有效专利期）之和小于或等于14年，则最终得以延长的期限就是PTER；如果大于14年，则最终得以延长的期限是14年减去有效专利期的值。其二，如果PTER大于5年（或第156条g款6项C目规定的2年或3年）；则PTER仅限于5年（或第156条g款6项C目规定的2年或3年），再依据第一种情况确定最终得以延长的期限。

美国法规定了具体的专利权期限延长的异议程序。在FDA公布管制审查期决定后的180天之内，任何人可以向FDA提出尽责申诉（due diligence petition），目的是确认申请人未能尽责，由FDA做出减少专利期延长期限的决定。同时，在FDA公布尽责决定后的60天内，任何人都可以要求FDA举行尽责听证（due diligence hearing）。在美国法上，PTO和FDA是分工合作的关系。从分工来看，关于专利权期限延长是否符合条件，由FDA做出决定；而关于专利权效力和保护范围的法律问题，由PTO做出决定。同时，两者之间又是紧密合作的。申请人在收到FDA批准函60天内向PTO递交专利期延长申请，PTO在收到申请的60天内将申请送交至FDA，由后者负责计算管制审查期，并将计算结果通知PTO。

二、欧盟法上的补充保护证书制度

欧盟法上关于药品专利保护期延长的制度首先确定于《欧共体专利条约》（*European Patent Convention*），其第63条第2款规定："前款规定不应限制成员国依据适用于其国内专利的同一条件来延长欧洲专利保护期，或在专利保护期届满之后立即授予相应的保护：（a）基于影响该国的战争或类似紧急状态之事由；（b）该欧洲专利保护的客体是必须经过管理审批程序后才能在成员国上市的产品、制造产品的方法和产品的用途。"第3款规定："在符合第142条（统一专利）的条件下，第2款经必要修改可适用于多个成员国共同授予的欧洲专利。"第4款规定："成员国对第2款b项的期限延长或相应保护在符合欧共体协议的情况下，授权欧洲专利局执行相关条款。"

1992年6月18日，欧洲议会颁布了药品的补充保护证书（supplementary protection certificate，SPC）第1768/92号《条例》，以及1996年7月23日通过关于植物产品补充保护证书的第1610/96号《条例》，后于2009年5月6日编纂为第469/2009号《条例》（以下将第429/2009号

《条例》简称为《SPC 条例》）。①《SPC 条例》规定，SPC 的批准与管理隶属于批准其基础专利的成员国专利局或成员国法律授权的有关部门，申请人须向各成员国专利局递交申请文件，获得的 SPC 也仅在该成员国有效。对于被驳回的 SPC 申请，成员国应当提供与专利申请审查和上诉程序相同的国内法程序。在本质上，SPC 并非专利权本身的保护期延长，而是一种经申请而被批准的市场独占权，即给予通过批准的药品及其使用的一段时期的市场独占权。在 SPC 有效期内，可以进行专利药的仿制，但学名药不能上市销售和使用。

与美国法提供的专利权保护期延长计算方法不同，SPC 的有效期限等于专利药品因上市受到减损的时间，但其期限自基础专利期届满之日起不得超过 5 年，且药品通过批准后剩余的基础专利保护期加上 SPC 的有效期不得超过 15 年。SPC 仅授予基础专利的专利权人或继承人，其条件是：产品受有效的基础专利保护，产品作为药品上市已获得有效的批准，产品未获得证书，属于产品作为药品上市获得的首次批准。在欧盟法中，解释法律的最终权威是欧盟法院（Court of Justice of the European Union, CJEU）。尽管 SPC 的注册与管理均属于成员国的职权范围，但 CJEU 常常被成员国的法院要求澄清《条例》的含义。大量提交给 CJEU 的争议问题都涉及《条例》第 3 条关于 SPC 的授予条件，特别是第 3 条第 a 款、c 款的含义。②

关于第 3 条第 a 款的法律争议，CJEU 于 1999 年就在 Farmitalia 案（C-392/97）中对"产品受有效的基础专利保护"这一条件做出了裁定。③涉案的基础专利为一项德国专利，其权利要求保护的是去甲氧基柔红霉素而不包括其盐酸，但药品名为"伊达比星"的去甲氧基柔红霉素及其盐酸都申请了 SPC。CJEU 认为欧盟内部没有统一的专利法，产品是否受基础专利保护这一问题属于成员国国内法的范畴。此后，不同法院就此发展出两项不同的判断方法：①侵权测试标准，即 SPC 申请中的产品之制造、销售是否侵犯基础专利权；②披露测试标准，即 SPC 申请中的产品是否在基

---

① 补充保护证书的介绍，参见李明德等：《欧盟知识产权法》，法律出版社 2010 年版，第 10 章；唐晓帆：《欧盟补充保护证书制度简介》，《电子知识产权》2005 年第 10 期。

② See Franz-Josef Zimmer et al. , "Recent Decisions of the European Court of Justice of the European Union on Supplementary Protection Certificates: A Few Answers—Many Questions," Biotechnology Law Report 33 (2014): 171.

③ See Judgment of the Court (Fifth Chamber) of 16 September 1999— Case C-392/97, http://curia. europa. eu/juris/liste. jsf?language = en&jur = C, T, F&num = C-392/97&td = ALL.

础专利的权利要求字义范围之内。判断标准存在差异这一现实并不符合欧盟法律协同的初衷。2011 年 CJEU 试图在 Medeva 案（C‐322/10）中做出调整。CJEU 否定了"侵权测试"标准，认为受基础专利保护的"活性成分"必须在"权利要求的字义中明确特定化"才能申请 SPC。[①]

第 3 条第 c 款也引发了广泛争议的法律问题。CJEU 在 1996 年裁决 Biogen 案（C-181/95）时认为，该款不得解释为"不允许对同一产品授予多份 SPC"，只要该产品受多项由不同权利人持有的基础专利保护。该款的含义是，仅一项证书可（may）授予每一项基础专利（each basic patent）。因此，这被欧盟成员国的专利局解释为：受同一项基础专利保护的多个产品可以获得多份 SPC。但是，CJEU 在 Medeva 案（C-322/10）中做出了重大的改变，认为即使不同的产品获得了上市许可，但每项专利不得授予多份 SPC。尽管有观点认为 Medeva 案的基本事实与 Biogen 案不同，但大多数成员国的专利局都开始实施"一项专利一份 SPC"（one SPC per patent）的要求。当然，也有部分专利局坚持"每项专利每项产品一份 SPC"（one SPC per product per patent）的原有规则。[②]

三、其他国家的药品专利保护期补偿制度

如同美国、欧盟等国家和地区的立法，日本也有对受管制产品的专利保护期延长制度，其第 67 条第 2 款规定可延长的期限最长为 5 年，在具体计算方式上，不同于美国、欧盟规定的专利权有效期与被延长期限的总额不得超过 14 年或 15 年，日本专利法未有该限制，故其基础专利的保护期与被延长的期限之和可能会超出 15 年。如图 4 – 1 所示，合格的可被延长的期限为因产品上市管制而不能实施发明专利的期间。该期间始于临床试验被批准或专利登记之日，两者以后者为准；终止于产品上市批文被发往申请人处之日。递交研究用新药申请（investigational new drug，IND）之日视为临床试验被批准之日；专利登记日是指专利授权且向特许厅缴纳注册费之日，专利注册之日常常为专利授权日，专利公报发行日并不影响该期限的计算；上市批文发往申请人处之日则常常以申请人实际收到批

[①] See Franz-Josef Zimmer et al., "Recent Decisions of the European Court of Justice of the European Union on Supplementary Protection Certificates: A Few Answers—Many Questions," *Biotechnology Law Report* 33（2014）：172.

[②] Id., p.173.

之日为准。[①]

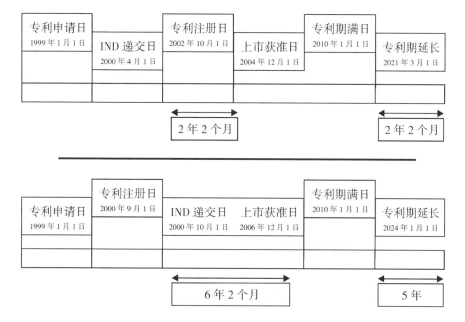

图 4-1 日本专利法上的期限延长

在获得上市批文后,专利权人必须在收到批文之日起 3 个月内,且在专利权期满之前向特许厅递交申请;如果在专利权期满前 6 个月难以得到批文,则应事前向特许厅提出临时申请以告知审批事实,但临时申请并不延长前述规定的期限。申请人须以专利权人的名义递交申请,如果属于共有的专利权人,则必须共同提出申请,否则将会被驳回。如果上市批文的获得者并非专利权人,则其必须属于在特许厅登记的被许可人,至于获得的许可权,则既可以是独占许可,也可以是普通许可。此外,许可合同的登记可以在专利权期限延长申请之后递交,但必须在特许厅批准专利权期限延长申请之前完成。

特许厅批准专利期延长申请案,需要审查申请案是否满足下列条件:①同一份上市批文可以延长多项专利权的期限。如果属于产品专利、用途专利和方法专利,每一项专利均可依据同一批文获得期限的延长。②产品(活性成分)及用途(适应症或疗效)获得了首次的上市批文。对同一活

---

① 本节内容参考日本专利审查指南之英译本撰写,英译本指出,如有歧义,应以日文版为准,详见 https://www.jpo.go.jp/iken_e/pdf/patent_utilty_20150325/08.pdf.

性成分、适应症或疗效的不同给药形式、剂量等,不能享有额外的延长期限。但是,属于同一活性成分但不同适应症或疗效的药品,可以批准其延长期限。在权利要求范围之内的不同活性成分,但不包括不同的盐,可以要求获得额外的延长。2015 年 11 月,日本最高法院就基因泰克公司(Genentech Inc.)贝伐珠单(阿瓦斯汀)抗癌药的专利保护期延长申请被特许厅驳回一案做出了终审裁决。① 在该案中,日本特许厅依据 2011 年修订的《专利审查指南》驳回了基因泰克公司的申请案。该指南规定,如果早先获批的药品与申请延长的获批药品从专利权的范围来看并无区别,则将驳回专利权期限延长的申请。换言之,即使两者之间在剂量、给药途径等方面存在不同,但如果专利权利要求与药品的活性物质等差异无涉,则将驳回申请。日本最高法院认为,应以专利权保护期延长申请案的客体相关的处置(如药品上市许可)与在先的处置(批准)相比较的结果来判断药品是否实质一致,就该申请案之专利发明的类型等来看,如果在先批准的药品包含了申请案中药品的制造和销售行为,正确的解释是:对申请案客体的处置并不是实施申请案专利所必需的审批。但是,该案在先获得的批文并没有影响在后批文以新药形式获批的事实表明,后者仍然有权获得保护期之延长。2016 年 4 月,日本特许厅依据该案修订了《专利审查指南》。②

被延长的专利权仅限于被批准上市之情形。譬如,如果批文涉及的是治疗病毒感染的化合物 A(活性成分)药品,被延长后的专利权范围则仅限于将化合物 A 用于治疗病毒感染,即制造、使用、销售、进口包含化合物 A 的治疗病毒感染的药品。

除日本之外,澳大利亚对专利权保护期延长制度的规定也颇具特色。传统上,澳大利亚为专利权人没有获得合理的报酬(inadequate remuneration)而给予期限延长的补偿,其特点是:积极的专利期限延长计划与申请人须递交专利权延长政策有关的数据和信息。传统上,专利权期限延长并不限于受管制产品;而现行专利法上,仅药品等受管制产品之专利权人可以主张专利权期限延长。③

---

① See Takeshi S. Komatani, "Patent term extension: The Supreme Court of Japan gave an answer to the question and the JPO now has to prepare new examination guidelines," *Pharmaceutical Patent Analysis* 5, no. 3 (2016): 155-156.

② See Japan Patent Office (Japanese), www.jpo.go.jp/shiryou/kijun/kijun2/h2803_kaitei.htm.

③ See Charles Lawson, "How are pharmaceutical patent term extensions justified?" *Journal Law & Medicine* 21 (2013): 379.

四、中国《专利法》第四次修订中的药品专利保护期补偿制度

1. 药品专利保护期补偿制度下的利益分配

专利保护期为自申请日起 20 年；但对于药品专利而言，权利人大都要花费 10 年左右的时间进行研发和临床试验，以获得药品监管部门的上市审批。原研药商认为，这实质性地缩短了药品专利权的有效期限，需要对其进行补偿。因此，药品专利保护期延长的最大理由是药品存在上市管制，相比不存在管制的其他产品，它使得药品专利的有效期大大缩短。作为 Hatch-Waxman 法案的重要组成部分，原研药商常常将保护期补偿制度与"Bolar 例外"联系起来，认为专利法如果规定了"Bolar 例外"，就必须要规定保护期补偿制度，以实现法律之下的利益平衡。

然而，如果从整体来看药品创新保护制度对原研药研发的激励影响，原研药享有专利保护与数据保护的双重激励机制。Hatch-Waxman 法案还规定保护药品上市测试数据或其他数据，在这一期限内，由于学名药商不能利用原研药商提供的数据来进行上市申请，实质性地延长了原研药的市场专有性。之所以保护原研药的数据，也是因为原研药的安全性、有效性和质量可靠性具有较高的研发成本和失败风险。[①] 从这一层含义来说，药品专利权保护期的延长属于对上市管制所产生成本之双重补贴。事实上，药品专利权保护期是否予以延长，并未严重影响到原研药商的整体利润。由此可见，制药业的平均净利润率、平均资产净收益率都远远高出其他产业。

美国学者的研究表明，在通过 1984 年 Hatch-Waxman 法案之前，美国制药业的利润并未有降低的现象，反而在不断提高。美国 1981 年发布的一份报告就指出："自 20 世纪 50 年代以来（即实施药品上市管制以来，笔者注），在美国所有主要产业中，制药业属于最有利可图的产业部门。股东投资于该产业的税后利润回报率稳定在一个较高的水平，并且超出所有产业的税后投资回报率。"[②] 同样，该时期制药业的研发投入也并未呈现出降低的态势，如《财富》杂志 1981 年 10 月 19 日报道："默克公司该

---

① 参见梁志文：《论 TRIPS 协议第 39.3 条之数据保护》，《法治研究》2014 年第 2 期，第 112 页。

② See Albert Gore Jr., "Patent Term Extension: An Expensive and Unnecessary Giveaway," *Health Affairs* 2 (1982): 26.

年在药品研发方面投入了 28 亿美元，是 10 年前的 4 倍。礼来公司在 1980 年投入的研发资金是 21 亿美元，比 1971 年超出 3 倍还多。辉瑞公司的投入大约在 18 亿美元左右，1970—1980 年间的年增长率高达 16%。施贵宝公司最近 5 年的投资也增长了 84%，达到 9.1 亿美元。"① 在这一背景下，如果广大发展中国家移植美国 Hatch-Waxman 法案，制定药品专利权保护期延长的制度，对原研药商而言是一个绝对重大的利好，也是其获得额外利润的重要保障。

很明显，将药品专利保护期予以延长将减轻原研药的竞争压力，有利于提高其利润回报。但另一方面，它将延缓学名药的上市，不利于药品价格的控制，也将影响患者对药价的可承受性，进而影响药品可及性。"中国在完善居民医疗保障体系方面成绩斐然，但无须讳言，其仍处于较低水平的状态，药价往往成为影响药品可及性的重要因素。对于受专利保护的原研药来说，在发达国家和发展中国家的售价可能并无实质性区别，即使发展中国家的患者只有少数人购买得起高价药。"② 因此，中国《专利法》如何移植药品专利保护期补偿制度，这一问题值得审慎考虑。确如有学者所指出的，"药品延长专利保护（期）是一把双刃剑，掌握推出该制度的时机非常重要"③。该时机的出现，可能取决于两个因素。一是中国在原研药产业有了实质性的发展之后，需要在国际场合去开拓市场，需要在法律上确保创新成果的投资回报。二是在面临美、欧的贸易谈判压力时，作为一种不同产业折冲的安排，也可以引入该制度。在后一情形下，则应该在谈判的协议中为国内立法争取充分的弹性空间，以维系公共健康、药品可及性与产业发展之间的平衡。

2.《中华人民共和国专利法》（第四次修正）的具体规定

《中华人民共和国专利法（修正案草案）》（第四次修正，以下简称为《专利法（草案）》）于 2019 年 1 月 4 日在"全国人大网"公布，并向广大社会公众征求意见，其第 43 条第 2 款规定了药品专利保护期补偿制度。该条规定："为补偿创新药品上市审评审批时间，对在中国境内与境外同步申请上市的创新药品发明专利，国务院可以决定延长专利权期限，延长

---

① See Albert Gore Jr., "Patent Term Extension: An Expensive and Unnecessary Giveaway," *Health Affairs* 2（1982）：27.

② 参见梁志文：《论以信息公示为中心的药品专利链接制度》，《中国专利与商标》2018 年第 1 期。

③ 何炼红、鲁浪浪：《中国医药发明专利试验例外制度研究》，《时代法学》2009 年第 6 期，第 73 页。

期限不超过五年，创新药上市后总有效专利权期限不超过十四年。"

然而，作为中国专利法的重大进展，药品专利保护期延长这一 TRIPs-Plus 规则的制定在理论上却未能得到充分的重视。① 无论从理论重要性还是从产业价值来看，药品 TRIPs-Plus 规则的制定应该审慎，这是因为制药业的激励创新机制所具有的效果与其他产业迥异，它与公共健康密切相关。专利权人可以对专利产品采取垄断定价的策略，这是原研药产生巨额利润回报的原因。当然，垄断定价不只为制药业所采用，许多产业也采用该定价策略，如苹果公司 iPhone X 的定价。"但是，很少有产品像药品一样具有太多的正外部性""更重要的是，越是涉及生与死的事情，焦虑不安的人们就越有可能支付更高的市场价格"②。

《中华人民共和国专利法》（第四次修正，以下简称《专利法》）第 42 条第 3 款规定："为补偿新药上市审评审批占用的时间，对在中国获得上市许可的新药相关发明专利，国务院专利行政部门应专利权人的请求给予专利权期限补偿。补偿期限不超过五年，新药批准上市后总有效专利权期限不超过十四年。"在中国知识产权立法实践中，《专利法》等法律文本一般具有原则性规范的特点，其具体落实措施常常由《专利法实施条例》或《专利法细则》来完成。药品专利保护期补偿制度可在《专利法》上作出原则性规定，其具体落实由《专利法实施细则》与《专利审查指南》来实现。

第三节　药品专利客体规则的演进

药品专利保护的 TRIPs-Plus 规则不仅体现在保护期限的调整与专利链接制度，它也体现于专利保护客体的扩张。可专利客体，是指受专利保护的技术方案，而技术方案是指对要解决的技术问题所采取的利用了自然规律的技术手段的集合。不受专利保护的客体，法律上的规定主要包括两类：其一是科学发现等不属于技术方案的智力成果，其二是基于公共政策

---

① 中国主流法学刊物（CSSCI 法律类期刊）没有刊登过专门以"专利保护期延长"或"补偿"为主题的论文，知识产权类和医药类的杂志刊登了少量的相关研究成果。在《专利法》第四次修订时，在专利程序、强制许可、当然许可及赔偿制度等方面都有较为深入的研究成果；但极少涉及保护期延长。这明显与药品专利的社会价值、经济价值并不相称。

② Amy C. Madl, "Using Value-Agnostic Incentives to Promote Pharmaceutical Innovation," *Stanford Law Review* 71 (2019): 1309–1310.

而予以排除的技术方案。在药品创新保护方面，激素等生物标志物是否受专利保护涉及第一类问题；后一类情形主要涉及公共利益与社会道德问题。而在药品专利领域，精准医学（precision medicine）所涉及的专利问题集中体现了上述两大方面，反映了药品专利客体制度的发展趋势。相关研究表明，精准医疗的市场规模在 2018 年大约为 780.85 亿美元，2028 年时的预期市场规模将达到 2167.5 亿美元，10 年间预期复合增长率将达到 10.64%。[1] 本书以此为研究个案，分析药品创新所引发的专利保护相关问题。

一、精准医学的技术发展

精准医学是当今医药领域最为前沿的技术应用之一，它是在基因组测序技术、大规模生物信息与大数据计算科学的交叉应用基础上发展起来的新型医学概念。所谓精准医学，是指针对个体的治疗或药物开发，它运用基因组学、蛋白质组学等生物技术与信息科学技术，通过环境、生活习惯、健康状态、基因等各种变因，对特定疾病类型进行生物标志物的分析、鉴定、验证及应用，从而精确找到疾病产生的原因和治疗靶点，实现对特定患者予以个性化精确治疗的目的。[2]

精准医学（医疗），也称个性化医学（personalized medicine）或分层医疗（stratified medicine）。从其概念起源来看，"英国是最早提出精准医学的概念并且也是最早开展精准医学方面相关研究工作和实施资助计划的国家，但把精准医学推向全球，使其产生全球性影响力的却是美国"[3]。中国也是精准医学研究的主要参与者。2015 年 3 月，根据习近平总书记的批示，科技部和国家卫生计生委推动成立中国精准医学战略专家组，共 19 位专家组成了国家精准医学战略专家委员会；此次会议还决定，至 2030 年前将规划财政拨款 600 亿元，推进精准医学建设。《中国制造 2025》确定的"强国"技术的第十个领域包含两个方面：生物医药、高性能医疗器械。基于精准医学的市场前景与对公共健康的价值，世界各国都投入巨资开展相关研究。精准医学技术开发及其成果的商业化，在很大程度上受知

---

[1] See Mateo Aboy et al., "How Does Emerging Patent Case Law in the US and Europe Affect Precision Medicine?" *Nature Biotechnology* 37（2019）：1118.

[2] 参见陆彩女：《全球与中国精准医学计划推进总览》，《个性化药物简报》2016 年第 1 期，第 21 页。

[3] 同上文，第 28 页。

识产权保护制度的影响,特别是专利制度。

具体讨论专利制度与精准医学之间相互影响关系之前,有必要对精准医学的技术领域做一类型学上的分析。一般认为,精准医学主要涉及三类技术领域:①生物标志物(biomarker),以及以自然物为基础(nature-based)的产品;②基因诊断与测试,主要涉及相关性和密切联系;③算法、大数据与人工智能。①

二、精准医学涉及的专利客体问题

专利法不保护自然规律、自然现象与抽象概念,因为它属于科学发现的范畴。《专利法》第 25 条第 1 款明确排除科学发现受专利保护。诚如美国最高法院在 Mayo v. Prometheus 案中所指出的,自然规律、自然现象、抽象概念不受专利保护是因为,如果它们受到排他权的保护,将会压缩公共空间,抑制持续的创新活动,提高信息获取的成本,不利于自由竞争和社会福利的提升。

精准医学或个性化药物是具有特定生物标志物标签的治疗产品,同时伴随特定诊断工具,帮助特定患者在治疗过程中进行用药决策及治疗。生物标志物是客观上可测定的生化特征,体现或预示生物器官、系统等结构或功能的改变或可能发生的改变,它包括接触(暴露)生物标志物(biomarker of exposure)、效应生物标志物(biomarker of effect)和敏感性生物标志物(susceptibility of biomarker)。首先,生物标志物通常可用于疾病诊断、判断疾病分期,以及用来评价新药或新疗法的有效性。例如,激素水平是广为应用的生物标志物,是维持体内各器官系统均衡动作的重要因素,它的测定与许多疾病的发生密切相关。预防疾病也是其重要的应用场景,如 BRCA 基因突变预示着乳腺癌的高发风险(85%)、卵巢癌的较高风险(25%~50%),故必须采取积极的预防措施。首先,在整体上,预防疾病可以降低社会的医疗成本、提升患者的生存概率与质量。其次,它也常用于药物开发,在药物治疗反应的识别、不良反应的避免及药物剂量的优化中发挥重要的作用。科学家可以利用基因信息及其表达的蛋白质(生物标志物)来进行有针对性的药物研究与筛选工作,极大地加快了药物开发的进程,特别是它有利于筛选出对具有特定基因的患者有效的药

---

① See Mateo Aboy et al., "How Does Emerging Patent Case Law in the US and Europe Affect Precision Medicine?" *Nature Biotechnology* 37 (2019): 1118.

物。最后，它还可用于计划生育，通过产前检查来防止带有严重缺陷的孩子的出生，或者为遗传疾病做好提前计划。①

生物标志物是客观的生化特征，因此，生物标志物本身、生物标志物与特定疾病之间的相关性或联系是否受专利保护必然涉及专利法的基本法律问题：生物标志物及其相关性是否属于自然物或自然规律？

1. 美国法

在美国法上，美国最高法院先后于 2012 年、2013 年审理的 Mayo v. Prometheus 案和 AMP v. Myriad 案是对精准医学创新具有重大影响的两个案件。Mayo 案涉及用于治疗自身免疫系统疾病的一种测定巯基嘌呤药物的最佳注射量的美国方法专利，争议的焦点问题是：权利要求保护的巯基嘌呤药物剂量的疗效、毒性与巯基嘌呤代谢物浓度的相关性，它是对自然现象或自然规律的有效描述，还是对自然规律的具体应用？美国最高法院认为，涉案专利的权利要求只是在诊疗过程中揭示该自然规律或者在考虑该规律的基础上开展疾病治疗，这种相关性属于不可专利的客体。美国最高法院进而主张，"如果自然规律是不受专利保护的，引述该自然规律的方法也当然不受保护，除非该方法附加了额外的特征，以确保该方法不涉及对自然规律本身的垄断"。因此，专利权必须限定于对自然规律特定的创造性应用（inventive concept）。其可专利性须依两步法进行判断：第一步，权利要求是否指向自然规律、自然物或抽象概念；第二步，是否存在可专利的创造性应用，其技术特征或技术特征的组合能否满足可专利性的条件。Myriad 案涉及的是用于乳腺癌诊断与分析的 BRCA1、BRCA2 基因专利，这些基因突变与乳腺癌之间有确切的关联性，其权利要求还包括全部或部分的分离的 DNA，故而分别涉及分离的 DNA 和 cDNA 的可专利性问题。在美国法上，一般都认可 cDNA 的可专利性，因为它在结构上明显不同于自然产生的 gDNA，最终的争议焦点是分离的 DNA 属于自然物还是发明。美国最高法院审理后认为，分离的 DNA 仅是对自然物的简单处理，人类的介入（分离）并不足以使其成为受专利保护的发明。②

算法涉及技术软件实施的发明之可专利性问题。2010 年，美国联邦

---

① 参见 Rochelle C. Dreyfuss：《美国关于基因诊断可专利性的法律与政策》，王婷等译，载约瑟夫·德雷克斯、纳里·李主编《药物创新、竞争与专利法》，知识产权出版社 2020 年版，第 6 页。

② 澳大利亚对此做出了不同的回答。关于两者的比较分析，参见 Rochelle C. Dreyfuss et al., "Patenting Nature-A Comparative Perspective," *Journal of Law and the Bioscience* 5, no. 3 (2018): 550–589.

最高法院在 Bilski v. Kappos 案中确认抽象概念不具有可专利性，通过计算机来运行算法并未在本质上改变其抽象思想的性质；2014 年审理的 Alice Corp. v. CLS Bank International 案强调了只是在通用意义上由计算机实施的方案不足以将抽象思想转换为可专利客体，再次重申了两步法。即权利要求是否指向抽象思想（第 2A 步）；如果是，则还需要判断其他的技术特征或特征组合具有比抽象思想更重要的创造性概念（第 2B 步），才能将其转换为可专利客体。

这些规则为美国专利审查指南所明确归纳与采用。整体而言，自然规律、自然物或抽象概念的应用，如应用到新的实用目的，或者解决相关的技术问题，即使是传统的产业应用问题，均可成为受专利保护的客体。例如，一项涉及断层扫描仪的专利申请案，部分权利要求直接指向算法本身，而部分权利要求是通过算法的应用来改进扫描结果的精确性。

2. 欧盟法

《欧洲专利条约（EPC）》是调整欧盟专利的法律依据，EPC 第 52 (2)(3) 条规定"发现、科学理论、数学方法……精神活动的方法以及计算机程序本身"不受专利保护；其具体规则由欧洲专利局及其上诉委员会的裁决所构成。其关于可专利客体的基本规则是：它在整体上具有技术特征（technical character）。技术特征的判断既不依据现有技术来评估，也不涉及技术进步的判断。① 在涉及生物标志物等生物技术领域的专利客体问题时，它主要体现在欧盟第 98/44/EC 号指令（《关于生物技术发明的法律保护指令》）以及 2002 年的《EPC 实施条例》等相关规定中。在欧盟，生物材料（含 DNA 序列），无论是从自然状态下分离出来，还是以技术方法制造出来，都受专利保护。② 技术特征可以通过其技术效果来确认，如 DNA 序列用于制造多肽或基因治疗；也可以通过技术方法，如用于识别、纯化、分类或在活体组织外生产。这是欧盟法与美国法不同之处，特别是德国联邦最高法院在 2017 年审理的 Myriad 案做出了不同的裁定，认为分离的 DNA 是可受专利保护的，条件是申请案披露了分离的技术方法，但仅仅对 DNA 序列予以披露是不可获得专利保护的。

这在第 98/44/EC 号指令中也有明确体现，即功能未知的 DNA 序列是不受保护的。根据该指令第 5 条，形成与发展过程中的人体，以及人体元

---

① See Mateo Aboy et al., "How does Emerging Patent Case Law in the US and Europe Affect Precision Medicine?" *Nature Biotechnology* 37 (2019): 1122.

② Ibid.

素的简单发现,包括基因序列或基因序列的某一部分,不属于专利保护客体。然而,从人体中分离出来的元素,或运用技术方法产生的元素,包括基因序列或基因序列的某一部分,即使与自然状态下的结构完全相同,也是受专利保护的。此外,其受保护的条件还应包括在专利申请中披露基因序列的工业实用性。

美国、欧盟涉及精准医学的专利客体比较见表4-2。

表4-2 美国、欧盟涉及精准医学的专利客体比较

客体类型	保护对象	美国	欧盟
基于自然物的医药发明	分离的DNA	否(自然现象)	是
	cDNA	是	是
	其他自然物产品	具有显著不同(markedly different)或重要性(significantly more)的差异	是
基于个体反应与关联的医药发明	反应与关联	否(自然规律)	是,技术特征(技术应用)
	检测方法	条件:不直接指向自然规律,或有重要差异	同上
	治疗方法	是	治疗方法排除,EPC第53(c)条
	诊断方法	条件:不直接指向自然规律,或有重要差异	同上
基于算法的医药发明	算法的纯数学方法	否,抽象思想	否,偏离技术特征
	通过计算机或装置实施的算法之数学方法	否,仅计算机实施不足以排除它属于抽象思想	是,满足技术特征(算法本身除外)
基于算法的医药发明	直接指向技术应用或特定技术实施的算法之数据方法	是,不保护抽象思想,但保护其产业应用(如技术改进)	是,因其技术应用或技术实施而满足技术特征的要求

资料来源：Mateo Aboy et al., "How does Emerging Patent Case Law in the US and Europe Affect Precision Medicine?" *Nature Biotechnology* 37 (2019): 1123.

然而，尽管有上述区别，但就生物标志物的保护而言，它与美国法相比，在保护力度上并无太大区别。例如，DNA序列可能不具有新颖性，如Myriad的BRCA欧洲专利；也常常不满足创造性（发明步骤）的要求，如识别、分离DNA的标准技术就不符合创造性的规定。除此之外，欧盟部分成员国，如德国、法国和瑞士的一些国家，对DNA专利的保护仅限在专利申请中披露的用途。德国专利法第1a（4）条规定，如果一项发明的客体是基因序列，则在申请中描述其工业实用性的用途必须写入权利要求，这就意味着它的保护范围仅限于特定的用途。[①]

EPC明确排除了数学方法、计算机程序本身的专利保护。如由计算机实施的指令序列，或者仅仅是人工智能模型，如神经网络，都属于不受保护的范围。但是，由计算机软件实施的权利要求如果具有技术特征，如算法具有技术性应用，即能够产生技术效果、使用于某一技术目的，则受专利保护。例如，收集、存储并将数据作可视化处理的算法，属于通过技术方式所实施的软件，受专利保护。

3. 中国法

类似于欧盟法，中国法保护的发明是技术方案，而技术方案是指对要解决的技术问题所采取的利用了自然规律的技术手段的集合。同时，第25条又规定，科学发现、智力活动的规则和方法等不受专利保护。而对科学发现、智力活动的规则和方法之判断，仍然落脚于其是否具有技术特征的判断。《专利审查指南》规定，自然物是科学发现，但"如果是首次从自然界分离或提取出来的物质，其结构、形态或者其他物理化学参数是现有技术中不曾认识的，并能被确切地表征，且在产业上有利用价值，则该物质本身以及取得该物质的方法均可依法被授予专利权"。同样，"如果一项权利要求在对其进行限定的全部内容中既包含智力活动的规则和方法的内容，又包含技术特征，……则该权利要求就整体而言并不是一种智力活动的规则和方法，不应当依据专利法第二十五条排除其获得专利权的可能性"。因此，类似于欧盟，精准医学的相关发明可以依法得到保护。

---

① 参见 Rainer Moufang：《欧洲关于药物创新的可专利性》，郝佳等译，载约瑟夫·德雷克斯、纳里·李主编《药物创新、竞争与专利法》，知识产权出版社2020年版，第52页。

三、精准医学中的医疗方法专利问题

欧盟 EPC 第 53c 条排除医疗方法的可专利性，中国专利法第 25 条也同样规定疾病的诊断和治疗方法不受保护。TRIPs 协议第 27 条第 3 款规定，各成员可以排除人类或动物疾病的诊断、治疗和外科手术方法的可专利性。其不受保护的理由大体上有：欧洲国家主张其出于伦理和道德方面的考虑，发展中国家强调本地获得治疗方法与保障医护人员的专业自由的需求，以及认为它对于人类或动物的身体产生影响，不属于产业上的应用。① 中国《专利审查指南》指出："出于人道主义的考虑和社会伦理的原因，医生在诊断和治疗过程中应当有选择各种方法和条件的自由。另外，这类方法直接以有生命的人体或动物体为实施对象，无法在产业上利用，不属于专利法意义上的发明创造。因此疾病的诊断和治疗方法不能被授予专利权。"

对 TRIPs 协议允许的医疗方法排除规则之解释范围，须是针对人或动物活体作为整体使用对象才予以排除，故从身体上分离出的或尸体上的实施步骤，一般不认为属于排除规则的范围。医疗方法排除大体包括三类：诊断方法的排除、治疗方法的排除与外科手术方法的排除。

首先，它包括对人体或动物体实施的诊断方法。诊断是确定人体或动物在医学上的状况属性，"为识别、研究和确定有生命的人体或动物体病因或病灶状态的过程"。中国《专利审查指南》将"以获得疾病诊断结果或健康状况为直接目的"作为诊断方法排除的条件，从"形式上看是以离体样品为对象的，但该发明是以获得同一主体疾病诊断结果或健康状况为直接目的"，则该发明仍然属于医疗方法排除的范围。由于它严格限定于"直接目的"，故对于诊断（病因、病灶）的智力活动之前的步骤是可以受到专利保护的。故对于精准医学的诊断而言，大部分成果是可以得到专利保护的，如收集数据、将这些数据于标准值进行比较，从而发现任何显著的偏差（即症状），并将这些偏差归因于特定临床图片（严格意义上的诊断）。中国《专利审查指南》明确规定："只是从活的人体或动物体获

---

① 日本专利法并无明确排除医疗方法专利的规定，但日本特许厅在审查专利申请时将工业实用性用作技术上的特定排除规则。日本法上的实用性强调发明的商业和工业应用，不仅检验其有用性，还检验其有用性的应用领域。参见 Nari Lee：《日本医疗方法的可专利性》，郝佳等译，载约瑟夫·德雷克斯、纳里·李主编《药物创新、竞争与专利法》，知识产权出版社 2020 年版，第 68－74 页。

取作为中间结果的信息的方法,或处理该信息(形体参数、生理参数或其他参数)的方法",可以受专利保护。此外,从字义来看,以离体样品为对象,如血液样品进行诊断的方法,只要它仍然属于中间结果,仍然是受专利保护的。中国《专利审查指南》规定,中间结果是指"根据现有技术中的医学知识和该专利申请公开的内容从所获得的信息本身不能够直接得出疾病的诊断结果或健康状况"。

其次,治疗方法涵盖了任何旨在治愈、减轻、消除症状,或者预防或减少人类或动物身体出现任何紊乱或功能障碍可能性的治疗。[①] 中国《专利审查指南》明确规定:"治疗方法包括以治疗为目的或者具有治疗性质的各种方法。"在欧盟法上,避孕方法不是治疗性的,但避孕药中添加的物质可以预防或者减轻副作用,则属于治疗目的。[②] 中国《专利审查指南》规定,"以治疗为目的的受孕、避孕、增加精子数量、体外受精、胚胎转移等方法",不受专利保护。此外,对于"既可能包含治疗目的,又可能包含非治疗目的的方法",如未能明确其非治疗目的,则也不授予专利保护。非治疗目的的重要例子是单纯的美容方法。需要注意的是,预防疾病也属于治疗方法,故新型冠状病毒的疫苗接种被视为治疗。

最后,外科手术方法也属于广义上的治疗方法,中国《专利审查指南》将其归入"治疗方法"的范围。它是指"使用器械对有生命的人体或者动物体实施的剖开、切除、缝合、纹刺等创伤性或者介入性治疗或处置的方法"。非治疗目的的外科手术方法属于可专利客体。

医疗方法排除规则的范围在实质上非常狭窄。其原因有三:其一,专利法保护医疗产品专利。例如,扫描仪、光纤摄影机等新设备可以避免通过人体侵入式的外科手术来实施治疗,而这些设备属于可专利客体。其二,随着技术进步,微创手术等非侵入式治疗方法逐渐被推广,尽管微创手术不受保护,但它所借助的药品或设备是专利客体。其三,在医疗方法排除的国家,其专利法普遍保护第二医疗用途的药品专利。事实上,对于一种物质的用途主张专利保护,与关于治疗方法的权利要求并无本质区别。但大多数国家的专利法做出了变通的处理,即允许"瑞士型权利要求"("使用 X 物质制造治疗 Y 疾病的药物"),承认对已知药物的新用途

[①] 参见 Rainer Moufang:《欧洲关于药物创新的可专利性》,郝佳等译,载约瑟夫·德雷克斯、纳里·李主编《药物创新、竞争与专利法》,知识产权出版社 2020 年版,第 42 页。
[②] 同上书,第 43 页。

授予专利保护。①

这导致与保护医疗方法专利的国家在保护力度上相差不是太大。从比较法来看，美国、澳大利亚、新西兰等国的专利法则保护医疗方法专利。② 以美国法为例，它虽然保护医疗方法专利，但相比设备或产品专利，它的要求更为严格，过于宽泛的权利要求常常会被宣告无效或不予授权。③ 除此之外，美国专利法还规定了特别的专利权例外规则——医疗方法专利例外，即其专利法第 287（c）条。该条缘起于 1995 年发生的 Pallin v. Singer 案，该案涉及的争议专利为小切口无缝线白内障手术，原告 Pallin 是外科医生，对多个外科医生提起了侵权之诉。④ 该案本身并未涉及更多的法律争议，但引发了美国关于医疗和外科手术方法的可专利性争议，导致了排除医疗方法专利与建立侵权例外规则等多项不同法案的提出。最终，侵权例外的立法模式由《1997 年综合拨款法案》所采纳，1996 年 9 月 30 日由总统签署而成为专利法第 287（c）条。

然而，该条在美国法上适用的案件非常少。⑤ 一方面，自 Mayo 案后，宽泛的医疗方法在美国获得专利授权的门槛条件也提高了很多。例如，除了前述乳腺癌诊断的 BRCA 测试之外，被拒绝授权的基因诊断方法还包括：①通过胎儿游离 DNA（cffDNA）无创产前检测与筛查唐氏综合征的方法；②非编码（noncoding）DNA 序列常常被归类为垃圾 DNA，但它可以检测到一些疾病的基因突变；③通过患者血液中髓过氧化物酶测量诊断心血管疾病的个体风险。⑥ 另一方面，医疗方法专利被有些学者称为"非排他性专利权"，因为外科手术等医疗方法受美国专利法保护，但直接侵权人（医生或医疗实体）并不承担侵权责任，自然地，相应的法律争议也少了。⑦ 然而，它产生了理论与实务上都需要解释的问题：既然明知不得禁止医生实施医疗方法专利，发明人为何还花费资金申请并维护专利？对

---

① 参见联合国贸易与发展会议国际贸易和可持续发展中心：《TRIPS 协定与发展：资料读本》，商务部条法司译，中国商务出版社 2013 年版，第 449 页。

② 同上书，第 445 页。

③ See Lauren Matlock-Colangelo, "Broadly Unpatentable: How Broad Method Claims Have Limited Patentability of Diagnostic Inventions," *Columbia Law Review* 119 (2019): 797.

④ See 36 U. S. P. D 2d 1050 (D. Vt., 1995).

⑤ See Jiyeon Kim, "Patent Infringement in Personalized Medicine: Limitations of the Existing Exemption Mechanisms," *Washington Law Review* 96 (2018): 631.

⑥ See Lauren Matlock-Colangelo, "Broadly Unpatentable: How Broad Method Claims Have Limited Patentability of Diagnostic Inventions," *Columbia Law Review* 119 (2019): 822–826.

⑦ See Jonas Anderson, "Nonexcludable Surgical Method Patents," *William & Mary Law Review* 61 (2020): 641.

此，有学者指出，外科医生是"用户创新者"即对所消费的产品或技术进行创新者，医生常常在外科手术中对使用的技术进行再发明或重新设计，因为他们掌握改进外科手术方法的第一手知识，相较于设备制造商，医生具有更大的优势。①

尽管有上述规定，但医疗方法专利仍然具有重要意义。一方面，从理论上看，医疗方法专利例外并未豁免间接侵权人（contributory infringement）的法律责任，这属于美国专利法第287（c）（3）条的内容。美国2018年发生的Johns Hopkins University v. Alcon Laboratories 案涉及外科手术方法的间接侵权责任问题。②霍普金斯大学获得了一项关于眼科外科手术的方法和相关设备专利，其起诉了该手术中需要用到的"插管"（tube）制造商。另一方面，美国专利法第287（c）（2）条规定生物科技专利也不受权利限制，即"违反生物科技专利的方法"仍将承担责任。该条是对生物科技产业担心存在潜在的不利影响而反对医疗方法专利例外的回应。比较特殊的是，该条中的其他术语都予以了明确界定，唯独未界定"生物科技（biotechnology）专利"。③ 这对于精准医学而言，可能面临具有争议的法律风险。

例如，嵌合抗原受体T细胞免疫疗法（CAR-T）是精准医学时代美国FDA批准的首个基因疗法，复星凯特公司的CAR-T细胞治疗产品是中国国内正式获批上市的首个细胞疗法。CAR-T技术一直被视作最有可能攻克癌症的方向，但目前只在血液瘤治疗中取得了很好效果。CAR-T疗法的基础专利使用许可由诺华公司分别自宾州大学和朱诺疗法公司（Juno Therapeutics Inc.）处获得。后者与中国药明康德公司于2016年合资成立药明巨诺生物科技有限公司，为血液肿瘤和实体肿瘤病人开发创新的细胞免疫疗法。但是，这些专利并未在不保护医疗方法的国家获得授权，欧盟专利局（European Patent Office，EPO）亦未授予CAR-T疗法专利。④ 中国专利法不保护医疗方法专利，也无相关医疗方法例外规则。但是，它保护第二医疗用途的药品专利，这也会产生医生在执业活动中诊治病人可能面临的法律风险。因此，中国有必要考虑相关的制度建设。现行可行的方法是扩

---

① See Jonas Anderson, "Nonexcludable Surgical Method Patents," *William & Mary Law Review* 61 (2020): 644.

② See 2018 U. S. Dist. Lexis 70403, (D. Del. April 5, 2018).

③ See Jiyeon Kim, "Patent Infringement in Personalized Medicine: Limitations of the Existing Exemption Mechanisms," *Washington Law Review* 96 (2018): 630.

④ Id., 636.

大实验例外和 Bolar 例外，在合适的时机建立医生执业例外规则。

四、精准医学中专利公共道德排除规则

TRIPs 协议第 27（2）条规定："各成员可拒绝对某些发明授予专利权，如在其领土内阻止对这些发明的商业利用是维护公共秩序或道德，包括保护人类、动物或植物的生命或健康或避免对环境造成严重损害所必需的，只要此种拒绝授予并非仅因为此种利用为其法律所禁止。"大部分国家的专利法不保护违反社会公德与公共秩序（ordre public and morality）的发明，即公共道德排除规则。《中华人民共和国专利法》第 5 条第 1 款规定了公共道德排除规则。在一般情况下，该条的适用范围非常狭窄。首先，社会公德具有普遍性，是最高级别的道德准则。《中华人民共和国专利审查指南》规定："社会公德，是指公众普遍认为是正当的、并被接受的伦理道德观念和行为准则。"其次，它具有变迁性。社会公德是建立在一定的文化背景之上的，它随着时间的推移和社会的进步而相应地发生变化，且具有地域性。故社会公德限于本国境内的社会公德，它不因在其他国家被禁止而禁止。

但是，以精准医学为代表的现代生物技术（如基因工程、生殖技术等）的发展，会在特殊情况下与人类尊严等基本伦理观念发生冲突。在欧盟法上，EPC 第 28 条列举的不授予专利的清单包括：克隆人的方法，修改人类生殖系遗传特性的方法，用于工商业用途的人类胚胎，改变动物的遗传特性而导致动物痛苦且对人类或动物没有实质性医疗益处的方法。① 这些内容在《中华人民共和国专利审查指南》中也有明确规定："非医疗目的的人造性器官或者其替代物，人与动物交配的方法，改变人生殖系遗传同一性的方法或改变了生殖系遗传同一性的人，克隆的人或克隆人的方法，人胚胎的工业或商业目的的应用，可能导致动物痛苦而对人或动物的医疗没有实质性益处的改变动物遗传同一性的方法。"

由于胚胎干细胞技术中很多应用有利于重大疾病新型医疗方法和药物的开发，人类胚胎干细胞技术逐渐从排除名单中分离出来。欧盟法院在 2011 年的判决中体现了承认上述发明可专利性的态度，该意见不仅界定了技术上"人类胚胎"，而且指出："禁止使用人类胚胎用于工商业目的，

---

① 参见 Rainer Moufang:《欧洲关于药物创新的可专利性》，郝佳等译，载约瑟夫·德雷克斯、纳里·李主编《药物创新、竞争与专利法》，知识产权出版社 2020 年版，第 50 页。

也包括用于科学研究目的的人类胚胎的使用,但仅用于治疗或诊断目的的人类胚胎的应用是具备可专利性的。"① 中国《专利审查指南》也有类似规定:"如果发明创造是利用未经过体内发育的受精14天以内的人类胚胎分离或者获取干细胞的,则不能以'违反社会公德'为理由拒绝授予专利权。"

但是,精准医学时代的基因工程技术仍然充满争议。2018年,南方科技大学的贺建奎团队采用"CRISPR/Cas9"基因编辑技术在受精卵时期修改胚胎 $CCR5$ 基因,使艾滋病患者产下了2名天然免疫HIV病毒的女婴。该团队宣称,这是基因编辑技术用于疾病预防领域的历史性突破;但他们迅速陷入争议的漩涡,并最终导致贺建奎的离职。争议的问题集中在三大方面:科学上,基因编辑能否确保不具有副作用;技术上,基因编辑能否确保精确而不脱靶;伦理上,它存在类似克隆人的道德难题。②

这一事件充分体现了新兴技术领域可能面临的道德风险。因为生命科学等领域的新兴技术具有五个典型的特征:极端新颖性(radical novelty)、相当快速增长、连贯性、显著影响以及不确定性。在新兴技术开发的早期阶段,第一个(新)和最后一个(不确定)是特别明显的。③ 从专利法的角度来看,极端新颖性等特征符合专利的新颖性和创造性条件,具有显著影响的特征体现了实用性条件。但新兴技术在专利法上所面临的主要风险来自其不确定特征。这导致新兴技术需克服来自公共道德排除规则两个方面的挑战:其一,需要证据来证明该技术效果不与公共道德排除规则相冲突;其二,因未来应用的不确定性,需要明确技术和发明过程中的实际特征,以克服公共道德排除规则的障碍,④ 这使得现有的公共道德排除的审查规则不利于精准医学的发展。

因此,在专利授权的过程中,对于精准医学中新兴技术应该谨慎适用

---

① 参见 Rainer Moufang:《欧洲关于药物创新的可专利性》,郝佳等译,载约瑟夫·德雷克斯、纳里·李主编《药物创新、竞争与专利法》,知识产权出版社2020年版,第52页。

② 参见《世界首例免疫艾滋病的基因编辑婴儿在中国诞生》,https://baijiahao.baidu.com/s?id=1618168459566734133&wfr=spider&for=pc;《科学家发联合声明:强烈谴责"首例免疫艾滋病基因编辑婴儿"》,https://3g.163.com/money/article/E1IC921A00258105.html;《〈科技日报〉四问世界首例基因编辑婴儿》,https://tech.sina.com.cn/d/f/2018-11-26/doc-ihpevhck7681142.shtml;《南方科技大学回应"免疫艾滋病的基因编辑婴儿":校方不知情,将介入调查》,https://www.sohu.com/a/277918671_255783。最后访问时间:2021年5月10日。

③ See Justine Pila, "Adapting the Ordre Public and Morality Exclusion of European Patent Law to Accommodate Emerging Technologies," *Nature Biotechnology* 38 (2020): 546.

④ Ibid.

公共道德排除规则；在制度上，应该引入能够识别公共道德风险并予以预警的透明机制。

五、精准医学中非专利技术的商业秘密保护问题

根据反不正当竞争法的规定，商业秘密是指"不为公众所知悉、具有商业价值并经权利人采取相应保密措施的技术信息、经营信息等商业信息"。精准医学中生物标志物及其与疾病相关的数据，如果未被公开而具有秘密性，同时权利人也采取了保密措施，这些信息具有极大的市场应用价值，明显属于商业秘密保护的客体。

生物标志物等精准医学中的重要进展，有可能属于自然物、自然规律的范围，不符合专利客体的条件。2013 年，美国最高法院宣告 Myriad 基因公司检测乳腺癌的 BRCA1/2 基因专利无效。评论者指出，表面上看，该判决似乎保障了知识产权促进科学技术进步的宪法政策，质疑 Myriad 公司专利的主要正当性在于将这些受保护的基因信息置于公有领域之中，以便所有人利用。但事实上，大量关于乳腺癌突变的信息并不属于专利所公开的内容，而由 Myriad 公司作为商业秘密保护。自 2004 年 11 月开始，Myriad 公司就不再公开共享此类信息；2005 年就实施严格的保密政策。BRAC1/2 基因专利被宣告无效后，大量基因检测公司并未对 Myriad 公司构成实质性竞争。[①] 其原因在于，基因突变的信息对于基因检测的准确性至关重要。Myriad 公司在专利无效前开展了大量的基因检测研究和临床试验，取得了大量上述信息，这使得它在专利被无效后仍然具有压倒性的竞争优势。

除了基因突变数据之外，基因检测还需要算法来评估被检测对象（患者）与数据库的关联性，以做出检测结论。基于机器学习的临床诊断软件（clinical decision software enabled by machine learning，ML-CD）现在基本上达到了人类医生的诊断水准，[②] 而支撑 ML-CD 的核心是算法。在技术层面，算法是计算机技术发展的驱动装置。在市场竞争层面，算法是企业的核心竞争力。一般来说，算法本身难以符合可专利性的要求，因为它属于

[①] See Alexis K. Juergens and Leslie P. Francis, "Protecting Essential Information about Genetic Variants as Trade Secrets: A Problem for Public Policy?" *Journal of Law & Biosciences* 5, no. 3 (2018): 683.

[②] See Arti K Rai, Isha Sharma, Christina Silcox, "Accountability, Secrecy, and Innovation in AI-enabled Clinical Decision Software," *Journal of Law & Biosciences* 7, no. 1 (2020): 2.

智力活动的规则，或者是抽象思想、思维方式等。但它同样也符合商业秘密的保护条件，即秘密性、保密性、价值性。而且，算法的复杂性、非透明性和非之直觉性使得在商业秘密保护下的开发者具有极大的竞争优势。反向工程是商业秘密的合法获取手段。但是，ML-CD 被反向工程的概率很低。

精准医学也同样受数据驱动，分析这些数据的算法越来越重要。健康数据被收集后，超级算法将根据这些数据来开发药物、改进护理方法、提高疗效和患者生活质量。例如，算法根据糖尿病患者的健康数据推荐最佳匹配的胰岛素剂量，将极大地提升患者的生活质量。但关键的问题是算法是否准确。可以说，算法的准确性关乎患者健康乃至生命。因为算法和数据都可能由开发者以商业秘密的方式保护，患者、医疗服务提供者（医生和医院）以及医疗保险公司在识别高质量算法方面存在障碍。如何管制这些"黑箱药物"，成为当代医药管制的重要议题。①

算法不透明意味着作为社会的个体面对的只是计算处理过后呈现的结果，没有办法审查基于算法产生结果的过程。增加算法透明度的手段，有企业主动公开审查以及社会公众主动进行"黑箱"破密两种方式。如果不存在外在激励制度，算法拥有者没有动力主动公开其算法，因为保密即意味着经济利益。就社会公众而言，其对算法的监管也只能依靠技术手段。②为了增加算法的透明度，在满足权利制度目的一致的前提下，通过药品上市管制的方式，以数据专有权保护的方式来换取算法的透明，是比较科学的路径选择。

六、小结

尽管医疗方法不受专利保护，但可以通过对药物或设备的权利要求撰写方式而获得专利保护。这对于精准医学中的基因诊断方法而言，可以在一定程度上实现激励创新的效果。但对于生物标志物及其与疾病的相关性，以及用于诊断的算法、健康数据，都有可能属于科学发现、智力活动的规则等而不包括在专利保护的范畴。相比于美国最高法院 Mayo 案确立的规则，《专利审查指南》规定的"首次发现""确切地表征""产业上利

---

① See W. Nicholson Price Ⅱ, "Regulating Black-Box Medicine," *Michigan Law Review* 116 (2017): 421.
② 参见梁志文:《算法排他权：破除算法偏见的路径选择》,《政治与法律》2020 年第 8 期。

用价值"标准更易为此类创新成果提供保护。精准医学属于疾速发展中的新兴技术，新兴技术因其不确定性特征而较易于落入公共道德排除规则的范围。此时，专利保护对于新兴技术的激励具有极为重要的作用。因此，在诸如基因治疗、预防等新兴技术领域，应该谨慎适用公共道德排除规则。

不受专利保护的生物标志物或其与疾病的相关性，以及 ML-CD 算法，都可能属于商业秘密的保护范围。然而，基于算法透明、技术扩散等考虑，诸如基因突变的数据以及其他健康数据向公众公开具有重要意义。但这又会影响对创新的激励作用。因此，应该选择以数据专有权保护来换取信息公开的制度路径。

本 章 小 结

专利权保护是药品创新保护的主要法律制度，药品上市的行政管制不仅使得数据保护成为药品创新激励的重要法律工具，也使得传统专利法在医药领域的应用范围不断扩张。美国式的做法是将专利行政部门与药品管理部门衔接起来，不仅要求在药品上市申请的审批活动中将药品专利权地位作为批准的重要条件，也在专利法上将药品上市申请行为视为一种特殊的侵权行为（"拟制侵权行为"），而且还在专利法上补偿原研药商因上市审批而耽误的专利有效期。除此之外，延长药品专利权的保护期和扩张药品专利权的保护客体，也构成激励原研药研发的重要手段。与此同时，原研药商采取一些策略性行为，以不同的专利权覆盖原研药，从而获得最长的保护期；为了维持对药品的垄断定价，甚至与学名药商签订反向支付协议。因此，强化药品创新保护的 TRIPs-Plus 规则还需要建立完善的配套制度，必须要从反垄断法、专利法和药品管理法等多方面来进行治理，以实现维护公共利益的目标。

移植药品 TRIPs-Plus 规则要符合中国国情。从保障药品可及性的角度出发，美国式的立法应该审慎。换言之，药品专利链接、专利保护期延长与专利客体的扩张均忌讳照搬他国立法。例如，应该审慎处理扩大专利保护客体的建议，通过《专利审查指南》等方式予以明确。

第五章　药品 TRIPs-Plus 保护之管制性专有权

对药品上市许可所需提供数据的保护，本质上是相关行政主管部门赋予产品开发者市场进入方面的排他性保护。管制性专有权（regulatory exclusivity），包括数据专有权（data exclusivity）或数据保护（data protection）以及市场专有权（market exclusivity），是一种自 20 世纪 70 年代末诞生的、新的知识产权类型。尽管尚未为人们所熟知，但它已逐步成型并登上国际知识产权协议的舞台，影响着各国激励技术创新的法律体系。[①]产品上市管制的最初目标在于保障产品的安全性，但它给技术创新者带来了额外的成本负担。管制性专有权的设立试图为技术创新者提供相应的补偿，从而实现激励创新的目标。然而，管制性专有权并未得到中国学术界的足够重视，其基础理论尚有待研究。例如，管制性专有权的法律属性为何？与专利权相比，它具有哪些独有的特征？处于制度初建阶段的管制性专有权又该如何进行利益平衡？这些问题的理论求解，是中国构建管制性专有权制度之必要前提。

第一节　管制性专有权的法律特征

一般来说，人们常常在知识产权保护的框架下讨论药品的管制性专有权。在美国和欧盟所推动的 FTA 中，它也被归在"知识产权"篇章之中，而且常常和专利保护密切相关。

一、管制性专有权是一项独立的法律制度

管制性专有权是独立于专利保护的一项制度。管制性专有权与专利保护可能构成药品创新的双重保护。如果管制性专有权的保护期限处于专利

[①] See Yaniv Heled, "Regulatory Competitive Shelters," *Ohio State Law Journal* 76 (2015): 300.

保护期限之内，因为两者都可以禁止学名药的上市，其对原研药商而言并无实质性的效果。① 但是，如果药品的专利保护期届满，或者根本就不受专利保护，管制性专有权在其保护期届满前，具有与专利保护相类似的作用。② 例如，如果一个国家的专利法仅保护新型化学实体，而不涉及化合物的新用途，则新用途的已有药品就不能得到专利权的保护。但是，它却可能符合管制性专有权保护的条件。据一项对 1998 年至 2004 年间美国 FDA 通过新药上市审查程序批准的处方药之研究，在该期间上市的 197 项新药中，有 23 项新药的管制性专有权超出了药品的专利保护期，其中有 20 项根本就未在橙皮书中登录专利。③ 此外，有些药品的专利保护期可能在药品上市之前早已届满，或者根本就未申请专利。例如，拜耳公司生产的抗癌药 Taxol，由美国国家癌症研究院于 1962 年在太平洋紫杉的树皮中发现其活性成分，但并未申请任何专利。拜耳公司于 1991 年将其成功上市。在管制性专有权保护期间，该药每年给公司带来了高达 11 亿美元的营业收入。④ 从这层意义上讲，管制性专有权是对药品专利的补充。

对新用途的药品或生物技术领域的发明不给予专利保护的国家，通常为发展中国家。在 TRIPs 协议之前，甚至绝大多数国家都不保护药品专利。欧盟在 1986 年建立管制性专有权制度的重要原因之一就是其很多成员并未对药品给予专利保护，或者不保护新用途的药品。⑤ 此外，大部分专利保护期届满才申请药品上市的情形也多发生在发展中国家，其主要原因之一是药品不受专利法保护，故管制性专有权更利于制药业的发展。从政治经济学角度来看，这是因为利益集团游说立法者来保护其利益，如果法律规范仅适用于特定的产业，则远比影响广泛的游说活动更为有效。立法的适用产业越广泛，其面临的不同利益集团也越多，通过有利于其利益的立法的难度更大。由于专利法覆盖所有的技术领域，为制药业所赞同的

---

① See Charles Clift, "Data Protection and Data Exclusivity," in *Pharmaceuticals and Agrochemicals and Agricultural Innovation: A Handbook of Best Practices*, eds. Anatole Krattiger et al. (MIHR – USA, 2007), pp. 431, 433.

② See Trevor Cook, "Regulatory Data Protection in Pharmaceuticals and Other Sectors," in *Pharmaceuticals and Agrochemicals and Agricultural Innovation: A Handbook of Best Practices*, eds. Anatole Krattiger et al (MIHR – USA, 2007), p. 438.

③ See Valerie Junod, "Drug Marketing Exclusivity under Unites States and European Union Law," *Food Drug Law Journal* 59 (2004): 488.

④ 参见杨代华：《处方药产业的法律战争——药品试验资料之保护》，元照出版有限公司 2008 年版，第 139 页。

⑤ See Valerie Junod, "Drug Marketing Exclusivity under Unites States and European Union Law," *Food Drug Law Journal* 59 (2004): 488.

专利法改革并不一定能得到信息产业的认同。而药品上市管制的法律仅覆盖制药业，容易达成一致意见。例如，美国生物医药业成功地定制了生物相似性的相关法律。①

管制性专有权保护鼓励原研药商研发不受专利保护的药品并将其推向市场，同时，对于因某些原因而推迟了上市申请的专利药，也在不同程度上延长了其专有权的期限。从国内情况来看，这就是通过延缓学名药的上市为原研药商提供专利之外的额外激励。从国际情况来看，如果发展中国家有较强的研发能力，则管制性专有权保护能够激励其制药企业对不受专利保护的药品进行研究，开发出新适应症、新给药形式等的创新药品。但是，如果发展中国家基于公共政策考虑而对药品不提供专利保护，如研发能力低下，或者本身的市场容量有限（如人口太少或消费能力太低），则管制性专有权的保护也很难促进原研药商在本国境内的投资。不仅如此，因为管制性专有权的存在，还将导致本国学名药的上市被大大延缓，并最终导致公共卫生成本的提升。② 因此，发展中国家应该根据本国国情来决定提供适度水平的管制性专有权保护。

二、管制性专有权与专利权的区别

除了在宏观层面更利于原研药商之外，管制性专有权保护在其具体制度上赋予了原研药商比专利更为有利的竞争优势。

第一，管制性专有权完全不同于专利权的获取，而类似于著作权的自动获得。它伴随药品上市许可而自动产生，无须特别的申请审查；原研药商也无须承担管制性专有权保护的任何申请或维持的费用。③

第二，与专利授权程序的复杂性相比，管制性专有权保护具有程序简单的特点，并且没有无效程序等质疑其保护效力的制度安排。对于药品专利而言，由于专利保护所要求的标准非常高，常常被竞争者以现有技术等

---

① See Rebecca S. Eisenberg, "Patents and Regulatory Exclusivity," in *Oxford Handbook on the Economics of the Biopharmaceutical Industry*, eds. P. Danzon and S. Nicholson (Oxford: Oxford University Press, 2012), p. 197.

② See Trevor Cook, "Regulatory Data Protection in Pharmaceuticals and Other Sectors," in *Pharmaceuticals and Agrochemicals and Agricultural Innovation: A Handbook of Best Practices*, eds. Anatole Krattiger et al (MIHR – USA, 2007), pp. 440 – 441.

③ See Charles Clift, "Data Protection and Data Exclusivity," in *Pharmaceuticals and Agrochemicals and Agricultural Innovation: A Handbook of Best Practices*, eds. Anatole Krattiger et al. (MIHR – USA, 2007), p. 433.

理由通过诉讼等程序而被宣告无效。数据受保护的条件往往要低于专利授权的条件,①它仅需满足新药上市许可的正常条件(如安全性、有效性和质量可靠性)。

第三,管制性专有权的执行无须原研药商通过繁复且昂贵的诉讼程序,它由负责批准药品上市的主管部门主动承担。即主管部门有职责禁止数据非法公开或禁止不正当的商业利用。"即使是在美国,侵权诉讼的成本和风险也是相当高的。"特别在一个国家没有运作良好的专利保护机制的情况下,管制性专有权对原研药商更为有利。②尽管管制性专有权不能完全排除学名药商寻求药品的上市许可,但其将不能依赖原研药商的测试数据以证明生物等效性,这就造成了学名药上市的实质性障碍。绝大多数学名药商均会选择等待管制性专有权期限届满,以避免临床测试所需耗费的巨额资金和漫长时间。③

第四,除了在保护期限方面短于专利,管制性专有权保护更符合药品的生命周期。因为其保护期限的起算点为药品上市许可之日,而专利保护期常常从申请之日起计算,药品往往在专利保护期过了很久之后才上市。在美国法上,一般认为管制性专有权保护会延长药品专利权30个月或更长的市场专有权。④

第五,管制性专有权保护的法律通常缺乏限制性规则,而专利法上存在广泛的权利限制制度,如强制许可、实验例外等。

第六,管制性专有权保护的药品与其权利范围是一致的,而专利权保护的范围与实际生产的药品并不完全相同,因为"权利要求的起草主要是为了区别于现有技术",而管制性专有权则以批准上市的药品为依据。⑤

管制性专有权的保护范围非常确定,即上市许可所限定的特定用途之特定药品,而药品专利的保护范围将依据其权利要求确定。由于等同原则

---

① 参见本章第三节的论述。

② See Rebecca S. Eisenberg, "Patents and Regulatory Exclusivity," in *Oxford Handbook on the Economics of the Biopharmaceutical Industry*, eds. P. Danzon and S. Nicholson (Oxford: Oxford University Press, 2012), p. 196.

③ See Cynthia M. Ho, *Access to Medicine in The Global Economy: International Agreements on Patents and Related Rights* (Oxford: Oxford University Press, 2011), p. 259.

④ See Trevor Cook, "Regulatory Data Protection in Pharmaceuticals and Other Sectors," in *Pharmaceuticals and Agrochemicals and Agricultural Innovation: A Handbook of Best Practices*, eds. Anatole Krattiger et al. (MIHR – USA, 2007), pp. 438–439.

⑤ See Rebecca S. Eisenberg, "Patents and Regulatory Exclusivity," in *Oxford Handbook on the Economics of the Biopharmaceutical Industry*, eds. P. Danzon and S. Nicholson (Oxford: Oxford University Press, 2012), p. 196.

的适用，它使得专利权的范围能够包括那些对技术特征做出一定修改，但无须创造性贡献即可做出的技术方案。例如，改变药品的处方而形成的新药，管制性专有权根本不能覆盖，而药品专利就很有可能提供保护。专利侵权还包括全面覆盖原则，即改进发明的实施必须依赖基础发明的授权。例如，药品发明的专利权人可以控制新用途发明专利的实施。药品发明如果仅能得到管制性专有权，则对其他药企申请的药品新用途的上市许可无能为力；如果仅药品发明的新用途受管制性专有权保护，而没有药品发明的专利保护，则同样难以禁止学名药商提供该药品。由于管制性专有权不能禁止医生和患者利用该药品的新用途，原研药商仅拥有新用途药品的管制性专有权就难以获得市场专有。药品管制性专有权与专利权的区别见表5-1。

表5-1 药品管制性专有权与专利权的区别

项目	管制性专有权	专利权
保护对象	已经批准上市的化合物（有时包括其配方）	化合物和/或其使用方法，和/或其配方，和/或合成方法
保护条件	安全性、有效性和质量可靠性（有些国家限定为新型化学实体）	可专利性客体、新颖性、创造性、实用性、公开充分性等
保护期限	自批准上市之日起计算，期限不定	自申请日起计算，20年
保护范围	禁止后续申请者依赖这些数据来获取上市批准	制造、使用、销售、许诺销售、进口、字面侵权与等同侵权；间接侵权
限制情形	非为上市目的而使用	非生产经营使用、实验性使用、权利穷竭、临时过境、Bolar例外、强制实施许可、计划许可

第二节 药品数据的保护模式

TRIPs协议第39.3条规定了成员方保护药品数据的义务，但采取何种方式保护，在发达国家和发展中国家产生了争议。因为这不仅涉及不同国家制药业研发能力和模仿能力的差异，而且也与不同国家在处理公共健康问题时所具有的财政能力和技术能力密切相关。因此，在落实 TRIPs 协议第 39.3 条时，采取何种立法模式来构建合理的药品创新激励机制，对于药品创新激励和公共健康保护具有重要意义。

一、禁止占用的立法模式

TRIPs 协议第 39.3 条规定了成员方对数据保护的义务，如前所述，以不正当竞争保护为主的禁止占用模式符合 TRIPs 协议的最低保护水平，但成员方可以提供更高水平的数据保护。

（一）禁止占用的基本特征

发展中国家认为，TRIPs 协议第 39.3 条是以国际贸易中不正当竞争的原则来保护数据，它以《巴黎公约》第 10 条之二为标准，禁止学名药商以不正当手段获取原研药商用以申请上市许可的数据并加以商业性利用之行为，或为获取不当的竞争优势而窃取数据，例如缩短对药品进行反向工程的时间并降低其成本。此即为数据保护的禁止占用模式，它允许竞争者通过反向工程等方式获取上市所需的数据，或者从原研药商处获得使用未公开数据的使用权利。从本质上讲，相比于其他保护数据的立法模式，它是有利于学名药尽快入市的一项数据保护制度。[1] 数据保护的禁止占用模式具有四项基本特征。[2] 一是从保护对象来看，它仅保护未公开的数据（undisclosed data），即符合秘密性的特征。二是国家药品主管部门对递交给其审批的未公开数据负有保密义务。三是法律禁止学名药商以不当方式或未经授权而获取或利用这些未公开数据。四是国家药品主管部门可以自由依据原研药商递交的所有药品测试数据来审批学名药的上市申请，无须等待法定期限的届满。

禁止占用模式强调受保护的数据须为"未公开的数据"。例如，埃及《知识产权法典》（2002）在第一编第三部"未公开信息"（即商业秘密）中规定了数据保护。其第 56 条规定："依据本法相关条款规定，本法提供的保护延及向有关当局提交的、用于获取产品上市审批的未公开信息，其条件是，为上市而必须予以审批的、使用了新型化学实体的药用化合物或

---

[1] See UNCTAD, "Using Intellectual Property Rights to Stimulate Pharmaceutical Production In Developing Countries: A Reference Guide" p. 167, accessed 2011, https://unctad.org/system/files/official-document/diaepcb2009d19_en.pdf.

[2] See Shreya Matilal, "Do Developing Countries Need a Pharmaceutical Data-Exclusivity Regime?" *European Intellectual Property Review* 32, no. 6 (2010): 272.

农用产品,且其获得需要付出重要努力。受理这些信息的有关当局有义务予以保护,不得披露,并禁止非法的商业使用行为;其保护期限自信息递交之日起直至其不再符合秘密的条件,或最长不超过 5 年,以两者更短者为准。有关当局为保护公众利益而公开信息,不属于侵犯信息所有人的权利。"依据《关于农用或药用化合物产品数据专有权的第 2211 号总理令》第 1 条之规定,上述受保护的未公开数据是指任何时候为获取上市许可所必须提供的信息和数据。第 2 条详细规定了"为公众利益公开"的条件,须为保护公众利益"所必须",或采取了充分的措施以禁止不正当的商业利用。第 4 条规定其不适用于法定保护期届满的产品或材料,包括在本国公布的药品目录中所列举的产品或材料。此外,依据《知识产权法典》第 56 条,该法"相关条款"也适用于数据保护。其中,第 57 条规定了作为商业秘密的保密性条件,并强调其保护仅针对有违诚信商业竞争(honest commercial practices)的行为。第 58 条界定了何谓"有违诚信商业竞争",第 59 条则规定不属于违背诚信商业竞争的行为。故在埃及法上,数据保护不包括有关当局利用原研药商递交的未公开数据来审批具有生物等效性的学名药的上市申请。

禁止占用模式强调药品主管部门可以依据原研药商提供的数据来审批学名药的上市申请,因为这不属于"商业性利用"数据的行为。其中,加拿大联邦上诉法院于 1998 年审结的 Bayer Inc. v. Canada 案被许多学者认为是主管部门使用数据正当性的经典案件。[①] 该案是拜尔公司起诉加拿大司法部和卫生部的一件案件,它试图通过该案以宣告程序(declaratory relief)来确定加拿大《食品药品条例》第 C.08.004.1 条的含义及其适用范围。原告递交了一项用于治疗某疾病的新药上市申请,该药所使用的活性成分不受专利保护,且原告以另一品牌获得了加拿大境内兽药的上市许可。同时,在加拿大境外,已将该药作为人用药品使用,但非为拜尔公司所申请上市。拜尔公司提出了简易裁判(summary judgment)的动议,要求法院裁定,被授予 5 年数据保护期的、已获上市许可的首位制药商是否

---

① See Bayer Inc. v. Canada (Attorney General) case, [1999] FC. J. No. 826.

能够禁止与其药品具有功能一致性的其他制药商的竞争。①

关于第C.08.004.1条的保护模式，法院认为，此案最关键的问题是：当学名药商通过与原研药的比较来寻求其产品上市所需的安全性、有效性评估，主管部门依据（reliance by）原研药商递交的有关药品安全性和临床有效性证据等秘密数据来审查学名药的上市申请，是否为法律所允许？如果回答是肯定的，则原研药商是否有权在最少5年的期限内免于学名药的上市竞争？法院认为：②

> 当学名药商递交"简易新药申请"（abbreviated new drug submission, ANDS）时，学名药的安全性和有效性就可以通过其与原研药具有药理和生物等效性的比较而得到证明。如果学名药商能够通过与已经上市的原研药的比较（而证明其生物等效性）的话，部长就无须审查或依据（rely upon）原研药商通过"新药申请"（new drug submission, NDS）程序所递交的保密信息来予以评估。此时，《条例》所规定的最低5年市场保护就不能适用。……
>
> 《北美自由贸易协定》（NAFTA）意图保护的是商业秘密。如果学名药商以"合规通知"（notice of compliance, NOC）的方式提出上市申请，部长就不得不依据原研药商递交的保密信息来审查其申请，在事实上依赖了NAFTA第1711条第6节所指的信息。但是，如果未曾依赖该信息来予以审批，则NAFTA的商业秘密条款就不能适用。特别地，当学名药商能够依据生物等效性或生物可获得性研究来证明其产品的安全性和有效性时，部长就无须依据原研药商递交的保密信息来予以审查，最低5年的市场保护就没有理由予以适用。此种解释方法符合NAFTA第1711条第5、6节的规定。
>
> 如果学名药商仅依据已公开信息来比较学名药和原研药，而原研药商能够享有最低5年免于竞争的保护，这使得其获得了专利所能提供的保护。换言之，如果部长无须依据原研药商的保密信息而予以审

---

① 此案的第一个争议焦点是关于第C.08.004.1条的适用范围。该条提供的管制性专有权仅适用于"药品所包含的化学物质或生物物质（biological substance）未曾在加拿大获得药品上市许可"。法院认为，本案的争议焦点之一便是该药品是否属于C.08.004.1条的适用范围，即该药品所包含的活性成分已经为批准上市的兽药所包含，其药品是否属于包含有新型化学实体（NCE）的药品。初审法院认为，只要是药品具有治疗不同疾病的功能，即使其已经获得药品的上市许可，具有新适应症的药品仍然属于包含有"新型化学实体"的药品，可以获得管制性专有权。See Bayer Inc. v. Canada (Attorney General) case, [1999] FC. J. No. 826.

② Ibid.

查（学名药的上市申请），原研药商不得享有最低 5 年免于竞争的保护。

尽管该案深受学名药商的欢迎，但受到了原研药商的批评，特别是美国制药业和药品研究协会（PhRMA）的批评，这成为美、加两国重要的知识产权争端，加拿大因此被美国列为 2003 年度《特别 301 报告》中的观察国家名单。为了避免同美国发生贸易争端，加拿大政府于 2006 年 6 月 17 日修订了《食品药品条例》，该条例于同年 10 月 5 日生效①，这意味着数据保护的禁止占用模式在加拿大终结。因此，采取禁止占用模式的主要还是发展中国家。②

禁止占用模式不强调数据保护的法定期限。例如，阿根廷《秘密信息和产品法案（第 24766 号）》第 4 条规定："在阿根廷或其他国家境内未被注册的使用了新型化学实体的产品，其安全性和有效性信息在递交公共卫生主管部门之后，如果其符合第 1 条（商业秘密）规定的条件，且其获取须付出重要的技术或经济努力，则主管部门不得予以披露，以及禁止本法所指的不诚信的商业利用行为。"因此，在阿根廷，"学名药商可以递交生物等效性数据，根据其与药品监管部门已批准上市的原研药具有实质相似之证据就可以获得学名药的上市许可。学名药商既不需要对原研药商予以补偿，也无须取得其同意。尽管学名药商可能会面临专利的问题，但其在获得上市许可之前仍无须任何等待"③。巴西《工业产权法》（2001）第 5 部第 6 节"不正当竞争中的刑事责任"中第 195 条第 13 款则是用刑事责任来保护数据。该条将"未经授权而泄露或使用（原研药商）递交给

---

① See Pei-kan Yang, "Current Development of Canada's Data Exclusivity Regime: How Does Canada React to NAFTA, TRIPS and Dangle between Pharmaceutical Innovation and Public Health?" *Asia Journal WTO & International Health Law & Policy* 4, no. 1 (2009): 65 – 91. 其主要的修改有：加强管制性专有权的方面，延长管制性专有权期限至 8 年，自首次批准上市之日计算；在此期限内，部长不得批准任何 NOC 和 ANDS 的申请；如果在其前 5 年内开发其儿童用药，其市场专有权将延长 6 个月；在其前 6 年内，不得受理任何学名药的上市申请。限制管制性专有权的方面，限定管制性专有权的对象为"创新药"，故通过辅助新药申请程序而涉及的"新临床适应症、给药形式、处方形式或其他变化"的药品不属于"创新药"。规定了药品管制性专有权的例外，一是不保护"未在加拿大上市的创新药"，二是如果学名药商获得原研药商的授权，或者依据加拿大药品获取机制（Canada's access to medicines regime, CAMR）而递交上市申请，则不受 6 年内不得受理学名药上市的限制。

② 本节所援引法条除特别指明外，均来自世界知识产权组织，http://www.wipo.int/wipolex。最后访问时间：2013 年 2 月 15 日。

③ See Robert Weissman, "Data Protection: Options for Implementation," in *Negotiating Health: Intellectual Property and Access to Medicines*, eds. Pedro Roffe et al (Routledge, 2006), p. 153.

政府机构以获取产品上市许可的、其获取需要付出相当努力的测试数据或其他未公开数据",构成"不正当竞争的犯罪"。而关于兽药,巴西在2002年通过了《兽用产品数据专有权2002年第10.603号法律》,建立了数据专有权的保护。①

概括地说,禁止占用模式下的数据保护以不正当竞争或商业秘密保护为中心,其具有示范性的立法通常表述为:"政府当局禁止非法占用为获得包含有新型化学实体的药品或农用品上市而递交给当局的未公开数据或其他数据。除非为保护公共利益所必须,政府当局不得予以披露。"② 采用这种立法模式的发展中国家包括南非、印度、土耳其等国家,它们均允许学名药商依据原研药商递交的数据申请上市。③

(二)禁止占用模式的评价

禁止占用模式不限制学名药商通过与原研药的生物等效性研究来获得上市许可,最大程度上加速了学名药的上市进程,最大程度上利用了TRIPs协议的弹性空间。学名药商无须承担额外的上市许可成本,主管部门也易于管理,无须负担相应的管理成本。④ 对于欠缺研发能力的发展中国家而言,禁止占用模式具有一定的优势。其最根本的观点是,原研药商在市场先发优势和专利保护中获得了足够的经济激励。具体理由有:⑤ ①专利权赋予原研药商20年的市场专有权,这一期限通常远远长于数据保护的期限,这已为原研药商提供了足够的市场激励。②药品的开发具有全球市场性,但原研药商主要从发达国家等利润较高的市场获取了较高的投资回报。发展中国家在全球市场中所占份额较小,其政策选择对原研药商的研发投资决策没有太大影响。③促使学名药的尽快入市,将降低药品

---

① See Filipe Fischmann, "Brazil: Act No. 10. 603/2002 on Data Exclusivity for Veterinary Products—'Lexapro'", *The International Review of Intellectual Property and Competition Law* 43, no. 2 (2012): 217.

② See Robert Weissman, "Data Protection: Options for Implementation," in *Negotiating Health: Intellectual Property and Access To Medicines*, eds. Pedro Roffe et al. (Routledge, 2006), p. 154.

③ See Ingo Meitinger, "Implementation of Test Data Protection According to Article 39. 3 TRIPS: The Search for a Fair Interpretation of the Term 'Unfair Commercial Use'," *Journal World Intellectual Property* 8, no. 2 (2005): 131.

④ See Robert Weissman, "Data Protection: Options for Implementation," in *Negotiating Health: Intellectual Property and Access to Medicines*, eds. Pedro Roffe et al. (Routledge, 2006), p. 154.

⑤ See Cynthia M. Ho, *Access to Medicine in The Global Economy: International Agreements on Patents and Related Rights* (Oxford: Oxford University Press, 2011), pp. 263 – 269; also see Robert Weissman, "Data Protection: Options for Implementation," in *Negotiating Health: Intellectual Property and Access to Medicines*, eds. Pedro Roffe et al. (Routledge, 2006), pp. 154 – 155.

价格，将极大地提升发展中国家获取药品的能力。因为发展中国家的学名药商难以承担临床测试的巨额投资，如果要重复原研药商的临床测试和药物毒理性测试等以获取药品安全性、有效性数据，则存在巨大的市场进入障碍。④原研药商极少开发针对发展中国家流行疾病的药品，特别是热带病药品的稀缺表明，即使发展中国家提供高强度的保护机制，但由于其患者的支付能力和健康保障体系不完备，原研药商也缺乏足够的研发动力。⑤即使发展中国家加强数据保护，也无明显的证据证明它将有效促进本地的研发活动或企业研发能力的增长。

然而，禁止占用模式对于原研药商的保护并非完全"公平"。① 首先，允许学名药商通过生物等效性研究申请学名药上市，因为无须花费时间和资金来测试药品的安全性和有效性，相比于原研药商，其明显地取得了竞争优势。其次，原研药商投资所得数据的唯一价值是证明其申请上市的药品具有安全性、有效性和质量可靠性，如果原研药商只能禁止学名药商的直接获取数据之行为，而不能禁止主管部门利用这些数据来评估学名药的上市申请，则数据保护的价值所剩无几。因为学名药商能够通过生物等效性研究来申请学名药上市，则原研药商禁止其直接获取数据已无多少益处。最后，禁止占用模式加快了学名药的上市，能降低药品的价格从而促进药品的获取。但是它降低了原研药商投资开发创新药品的积极性，从长远来看，于消费者并非绝对有利。②

禁止占用模式强调数据的保密性，然而药品安全性、有效性等数据的透明度对于公共健康具有重要价值。一方面，公共健康专家认为药品安全性、有效性等保密的数据将有损患者对其使用的药品的知情权。如果药品存在不利于患者的不良反应，这些数据的保密将会为药品开发者逃避责任提供庇护。③ 从药品开发者的本性来看，其本能地倾向于压制药品不良反应的信息或夸大药品的有效性后果。如果公众不能获取测试数据，将会导致第三方难以发现药品测试结果的不完整性或不准确性，以及建立在此基础上的虚假陈述。公众因此可能遭受欺骗，公共健康也可能被置于危险之

---

① See Ingo Meitinger, "Implementation of Test Data Protection According to Article 39.3 TRIPS: The Search for a Fair Interpretation of the Term 'Unfair Commercial Use'," *Journal World Intellectual Property* 8, no. 2 (2005): 131-132.

② 但如前所述，广大发展中国家本身药品的研发能力不够，而热带病治疗药品的缺乏即说明了管制性专有权并不能完全激励药品的研发。

③ See Shreya Matilal, "Do Developing Countries Need a Pharmaceutical Data-Exclusivity Regime?" *European Intellectual Property Review* 32, no. 6 (2010): 274.

中。另一方面，医药领域的科学共同体也赞同数据的透明与公开，这是因为它能够使得人们测试药品，以确定或修正其安全性，以及药品开发者所递交信息的完整性。① 而且，这也有助于药品监管部门准确评估药品的副作用、危险性、有效性，或者是否适用于药品开发者所宣称的病症。药品监管部门在药品上市申请的审批期限压力和所掌握的科学资源有限等情形下批准上市申请的决策，是难以建立在全面、独立的科学评估基础之上的。有些药品开发者所递交的数据虽然未必是欺诈性或不诚信的，但很可能不符合科学方法所要求的客观标准。即使是开发者聘请外部专家来测试药品，也不能保证测试研究的完整性和客观性。事实上，开发者可以通过多种方式影响甚至决定药品测试的研究结果。② 因此，"独立评估'为保护公众利益所必须'的观点在某些情况下可能存在一定疑问，但公开肯定比不公开有益于社会公众。如同一位评论者所指出的，保密将'促使（开发者）使用（安全）标准之下的药品，并使得这些药品广泛流转'"③。

从禁止占用模式的本身体系来看，还存在适用范围的不确定性和某些制度之间的矛盾性。其一，禁止占用模式依据反不正当竞争法来保护药品数据，但是，反不正当竞争法仍然处于演变之中，其适用范围存在不确定性。同样，其对数据保护也存在适用范围的不确定性，不仅禁止使用数据的范围不确定，而且其能够获得救济的途径也具有不确定性。④ 此外，针对构成侵犯商业秘密的不正当竞争行为，权利人有权寻求民事救济途径，包括损害赔偿等。但是，数据保护并不提供民事手段的救济，而是由药品主管部门提供不准学名药上市的行政保护。其二，禁止占用模式不仅存在不确定性的缺陷，它还可能存在解释上的体系矛盾性。TRIPs 协议第 39.3 条第 2 句允许药品主管部门为"保护公众利益"而公开数据，但是这与作为商业秘密保护的数据所必须具备的"保密性"条件相矛盾。一般认为，TRIPs 协议第 39.3 条第 2 句是授权药品主管部门为防止产品滥用或向公众

---

① See Aaron Xavier Fellmeth, "Secrecy, Monopoly, and Access to Pharmaceuticals in International Trade Law: Protection of Marketing Approval Data Under the TRIPs Agreement," *Harvard International Law Journal* 45 (2004): 475–476.

② See Mustafa Unlu, "It Is Time: Why the FDA Should Start Disclosing Drug Trial Data," *Michigan Telecommunications and Technology Law Review* 16 (2010): 518–519. 该文指出，在经专家审稿的期刊论文所展示的测试结果与实际测试结果相比较，药品的消极作用往往会被忽略或者一笔带过。

③ See Aaron Xavier Fellmeth, "Secrecy, Monopoly, and Access to Pharmaceuticals in International Trade Law: Protection of Marketing Approval Data Under the TRIPs Agreement," *Harvard International Law Journal* 45 (2004): 476.

④ See Razvan Dinca, "The 'Bermuda Triangle' of Pharmaceutical Law: Is Data Protection a Lost Ship?" *Journal World Intellectual Property* 8, no. 2 (2005): 132.

告知产品被发现的、会造成对人类、动物或环境损害的缺陷而向公众公开保密数据。然而，这也并不意味着对数据的利用不需要对原研药商给予补偿。作为权利保护的例外规定，"它必须符合 TRIPs 协议第 8 条等一般性规定，对《TRIPs 协议与公共健康多哈宣言》的解释也是如此。这些条款从未允许未经充分补偿而使用受保护的客体"[1]。如果不给予一定专有期限的保护，对数据的公开又损害第 39.3 条所提供数据保护的制度目标，则不得利用这些数据。但是，禁止占用模式不赋予原研药商一定期限的专有权。

二、管制性专有权的立法模式

管制性专有权的专有权模式强调对数据的不当利用既包括学名药商采取不当手段获取这些数据并将其用于学名药上市的审批之中，即直接利用数据的行为；也包括有关当局通过评估学名药与原研药的生物等效性以批准学名药的上市，即间接利用数据的行为。同样，专有权模式认为对数据的"商业性利用"也应包括两个方面：[2] ①出于直接商业目的的数据利用。即持续、永久地用以获取利润；②出于间接商业目的的数据利用。为直接获取利润而进行的辅助性行为，如为上市许可而进行的申请、审批行为，是产品商业化的必备行为。尽管从政府的角度来看，利用原研药商提供的数据审批学名药并不具有商业目的，但从学名药商的角度来看，审批过程中使用数据则具有间接的商业目的。因此，即使公共当局使用数据的行为被视为具有行政管理性质，但学名药商的申请行为在本质上具有商业目的。

（一）管制性专有权的期限

管制性专有权的专有权模式强调在有限的期限内禁止学名药商通过生物等效性研究来获得上市许可，并以此激励原研药商的投资开发行为。从 TRIPs 协议第 39.3 条的文本来看，并未有任何关于保护期限的规定，或者最低期限的规定。因此，在某一期限内，药品主管部门不得依据原研药商递交的数据来审批学名药的上市申请，是符合 TRIPs 协议条约义务的解决

---

[1] See Ingo Meitinger, "Implementation of Test Data Protection According to Article 39.3 TRIPS: The Search for a Fair Interpretation of the Term 'Unfair Commercial Use'," *Journal World Intellectual Property* 8, no. 2 (2005): 132.

[2] See Razvan Dinca, "The 'Bermuda Triangle' of Pharmaceutical Law: Is Data Protection a Lost Ship?" *Journal World Intellectual Property* 8, no. 2 (2005): 527 – 529.

方案之一。"尽管它对于原研药商所递交的数据提供了高度确定性的保护，比其他解决方案具有重要的优势；但是，认为TRIPs协议强制成员方对数据给予一定期限专有权保护的观点并不具有信服力。……毫无疑问，专有权期限的保护是属于TRIPs-Plus政策的重要组成部分。"① 通常情况下，管制性专有权的有效期限自药品上市许可之日起计算，但其具体期限在各国法上并不一致，如表5－2所示，大体上为3至10年。

表5－2　各国法上药品管制性专有权的期限②

期限	国家和地区
5年	亚太地区：澳大利亚（不为公众所获知的数据）、马来西亚（未公开或未出版的数据、新型化学实体药品）、新西兰（保密信息）、越南（秘密数据）、新加坡、中国台湾地区（可在第3年受理学名药上市申请，但须第5年届满后批准上市） 非洲与中东地区：巴林（保密信息）、埃及（保密信息）、伊拉克（保密信息）、以色列（现行法为5年或5年半）、约旦（未公开信息）、摩洛哥、阿曼（未公开信息）、沙特（秘密数据） 欧洲地区：乌克兰 美洲地区：智利（未公开数据）、哥伦比亚、哥斯达黎加、多米尼加、萨尔瓦多、危地马拉、洪都拉斯、墨西哥、尼加拉瓜、巴拿马、秘鲁、委内瑞拉（未公开数据）、美国（新药5年，生物制品12年）
3年	亚太地区：马来西亚（未公开或未出版的数据，新适应症） 欧洲地区：瑞士（新用途，可延长至5年） 美洲地区：美国（新用途）
4年	亚太地区：韩国（新用途）
6年	亚太地区：中国（未公开的数据）、韩国（新药） 非洲与中东地区：以色列（美以FTA要求提供6年或6年半） 欧洲：克罗地亚、土耳其

---

① See Ingo Meitinger, "Implementation of Test Data Protection According to Article 39.3 TRIPS: The Search for a Fair Interpretation of the Term 'Unfair Commercial Use'", Journal World Intellectual Property 8, no. 2 (2005): 134－135.

② 数据主要来源于国际制药商协会（IFPMA）。See IFPMA, "Data Exclusivity: Encouraging Development of New Medicines," July 2011. 本表不涉及罕见病和儿童用药的数据专有权。

续表 5-1

期限	国家和地区
8 年	亚太地区：日本（新药，通过再审程序可延长至 10 年，新医疗设备的数据提供 7 年保护） 美洲地区：加拿大（6+2）
10 年	欧洲：欧盟与欧共体（"8+2+1"，包括奥地利、比利时、保加利亚、塞浦路斯、捷克、丹麦、爱沙尼亚、芬兰、法国、德国、希腊、匈牙利、冰岛、意大利、拉脱维亚、列支敦士登、立陶宛、卢森堡、马耳他、挪威、荷兰、波兰、葡萄牙、罗马尼亚、斯洛文尼亚、斯洛伐尼亚、西班牙、瑞典、英国）、瑞士（新药）

（二）专有权模式下的保护对象

从其保护对象来看，管制性专有权的专有权模式主要分为两类：

第一，以发展中国家为主，以 TRIPs 协议为蓝本，仅对未公开的数据给予保护，且须为使用新型化学实体的药品。例如，《越南知识产权法典》第 128 条规定了"测试数据保密义务"："当法律要求药品或农用化合物产品的上市许可须递交测试数据或其他数据，其在商业上具有秘密性，其获取需要相当程度的投资，且申请者请求对这些数据予以保密，有权当局有义务采取必要措施以禁止不正当的商业性使用这些数据，或披露这些数据，除非为保护公众利益。""本条第 1 款所指的递交给有权当局的秘密数据，其保护期为 5 年，自首次获准上市之日起计算。在这保护期内，当局不得批准任何未经数据递交者同意而使用这些秘密数据的上市申请，有本法第 125 条第 3 款第 4 项规定情形除外（对自行独立获得的商业秘密予以使用或披露）。"然而，何谓"未公开数据"，在不同国家有所不同。有些国家将其在其他国家公开的数据视为已经公开的数据，而有些国家则仅限于本国所未曾公开的数据。例如，约旦对"新型化学实体"的界定即体现了国际新颖性的标准："包含具有生理或药理效应的活性分子的药品，无论是通过单个或批量申请的方式，其活性分子在全世界范围的首次注册之日起 18 个月内（在约旦提出上市申请才属于新型化学实体药品），而不考虑其任何差异性，如盐、酯、醚、同分异构体（salt ester ether isomer）或其他衍生物。具有不同的多形、代谢物、对应体（polymorph、metabolite、 enantiomer)、使用方法、配方、浓度等药物被认为是具有同一化合物的药品。"①

第二，以发达国家为主，不要求受保护的数据为未公开的数据，也不要求必须为使用新型化学实体的药品。除了前述欧美立法之外，日本的管制性专有权也是如此。《日本药事法》第14-4条规定，受管制性专有权保护的药品须为新药，即申请上市的药品中活性成分及其剂量、剂型和给药途径以及适应症，如果在被批准之日与已批准上市的药品不同，就可以得到数据专有权的保护。对于包含有新活性成分的新药，其保护期原为6年，在2007年后延长至8年；新的混合处方药以及新给药途径的药品，其保护期为6年；新适应症和新剂量的药品，其保护期为4～6年。所有的管制性专有权期均自药品批准上市之日起计算。此外，在数据专有权期限内，如果开展儿童用药的研究，其保护期可给予延长，但最长不超过10年。罕见病药品的市场专有期限为10年。对于新的医疗设备，应给予最少4年最长不超过7年的专有权期限；对于新适应症的医疗设备，则为4年的数据专有权期限。

（三）专有权的立法类型

从管制性专有权的权利内容来看，专有权模式也可分为两类：

1. 数据专有权模式

数据专有权模式是指，在专有权保护期限内，学名药商不得依赖原研药商所递交的数据，即不得通过生物等效性研究来获得学名药的上市许可；主管部门也不得依赖这些数据来审批学名药的上市。但是，如果学名药商独立投资研究获得药品上市许可所需的药品安全性、有效性和质量可靠性的数据，即使处于法定的管制性专有权期内，学名药商也可提出上市申请，主管部门也可根据学名药商独立获得的数据来批准其上市申请。②学名药商获得测试数据主要有两种法律途径：一是对于不受专利保护的原

---

① See Saad Abughanm, "The Protection of Pharmaceutical Patents and Data under TRIPS and US-Jordan FTA: Exploring the Limits of Obligations and Flexibilities: A Study of the Impacts on the Pharmaceutical Sector in Jordan" (PhD diss. University of Toronto, 2012), p. 331.

② 美国法上，此申请方式系依据21 U. S. 505 (b) (1) 条所提出的所谓"完整或独立申请"。另外，"值得注意的是，第二个进入市场的药商独立获取相关数据并没有为第三个及其以后进入市场的药商打开审批的方便之门。因为主管部门不得依据第二个药商所递交的数据来审批第三个进入者的上市许可，即使第二个进入者的数据并不受法律保护。其原因是，如果允许第三个进入者依赖第二个进入者所递交的数据来审批学名药的上市，则原研药商数据专有权保护的有效期限将大为缩短"。See Valerie Junod, "Drug Marketing Exclusivity under United States and European Union Law," *Food Drug Law Journal* 59 (2004): 492.

研药，其为进行临床试验而制造、使用的行为并不为法律所禁止。二是对于受专利保护的原研药，对其进行临床试验而制造、使用等行为也不为法律所禁止。此即为所谓"Bolar 例外"，它为美国 1984 年 Hatch-Waxman 法案所创立，并为世界各国所广泛接受。中国专利法在 2008 年修订时，在第 69 条第 5 款中予以了规定。当然，由于重复原研药商的临床试验将是极端困难的，同样投资巨大、耗时较长和任务繁重，故学名药商通常会等待专有权保护期届满，以生物等效性研究来获得学名药上市的快速审批。

数据专有权模式也包括两种不同的立法例。

（1）以公开为基础的立法例。早期的美国《联邦食品、药品与化妆品法》（FDCA）将原研药商递交的数据视为商业秘密而给予保护，并且没有保护期的限制：FDA 负有保密义务，直至其不具有秘密性为止。1984 年 Hatch-Waxman 法案建立了数据的专有权模式，而不是商业秘密的保护方式。该法案的目标之一是鼓励学名药的上市，其重要变革是数据的可公开性。即 FDA 对原研药商递交的数据不负有保密义务，未公开的安全性、有效性数据或其他与药品有关的信息均可由第三方依据《信息公开法》的申请而获得，除非属于特殊情况。[①] 依据 FDCA 第 505 条的规定，[②] "当新药申请（NDA）不被批准或被申请人放弃，或者依据原研药的研究数据来审批学名药时，或者于学名药将被批准上市的最早日期前，原研药商递交的研究数据就可以被公开。换言之，当研究数据不再构成反竞争性障碍时，其必须被公开。从立法语言层面来看，人们可以推断，国会已经解决了（数据披露的）问题：只要不再有保密的商业需要，所有的研究数据就

[①] See Shreya Matilal, "Do Developing Countries Need a Pharmaceutical Data-Exclusivity Regime?" *European Intellectual Property Review* 32, no. 6 (2010): 270. 但是，美国 FDCA 第 331（j）条原则上禁止公开商业秘密；FDA 的相关条例也规定在公开某些信息时，应考虑"商业秘密人的产权"。See Elizabeth A. Rowe, "Striking a Balance: When Should Trade Secret Law Shield Disclosures to the Government?" *Iowa Law Review* 96 (2011): 808 – 809. 关于生物制品上市许可中的商业秘密保护，参见 Richard A. Epstein, "The Constitutional Protection of Trade Secrets and Patents under the Biologics Price Competition and Innovation Act of 2009," *Food Drug Law Journal* 66 (2011): 285.

[②] 该条原文翻译如下："除非在特别环境下，依据（b）节申请所递交的安全性、有效性数据和信息须依请求而能够为公众所获得：（A）不再有审批申请案的任何工作进行或即将进行；（B）如果秘书长依决定申请案不被批准，且所有法律上诉救济均已穷尽；（C）如果申请案的批准文件……已被撤销，且所有法律上诉救济均已穷尽；（D）如果秘书长已经认定涉案药品不属于新药；（E）对于本节（j）款所指的药品，自首次申请批准的有效日期起，或者对于本节（j）款所指的药品之上市申请是有效的，如果这样的申请已经递交，则自其申请被批准之日起。"

应能够为公众所获得"①。

(2) 以保密为基础的立法例。在 1987 年以前,欧盟对药品数据是以商业秘密的方式来给予保护的,且各国的保护标准和力度各不相同。管制性专有权的现行有效法律为《第 2001/83/EC 号指令》(为《第 2004/83/EC 号指令》修订),它赋予原研药商自授权日起 10 年的专有权保护。欧盟提供的保护期被简称为"8 + 2 + 1",罕见病和儿童用药各延长 1 年专有权保护期限;在 8 年内欧盟医药局不得受理学名药的上市申请;在第 8 年保护期届满之后,只要学名药商能够生产与原研药"实质相似"(essentially similar)的药品,药品主管部门可以依赖原研药商所递交的数据来快速审批学名药的上市。学名药在 10 年或延长后的 11 年保护期届满后即可上市。但是,依据该指令,主管部门在任何时间都不得向公众公开测试数据。② 在仅对未公开数据给予保护的国家,大多数都规定了主管部门的保密义务,在特殊情况下才可以公开这些数据。例如,新西兰 1981 年《药事法》第 23B 条规定,主管部门对创新药(innovative medicine)申请时所递交的保密信息,在保密信息的 5 年保护期内,应采取合理的措施予以保密,且不得利用秘密信息来审批其他上市申请。同时,第 23C 条规定了三种情况下可以向他人披露或使用保密信息:其一,递交秘密信息的申请者书面同意,或者为保护公共健康或安全所必需;其二,在采取合理措施确保秘密信息能够被保守秘密的前提下,向主管部门有关的技术委员会、顾问、其他政府部门或接受政府部门委托的法人或个人公开这些信息;第三,向世界卫生组织、粮农组织、任何 WTO 成员的主管部门以及依据本法制定的《条例》所许可的组织或个人公开这些信息。③

2. 市场专有权模式

市场专有权模式是指,在专有权保护期限内,药品主管部门不得批准原研药商之外的同一药品或类似药品的上市许可,无论用以申请上市的数据是学名药商自己独立投资开发的,还是通过其他途径获得的。因为所有

---

① See Mustafa Unlu, "It Is Time: Why the FDA Should Start Disclosing Drug Trial Data," *Michigan Telecommunications and Technology Law Review* 16 (2010): 524. 该文指出,产业界将 Hatch-Waxman 法案视为未经处理的创设数据公开体制(disclosure regime)的企图。在该法案通过的最后一刻,可能是因为立法者对于公开政策中商业秘密的性质和地位具有根本性的分歧,在立法中插入了数据公开的例外规定。

② See Shreya Matilal, "Do Developing Countries Need a Pharmaceutical Data-Exclusivity Regime?" *European Intellectual Property Review* 32, no. 6 (2010): 271.

③ 这两个条款(第 23B 和 23C 条)系 1994 年《药事法修正案》(1994 第 128 号法案)第 2 节所引入,并于 1995 年 1 月 1 日生效。

药品上市均须经过审批，这就意味着竞争性产品被完全挡在了市场之外，它赋予了原研药商比专利保护更为有利的法律保护。而且，其市场垄断的保护是自动获得的，原研药商无须采取更多的法律措施。大多数国家为激励罕见病药品的开发而提供市场专有权模式的保护。很明显，它比数据专有权的保护力度更大。① 如果一项药品同时符合新药申请的条件，也符合罕见病药品申请的条件，则市场专有权模式提供的是与专利保护极其类似的一种专有权。

当然，罕见病药品的市场专有权也不同于传统药品或方法的专利权。② 首先，市场专有权的覆盖范围仅限于获准上市的、用于该适应症的罕见病药品，远比专利保护范围窄。在市场专有权保护期限内，其他药商可以取得具有不同用途的同一药品的上市批准，包括使用于不同的罕见病。③ 其次，市场专有权的享有者负有实施义务，这不同于专利权。如果原研药商停止生产罕见病药品，或者其生产的罕见病药品不能满足病患所需，则法律将会撤销其享有的市场专有权。④ 最后，在特殊情况下，有权主管部门可以允许其他药商生产不受专利保护的罕见病药品，以满足必须药品的持续、充分供应。

（四）专有权立法模式的评价

管制性专有权模式在三大方面有利于原研药商，从而为原研药的专利保护提供附加保护。

第一，延长药品专利的保护期。在为药品专利提供保护期延长的国家，专利药的数据专有权保护可能并未有效地延长专利权的保护期限。以美国制度为例，数据专有权常常会在专利权保护期届满前18个月左右届满。⑤ 但是，这仅仅是对通常情况的一种概括性描述，如果药品的临床试验所花费的时间特别长，自药品上市许可之日至专利保护期届满的期限就

---

① See Genebieve Michaux, "EU Orphan Regulation-Ten Years of Application," *Food Drug Law Journal* 65 (2010): 657.

② See David Duffield Rohde, "The Orphan Drug Act: An Engine for Innovation? At What Cost?" *Food Drug Law Journal* 55 (2000): 131.

③ 欧洲的具体解释，see Genebieve Michaux, "EU Orphan Regulation—Ten Years of Application," *Food Drug Law Journal* 65 (2010): 660. 该文指出，在欧盟法上，如果同一药品能够适用于另外独立的罕见病治疗，则可对该适应症申请新的10年市场专有权。

④ 欧共体第141/2000号条例第8（3）条也有类似规定，其具体解释，see Genebieve Michaux, "EU Orphan Regulation—Ten Years of Application," *Food Drug Law Journal* 65 (2010): 661-662.

⑤ See Yani Heled, "Patents vs. Statutory Exclusivities in Biological Pharmaceuticals—Do We Really Need Both?" *Michigan Telecommunications and Technology Law Review* 18 (2012): 449.

可能短于专有权的保护期限。例如，原研药 Eprex 和 Arava 分别在 2000 年和 1998 年获得美国的上市许可，其管制性专有权的保护期限至 2005 年和 2003 年届满，而其美国专利权的保护期限分别于 2004 年和 2001 年届满。① 在不保护药品新用途的国家，如果允许就新用途给予数据的专有权保护，则实质上大大延长了药品专利的保护期。此外，不提供药品专利延长保护的国家如果给予较长期限的数据专有权保护，也实质上延长了药品专利的保护期。

第二，对专利权的限制产生反限制的作用。由于数据的专有权保护在欧美的立法中未有限制规定，对药品的专利实施强制许可并不意味着对管制性专有权的限制。因此，即使为公共健康等因素而颁发了药品专利的强制实施许可，但因数据的专有权无法律规定而面临不能实施之困境。Bolar 例外也是对专利药的重要限制，但通过 Bolar 例外而获取的上市许可数据却因数据的专有权保护而不能使用，这实际上限制了 Bolar 例外的重要作用。当然，人们已经认识到数据的专有权保护可能对药品获取造成影响，从而危及公共健康，故而对其予以限制的制度逐渐完善化。例如，美国与秘鲁、哥伦比亚和巴拿马签订的 FTA 还特别提及多哈宣言下贸易伙伴采取保障公共健康的措施，并强调数据的专有权保护不得影响保障公共健康措施的实施。即公共健康等可以成为限制数据专有权保护的理由。

第三，保护专利法不保护的药品。首先，有些药品的专利保护期早已经届满，但因故未能提出药品的上市申请。如果不能得到数据的专有权保护，此类药品的开发将面临一些障碍。例如，美国原研药 Taxol 在 1994 年获得上市许可，并于 1998 年获得罕见病药品的上市许可，而该药品早在 1962 年即已被发现，根本不可能获得专利权。② 其次，是否受专利法保护存有疑问的药品将得到数据的专有权保护。例如，过去 20 多年以来，科学和法律学术圈围绕基因材料的可专利性展开了激烈的争论，其原因在于专利法很难协调其中涉及的三种利益：研究成果可能带来的巨大利润、科学家对人类基因研究的可持续性，以及病患对治疗手段和药品的可获得性。人们认为这三种利益的保护均具有合理性，但确实为专利法所难以协调；而数据的专有权保护则能避免专利法适用中的困境。③

---

① UNCTAD eds., *Resource Book on TRIPs and Development: An Authoritative and Practical Guide to The TRIPs Agreement* (UNCTAD, 2005), pp. 170 – 171.
② Id., p. 171.
③ See Gregory Dolin, "Exclusivity Without Patents: The New Frontier of FDA Regulation for Genetic Materials," *Iowa Law Journal* 98 (2013).

然而，数据的专有权保护也存在一些局限性。

第一，如同所有的专有权一样，数据的专有权保护也将带来消费者福利的损失，或者说，对消费者而言存在净损失。专有权保护排除了竞争性产品的上市，也就限制了药品的供给，有些患者能够支付竞争市场上的药品价格，但可能承受不了垄断下的药品高价，即使能够获得药品的患者也支付了比竞争市场高得多的价格。如果患者的救命药因为高价而不能获得，则对于可以治愈的疾病来说，可称得上健康悲剧。①

第二，数据的专有权保护强度体现为其专有权保护期限。但是，数据专有权保护期限究竟应该有多长，现有的立法例均未提供有说服力的证据。从某种意义上讲，保护期限的规定具有任意性。同时，规定整齐划一的数据专有权保护期限，而不考虑不同药品的研发成本等具体情形，是专有权模式的重要制度缺陷。从更理想的状态来说，专有权的保护期限应该与药品的研发投入密切相关。② 为了避免消费者的净损失，专有权的期限应该根据药品的研发投入和适当利润来计算。如果保护期过长，消费者就将为药品支付过多的费用，这将导致激励过度的问题；如果保护期过短，药品开发者就难以获得药品研发投入的适当回报，这又将导致创新药品缺乏的问题。此外，如果激励过度，将诱使大量潜在竞争者竞相开发相同药品，其巨大的投资对于整个社会而言，构成了资源的浪费。

第三，数据专有权的立法例并不禁止学名药商通过自己的研发来获取上市许可所需数据，并获得药品的上市许可。这虽然可以增加药品市场的价格竞争，从而促使药品价格的降低，但是重复性的临床试验增加了整个药品市场的开发成本，更提升了学名药的开发成本。这部分成本对于整个社会而言，也属于资源的浪费。③ 特别是保密为基础的立法例，即使在专有权保护期届满之后，学名药商如果想要获得这些数据，就必须进行重复性的临床研究，或者从原研药商处获得授权。重复性的临床研究还涉及伦

---

① See Sarah Sorscher, "A Longer Monopoly for Biologics？：Considering the Implications of Data Exclusivity as a Tool for Innovation Policy," *Harvart Journal Law & Technology* 23（2009）：299. 然而，患者的药品可获取性还涉及一个国家的公共健康保险体系。在拥有较完善的公共健康保障制度的国家，这一问题将转化为财富从公共资金向私人（创新者）转移的问题，这一财富的转移支付是否正当或妥当，也是值得深入研究的问题。

② See Shamnad Basheer, "The Invention of an Investment Incentive for Pharmaceutical Innovation," *Journal World Intellectual Property* 15（2012）：318.

③ See Aaron Xavier Fellmeth, "Secrecy, Monopoly, and Access to Pharmaceuticals in International Trade Law：Protection of Marketing Approval Data Under the TRIPs Agreement," *Harvard International Law Journal* 45（2004）：472.

理问题。重复性的测试研究造成了不必要的动物实验,每年的动物实验造成了成千上万的动物死亡或其身心痛苦;对人类的临床试验也是如此。尽管药品的主管部门已经掌握了药品的安全性、有效性等数据,但这些数据并不能为学名药商所获得,故而其必须通过临床试验来获得。在临床试验中,被试验人群(包括对照组中的健康人群)将承受药品某些副作用的影响,或者强化了疾病的某些症状,而这些本均可避免。① 市场专有权的立法例也存在严重的缺陷。除了上述缺陷,还有可能因类似专利权的市场垄断造成更严重的消费者福利损失。

第四,数据的专有权保护在某些情况下难以实现激励投资的制度目标。一是领先优势的利润回报。在某些药品的巨大利润之诱导下,有大量的资金投入来开发竞争性产品。这本身就表明,市场竞争就可以实现激励投资的作用。在以保密为基础的管制性专有权下,由于获取上市许可所需的数据往往需要花费 10～15 年的时间,在这一段时间内,学名药商因未能独立获得用于上市许可所需的数据,原研药商获得的先发优势能够带来足够高的利润回报。二是对利润不足的药品仍然缺乏激励作用。无论是原研药商还是学名药商,均受逐利因素所影响。对于所谓被忽视疾病(neglected diseases)的药品开发,仅靠市场驱动的激励机制,无论是专利制度还是数据的专有权保护制度,均存在动力不足的问题。因为这类疾病的患者数量较少,或者其支付能力有限,从药品创新中能够获得的利润回报就相对较低,原研药商就可能不愿意投资开发利润不足的药品。

第五,数据的专有权保护将对药品获取造成严重影响,特别是对发展中国家来说。毫无疑问,数据的专有权保护延缓了学名药的上市。从国际层面来看,在药品同时受专利保护的情形下,原研药商的策略性行为将极大地延缓学名药的上市。因为美欧法上数据的专有权保护期限自药品上市许可之日起计算,与是否处于专利保护期之内无关,与是否在其他国家获得上市许可无关。也因为 TRIPs 协议使得药品几乎能够在全世界范围内得到专利保护,原研药商采取的策略性行为就可以实现。即原研药商可以根据其在世界各国获得的专利保护在各国先后提出上市许可的申请,以达到延长其市场垄断的目的,从而实现利润最大化。②

---

① See Aaron Xavier Fellmeth, "Secrecy, Monopoly, and Access to Pharmaceuticals in International Trade Law: Protection of Marketing Approval Data Under the TRIPs Agreement," *Harvard International Law Journal* 45 (2004): 474.

② See Rebecca S. Eisenberg, "The Role of FDA in Innovation Policy," *Michigan Telecommunications and Technology Law Review* 13 (2007): 366.

第三节　管制性专有权的内部体系

法律在专利法之外提供药品管制性专有权以控制随后的市场准入，从而通过限制学名药商的竞争来激励药品创新的投资。随着不同政策的采用，为激励立法者所希望的某些研究开发活动，不同类型的管制性专有权就逐步形成了体系。它们大体上包括四种类型的管制性专有权：一般数据专有权（主要针对小分子化合物，有些国家可再分为新型化学实体数据专有权、新用途数据专有权）、生物制品的数据专有权、孤儿药品（罕见病用药）的市场专有权和儿童用药的管制性专有权。

一、一般的数据专有权

管制性专有权起源于美国 1984 年 Hatch-Waxman 法案。为激励药品的研究开发，该法案授予原研药商对其开发的小分子药物以数据专有权保护，它随着美国向世界各国推销而扩张到所有与其签订 FTA 的国家。

1. 美国 Hatch-Waxman 法案

美国 1984 年 9 月通过的 Hatch-Waxman 法案，又叫作《药品价格竞争与专利期补偿法》（*Drug Price Competition and Patent Term Restoration Act*），在世界上首创于专利法之外对原研药商赋予"类专利权"的管制性专有权，它包括两类数据专有权：新型化学实体（NCE）药品的 5 年数据专有权和具有新用途的非新型化学实体药品的 3 年数据专有权。一般来说，新药通常会在专利保护期届满之前进行临床试验，以获得 5 年的数据专有权；在专利或 5 年数据专有权保护期届满之前，进行新的临床试验以获得 3 年的数据专有权。原研药商将 3 年数据专有权的保护视为前者的补充，试图将整个药品数据专有权的保护期最大化。[①] 依 Hatch-Waxman 法案，FDA 自动决定是否满足数据专有权的条件。药品上市申请者须指明是否主张某一专有权，但即使未能主张，只要是符合法定条件，FDA 可自动做出决定并授予专有权。法律也未规定将其是否授权的决定告知申请者的程

[①] See Valerie Junod, "Drug Marketing Exclusivity under Unites States and European Union Law," *Food Drug Law Journal* 59 (2004): 490.

序，但申请者通常能够在橙皮书中及时获得这些信息；① 同时，也没有任何程序使得竞争者能够使数据专有权被宣告无效，即使 FDA 做出的决定是错误的。对于竞争者而言，它能向 FDA 提出复议的动议，如果 FDA 维持其决定，它也仅能提出申诉。②

Hatch-Waxman 法案规定，学名药商不得依据（relying）原研药商为证明药品的安全性、有效性而递交的数据提出上市申请。这既包括直接依赖的情形，也包括间接依赖的情形。前者是指学名药商直接获取这些数据并用于上市申请。后者是指 FDA 依据原研药商用以证明参考药物（reference drug）安全性、有效性的数据来批准学名药商的上市申请。即学名药商必须独立证明药物安全性、有效性。当然，如果学名药商利用公众可获知的信息则是允许的。在数据专有权的保护期限内，学名药商可以通过临床试验来获取上市许可所需的安全性、有效性和质量可靠性的数据，从而获取上市许可。即依据第 505（b）（2）条的 paper NDA 程序提出上市申请。③ 但是，学名药商通常不会利用该程序来申请学名药的上市。此外，学名药商在获得原研药商书面授权之情形下，也可使用其数据申请上市，但是，出于经济等方面的考虑，学名药商获得这一授权几乎是不可能的。故在数据专有权保护期内，原研药商享有事实上的市场垄断地位。

(1) NCE 专有权。④ 对 NCE 药品数据，原研药商享有 5 年的专有权，但通常情况下，其有效保护期会长于 5 年。由于在这一法定期限内学名药商不能向 FDA 递交简明药品上市申请（ANDA），⑤ 而 FDA 平均要花费 19.2 个月来审批药品的上市申请，实际上将原研药商的市场专有权期限延长至 6.5 年左右。

Hatch-Waxman 法案还创设了非常复杂的专有权期限机制。依据第 505（j）条，学名药商递交 ANDA 申请学名药上市，就必须对橙皮书名单中药品的专利情况递交以下声明（certification）之一：①原研药商未向 FDA 递

---

① 依据 21 U.S.C. 第 505（j）条之规定，特别是 505（j）（7）之规定，FDA 必须发布所有被批准上市药品的名单，并向公众提供，通常情况下会列举保护药品或其使用方法的专利。为此，FDA 发布了《治疗用等效评估的已批准上市的药品》，通常称之为橙皮书（Orange Book）。

② See Valerie Junod, "Drug Marketing Exclusivity under United States and European Union Law," *Food Drug Law Journal* 59 (2004): 493.

③ 这是美国法上学名药上市的一种程序，它是一种以新药上市标准来审查的一项程序，就如同原研药上市一样需要承担举证责任，证明药品满足安全性、有效性和质量可靠性等上市许可条件。

④ See 21 U.S.C. §355（c）（3）（D）（ii）-355（j）（5）（D）（ii）.

⑤ 关于 ANDA 程序的介绍，容笔者另行撰文。

交任何专利信息；②专利保护期届满；③上市之日，专利保护期将会届满；④申请上市药品的制造、使用或销售不构成侵犯专利权，或者专利权无效。即如果学名药商需要在橙皮书中药品专利保护期届满之前递交 ANDA，则必须递交第四种声明（Paragraph Ⅳ Certification）。① 该声明可在 NCE 被批准上市之日起第四年递交，如果专利权人随后提出侵犯专利权的诉讼，则原研药商将获得 30 个月的延长保护。② 即从新药批准上市到学名药上市之间，原研药商拥有约 7.5 年的专有权。如果学名药商在第 4 年递交第四种 ANDA 申请，但原研药商未提起侵权之诉，则学名药商的申请就会被 FDA 受理。即其专有的保护期为 5.5 年左右（4 年加上 19.2 个月的审查时间）。当然，法院也可以决定延长或缩短这一期限。

5 年的数据专有权仅须满足一个条件，即批准上市的药品须包含有新的活性成分：是 FDA 未曾批准上市的新型化学实体（NCE）或者活性基（new active moiety）。一般来说，NCEs 的申请依据第 505（b）（1）条的新药程序提出，但在部分依据第三方数据而提出上市申请的情况下，也可以依据第 505（b）（2）条提出。③ 化合物的不同脂或盐的形式（ester or salt forms）属于同一活性部分。即如果申请药品上市的化合物仅在脂形式方面有不同，就不能享有 5 年的数据专有权。这在"对应体分离的新产品"（newly-separated enantiomer products）方面也有重要意义。一般来说，FDA 倾向于认为这不属于 NCEs。④ 5 年数据专有权不要求药品具有新颖性，也不要求其与已有药品相比具有进步性；其条件仅是 FDA 未曾批准过作为药品上市。

（2）改良型新药专有权。⑤ 如果原研药商发现了药品的新适应症、药物剂型（dosage form）或处方药转为非处方药（OTC），申请辅助性的 NDA 也是药品上市的必要条件。这将产生 3 年的数据专有权，自批准上市之日起计算，它实际上延长了药品的专有权保护期限。通常情况下，原研药的专利保护期届满之日，原研药商就会提出非处方药的上市许可。3 年数据专有权须通过新药程序来获取，且不限于原来的新药开发者。如果该药品不受专利保护或保护期届满，后来进入市场的药商也可对其发现的新

---

① 更详细的介绍，参见本书第四章第一节。
② 学名药商如果成功证明其第Ⅳ段声明，将获得 180 天的市场专有权。
③ See Valerie Junod,"Drug Marketing Exclusivity under United States and European Union Law," *Food Drug Law Journal* 59（2004）：495.
④ Id., pp. 495 – 496.
⑤ See 21 U. S. C. §355（c）（3）（D）（iii）– 355（j）（5）（D）（iii）.

用途等通过第 505（b）（2）条来申请上市许可，从而获得 3 年数据专有权。其他获得改良型新药专有权的条件是：进行或赞助了为改良型新药的上市许可所必需的临床试验。①

3 年的数据专有权与 NCEs 数据专有权不同，它允许学名药商在此期限内提出上市申请，FDA 可以进行审查并批准临时上市，但在 3 年保护期届满之后上市批准才能生效。此外，改良型新药专有权也不能禁止学名药商对原适应症的药品提出 ANDA 的上市申请。当同一药品有两种用途时，如果其中一种用途享有 3 年数据专有权，则原研药商不能禁止该药品的上市。尽管学名药商不能在标签中指明新用途，但医生和药房均会知道其用途，从而间接地与学名药商产生竞争。但对于从处方药转为非处方药而言，由于非处方药仍处于管制性专有权期内，所以学名药也不能上市，原研药商往往拥有很重要的优势。

2. 欧盟《第 2001/83/EC 号指令》（2004 年修订）

欧盟于 1986 年通过的《第 87/21/EEC 号指令》修正了《第 65/65/EEC 号指令》，建立了药品数据的专有权保护，并于 2001 年汇编成一部指令——《第 2001/83/EC 号指令》，后又经 2004 年的修订（《2004/27/EC 号指令》），并于 2005 年 10 月 30 日在全体欧盟成员国境内生效。欧盟自成员国首次批准药品上市之日起保护数据。欧盟的管制性专有权与美国有诸多不同。首先，其立法动因不同。欧盟管制性专有权的重要原因是将其作为药品专利保护的替代物。因为在欧盟建立管制性专有权之前，并不是所有的欧盟成员国都提供了制药业所希望的专利保护，特别是西班牙和葡萄牙在 1992 年之前甚至不保护药品专利。此外，其立法推动者还认为，欧盟不仅应该保护数据专有权，而且还应该提供更长的保护期，以帮助其制药业获得比美国制药业更多的竞争优势。② 其次，获得数据专有权的条件不同。在欧洲，获得数据专有权的保护仅以获得新药（new medicinal product）的上市许可为条件，除此之外，并无其他条件。而且，"新药"

---

① 更详细的介绍，参见 Valerie Junod, "Drug Marketing Exclusivity under United States and European Union Law," *Food Drug Law Journal* 59 (2004): 498 – 500.

② See Cynthia M. Ho, *Access to Medicine in the Global Economy: International Agreements on Patents and Related Rights* (Oxford: Oxford University Press, 2011), p. 261; Valerie Junod, "Drug Marketing Exclusivity under United States and European Union Law," *Food Drug Law Journal* 59 (2004): 498 – 500; Sandra Admini et al., "Policy Making on Data Exclusivity in the European Union: From Industrial Interests to Legal Realties," *Journal Health Policy & Law* 34 (2009): 979. 这与美国法不同。美国 1984 年 Hatch-Waxman 法案是两个立法目标的混合：以数据专有权的保护来交换学名药上市的快速审批。

并未要求是使用新型化学实体的药品。最后，在 2004 年修订之前，欧盟并没有明确的规定保护药品新用途的数据。

与美国相似，欧盟对于数据专有权的保护系在保护期内禁止学名药商"依赖"（rely）这些数据来获取上市许可。同样，原研药商也可以撤回与申请的参考药物有关的数据，并推定其撤回申请的原因与安全性或有效性无关，例如，出于商业因素而撤回药品上市申请。① 但是，欧洲法院（European Court of Justice）在 2003 年裁判的一个案件中却认为，在学名药商递交简明申请之时，参考药物的上市许可被推定处于有效状态之中。此案的判决对原研药商非常有利，它们可以通过以新版药品替代旧版药物的方式，例如以片剂替代胶囊的方式，在学名药商提出申请之前，撤回旧版药品的上市申请；而因新版药品能够覆盖旧版药品，事实上阻碍了学名药商的市场进入。该案还澄清了数据专有权的两个方面。一是参考药物的上市许可在属性上是成员国的权力范围，无论是通过纯粹的国内审查还是相互承认的方式；而学名药商递交其申请之时，参考药物的上市许可必须是有效的，否则学名药就不能为成员国所批准。在其他国家能够获得参考药物的事实对于学名药的上市没有任何意义。二是法院认定，只要参考药物在相关成员国存在有效的上市许可，即使并未在成员国境内上市，学名药商均可予以参考。第一点被 2004 年的指令所明确否定，而第二点则为该指令所承认。②

（1）《第 2001/83/EC 号指令》中的保护期。③ 欧盟 2004 年指令不溯及既往，特别是数据专有权的保护期。《第 2001/83/EC 号指令》提供了四类不同长度的数据专有权：① 10 年的强制性期限。只有通过设立在伦敦的 EMEA 以集中程序（centralized procedure）获得的上市许可，才产生 10 年的强制性保护期。而能够以该程序来获得审批的药品须为"高技术"药物，包括 DNA 重组等生物技术领域的药品，以及具有重大创新价值或重大医疗进步的药品，包括新活性成分、新适应症、新型给药系统以及新制造方法。第一类药品必须通过集中程序获得审批；而第二类药品既可通过集中程序，也可通过相互承认的方式来获得上市许可。② 6 年的最低保护期。通过成员国内或相互承认方式获得上市许可的药品必须得到 6 年的

---

① See Valerie Junod, "Drug Marketing Exclusivity under United States and European Union Law," *Food Drug Law Journal* 59 (2004): 507.

② Id., pp. 507–508.

③ Id., pp. 504–506.

保护期。成员国对仅在本国境内上市的药品以国内程序来批准药品上市；如果需要在多个成员国上市，则须依据相互承认程序来获得上市许可。③专利之外的 6 年保护期。成员国可以选择在药品专利保护期届满之后提供 6 年的管制性专有权。如果补充保护证书（supplementary protection certificate，SPC）延长了药品专利的保护期，① 则该期限自 SPC 届满之日起计算。希腊、西班牙和葡萄牙采取这一规定。④ 10 年可选择的保护期。成员国可以将 6 年最低保护期延长至 10 年，但仅能选择 6 年或 10 年，而不能是 7 年或其他。而且，成员国也不能区别对待不同的原研药商。数据专有权保护期延长的理由是"为公共健康利益所必须"，但该标准通常是非常宽松的。比利时、德国、法国、意大利、荷兰、瑞典、英国和卢森堡采用这一规则。

（2）《第 2004/27/EC 号指令》中的保护期。② 该指令提供了"8 + 2 + 1"年的数据专有权保护：①新药的保护期。新药这一保护期无论是通过集中程序还是相互承认程序均可获得。其基本规定是，数据专有权自批准上市之日起享有 8 年保护期，但学名药的上市必须在其 10 年届满之后才允许。即自第 8 年届满之后，学名药商可以提出上市申请，但学名药的上市则必须在第 10 年之后。②新药的新用途。有新适应症等新用途的药品，可以获得额外 1 年的保护期。其他诸如新包装、新用法（肌肉注射或口服等）等不属于药品的新用途，不能获得额外 1 年的保护期。仅允许 1 年的延长保护，不得递加。即如果有多项新用途，也仅能获得 1 年的保护期延长。同时，新用途的申请必须在 8 年保护期内提出，且须比已有药品具有"重要的临床优势"。③旧药的新用途。新适应症的药品可以获得 1 年的数据专有权，它可在任何时候提出申请。其条件是，"通过临床前和临床研究"证明该新适应症具有安全性和/或有效性。同样，它也仅能获得一次，且仅保护新用途。④从处方药转为非处方药。必须依据"重要的临床前和临床研究"来提出上市许可，从而获得 1 年的管制性专有权。如果有足够的信息可以证明其转换是安全的，则也可不提供临床研究的数据。该数据专有权仅保护非处方药，因此处方药的学名药可以上市。

---

① 关于欧盟法上的补充保护证书制度，更详细的介绍，参见本书第四章第二节。
② See Valerie Junod,"Drug Marketing Exclusivity under United States and European Union Law," *Food Drug Law Journal* 59（2004）: 513 - 515.

二、生物制品的数据专有权

生物医药领域的发明在制药业中的地位越来越重要，而且，生物医药具有与化学医药不同的市场特征。① 欧盟在《第 2004/27/EC 号指令》中就已经规定了生物医药产品学名药上市的简要申请规则，但是，生物制品的数据专有权并未与小分子化合物药品有本质性的区别。② 美国制药业游说美国国会通过立法来给予更强的保护。美国国会 2010 年通过《生物制品价格竞争与创新法》（*Biologic Price Competition and Innovation Act*，BPCIA），该法成为《公共健康服务法》的一部分；它赋予原研药商 12 年的数据专有权，这一期限往往长于专利的有效保护期。③

该法的进步之处在于其改进了 Hatch-Waxman 法案中专利链接的弊端，④ 而其管制性专有权也颇具特色，与 Hatch-Waxman 法案不同。它不考虑生物制品是否受专利保护，自其批准上市之日起，学名药或生物相似性许可（biosimilar license）可以在 4 年之后提出上市的简明审批申请，但其上市许可只能在 12 年期限届满才生效。其与 Hatch-Waxman 法案的最大区别在于改良型新药数据专有权。对于药品的细微变化并不是给予 3 年的额外保护；如果"生物制品结构的改变"将导致"其安全性、纯化或疗效的变化"，则能够获得 12 年的数据专有权。⑤ 其主要区别见表 5-3。

---

① 具体介绍，参见本书第一章第二节。
② See Directive 2007/27/EC, article 10.4.
③ 对于其 12 年的数据专有权，有人认为它是对原研药商的过分保护，也有人认为这一期限尚属保护不够。See Rebecca S. Eisenberg, "Patents and Regulatory Exclusivity," in *Oxford Handbook on the Economics of the Biopharmaceutical Industry*, eds. P. Danzon and S. Nicholson (Oxford: Oxford University Press, 2012), p. 180.
④ Id., p. 180.
⑤ See 42 U.S.C. §262 (k) (7) (C) (ii) (Ⅰ), (Ⅱ).

表 5-3 Hatch-Waxman 法案和 BPCIA 的比较

Hatch-Waxman 法案	BPCIA
新药申请须证明安全性和有效性，以及制造和设备控制（质量可靠性）	生物制品上市许可须证明安全性、疗效和纯化性，以及制造能力的充分性
数据专有权期限：新型化学实体，5年；新用途，3年	数据专有权期限：12年
无	生物制品结构的改变将导致安全性、疗效或纯化的改变，可获得12年的数据专有权
最早的学名药申请时间：5年届满；如果质疑其专利权，可在4年届满时提出	最早的学名药（follow-on Biosimilar, FOB）申请时间：4年届满
孤儿药品：7年市场专有权	孤儿药品：7年市场专有权
儿童用药品：6个月延长	儿童用药品：6个月延长

三、罕见病药品市场专有权

所谓罕见病，通常是指仅在少数群体中发生、盛行率低、较少见的疾病。国际确认的罕见病多达五六千种，患者约占总人口的 10%，但每种病的患者可能仅数万人。由于此类药品的研发同样需要耗费大量成本，但其销量将明显低于其他药品，在专利及数据专有权等现有的激励措施下，其研发、销售的成本很难收回。因此，"可以合理地确定，除非修改法律以降低此类药品的研发成本，提供开发此类药品的经济激励，一些有效的罕见病药品就不可能被成功开发出来"①，而对成功实现此类药品商业化的开发者授予一定期限的市场专有权，是法律激励罕见病药品研发的重要手段。

1. 美国《孤儿药品法案》

美国国会于 1983 年通过《孤儿药品法案》（Orphan Drug Act, ODA），该法案为开发治疗罕见病的制药公司提供类似专利权的 7 年市场专有权（market exclusivity），并对临床试验费用进行补助，给予税收优惠以及免除某些 FDA 注册费用。除了 ODA，美国还通过了《2002 年罕见疾病法

---

① *Orphan Drug Act* §1.

案》(Rare Diseases Act of 2002P)(该法案使罕见病临床研究网络落户NIH)及《2012年FDA安全和创新法案》(FDA Safety and Innovation Act of 2012)等促进孤儿药品开发的法律。在美国,ODA适用于所有罕见病。罕见病的界定范围较宽,包括影响美国20万人以下的疾病,也包括虽然患者人数超过20万,但可以合理预期在美国境内治疗该疾病的药品研发成本和其他成本将远远超出通过在美国销售该药所能获得回报的疾病。[1] 换言之,该法案假定:治疗人数相当少的罕见病药品之开发需要特别激励机制,因为患者人数很少,制药企业没有足够的市场动力来开发此类药品。当然,在理论上,ODA也允许此类药品能够用于治疗患者人数更多的疾病。获得上市批准的罕见病药品开发者将获得7年的市场专有权,自批准上市之日起算;在保护期内,主管部门不得批准针对治疗同一疾病的同一药品的其他上市申请。[2] 其他制药企业可以提出同一疾病不同药品的上市申请,但必须证明其药品不同于已获市场专有权的药品。此外,如果开发者未能向市场供给数量足够的已批准上市的药品,该市场专有权将被取消。[3] 虽然ODA对罕见病药品的保护仅限于批准上市的药品,其范围有限,但如果该药品不受专利保护,则市场专有权的保护与专利权保护具有相同的功效。

获得罕见病药品的地位需要经过两步程序:[4] ①受理(designation)程序。其目的在于降低申请者在筛选阶段(investigation under protocols)就不合FDA的要求而导致的资金浪费和时间损失。在此程序中,制药企业需要证明药品适用于罕见病的治疗,并提供将该药品用于治疗罕见病的科学依据,以及提供流行病学的数据。在受理阶段,可以有多家企业提出治疗罕见病药品研发的申请,但一旦有制药企业捷足先登获得上市许可,FDA在7年市场专有权期限内将不再批准其他的上市申请。②批准程序。虽然FDA在受理阶段具有较大自由裁量权,但在批准罕见病药品的上市申请并授予市场专有权方面却非常严格。制药企业必须要提供广泛的科学和医学数据,包括化学、药理学和临床研究等。药品和生物制品的上市许可申请者均须证明意图使用领域的产品的安全性和有效性。一般来说,罕见病药品的研发时间会短于其他药品,其原因是临床试验要求的参与患者

---

[1] See 21 U. S. C. §360bb(a)(2)(B).
[2] See 21 U. S. C. §360cc(a).
[3] See 21 U. S. C. §360cc(b)(1).
[4] See Robert A Bohrer and John T. Prince,"A Tale of Two Proteins: The FDA Uncertain Interpretation of the Orphan Drug Act," *Harvard Journal Law & Technology* 12(1999):372-376.

更少。

2. 欧盟《孤儿药品条例》

1999年12月16日，欧洲议会通过141/2000条例（通称《孤儿药品条例》，以下简称为《条例》或ODR），确立了在欧盟境内申请孤儿药品的程序，其目的在于促进其研究、开发和上市申请。为此，《条例》第8(2)条对研究、开发孤儿药品并申请上市的申请者提供10年的市场专有权激励，其他申请竞争性产品上市的制药企业不可能在这一期限内获准上市。但其前提是必须符合第3条规定的条件：①必须是用以诊断、预防或治疗威胁生命健康疾病的药品或慢性疾病的药品，而非医疗设备；②流行原则，即在申请时患者人数不得超过欧盟境内（包括冰岛、卢森堡和挪威）居民万分之五人口的疾病治疗药品；③投资回报不足原则，即如果未有足够的激励措施就不可能获得孤儿药品开发应有的投资回报；④在欧盟尚未有满意的诊断、预防或治疗该罕见病的药品上市，或者已有上市的药品，但其申请的药品能够带来足够大的收益。[①]

在10年的市场专有权期限内，欧共体或其成员不得受理或者批准对相似药品（similar medicinal product）的同一治疗处方其上市许可的申请，或者批准已有上市许可的期限延长申请。[②] 市场专有权独立于专利或其他知识产权或其他欧共体法律的保护，也可以得到其他法律的共同保护。因此，学名药商必须要考虑药品上可能存在的多种权利保护。例如，药品的专利保护禁止学名药的销售等实施行为，其市场专有权的保护将禁止其他人获取药品的上市许可。此外，如果被证实符合儿童用药品的标准，则孤儿药品的市场专有权可再延长2年。在欧盟法上，如果自其受保护的第5年起，该药品被证明不再符合第3条之规定，孤儿药品的10年市场专有权也可以缩减至6年。例如，如果有确凿的证据证明药品已经产生足够的利润，维持市场专有权就不再具有正当性了。无论是通过欧盟层次的集中程序还是通过各国自己的程序来获得授权，孤儿药品的市场专有权均自上市许可批准之日起计算。

3. 其他国家或地区的孤儿药品法

世界上30多个发达和发展中国家及地区都已有各自的罕见病救助专

---

① 更详细的论述，参见 Victoria Dearson, "Orphan Drug Protection," in Guide to EU Pharmaceutical Regulatory Law, eds. Sally Shorthose (Wolters Kluwer, 2011), pp. 357 – 382.

② "相似药品"的解释，同上文，第375 – 378页。

项法律法规，美国和欧盟还将闰年的 2 月 29 日确定为"罕见病日"。① 日本是较早模仿美国 ODA 立法激励罕见病药品开发的国家。中国台湾地区也在 2000 年通过《罕见疾病防治及药物法》，该法明确将"奖励与保障该药物及食品之供应、制造与研究发展"作为立法目标，其第 17 条赋予罕见病药物开发者 10 年的市场专有权。在有效期间内，对于同类药物查验登记之申请不予受理。同时，该条第 2 款规定，在期满之后，权利人可申请核准展延，每次展延不得超过 5 年；但在展延期间，同类药物可以申请查验登记。第 18 条规定，在市场专有权 10 年保护期限内，如果新申请人取得经查验登记许可为罕见疾病药物之权利人授权同意；或者具有相同适应症且本质类似之罕见疾病药物之新申请案，其安全性或有效性确优于已许可之罕见疾病药物；或者持有罕见疾病药物许可证者无法供应该药物之需求；以及罕见疾病药物售价经中央主管机关认定为不合理，则主管机关可以受理其他同类药物之查验登记申请，并发给许可证。

  对 ODA 实效展开研究的学者中，大多数认同该法有效地促进了罕见病药品的开发。② 在美国 ODA 通过的前十年，"只有 10 个治疗罕见病患者的新药物被行业研发出来。自 1983 年以来，有超过 2700 种潜在的治疗方法进入'孤儿药产品'的研究管道，其中 400 多种已被 FDA 批准"③。当然，也学者存在一些不同意见。有研究者认为，无须 ODA 的激励措施也会有新药的开发，例如，有些孤儿药的生产商每年会从该药中挣得超过 10 亿美元的收入。还有学者指出，有些药商采取"切香肠"的策略是不当利用 ODA 提供的市场专有权。即制药商先依据 ODA 来获取罕见病药品的市场专有权，然后通过额外的临床试验来验证其能适用于其他人群的病症。④ 但也有研究者认为，ODA 对于有些罕见病药品的激励措施还不够充分。例如，银环蛇毒的解毒剂仅影响每年约 100 人的生命健康，惠氏公司在几年前就已经因为无利可图而停止生产。市场也有其他替代性的药品，但因

---

  ① 参见朱维芳：《关于制定〈罕见疾病防治法〉的议案》，http://www.caijing.com.cn/2009-03-09/110115538.html.
  ② See Michael Abramowicz, "Orphan Business Models: Toward a New Form of Intellectual Property," *Harvard Law Review* 127 (2011): 1385.
  ③ 《庆祝孤儿药法案通过和美国罕见病组织成立 30 周年》，http://www.hanjianbing.org/2013/0110/144.html.
  ④ See Michael Abramowicz, "Orphan Business Models: Toward a New Form of Intellectual Property," *Harvard Law Review* 127 (2011): 1386. 该文还指出，ODA 的过度激励将导致大量不必要的孤儿药被提出申请；同时，有些罕见病不仅出现在美国，也会在其他国家中出现，有时这一群体的人数也会很多，从而将产生足够的利润。Id., p.1387.

为被蛇咬的受害者数量是如此少,没有任何企业愿意投资几百万美元来申请该类药品的上市。①

中国尚无明确的法律规定缺少罕见病药品开发的激励机制,但根据世界卫生组织的定义,罕见病人数占世界总人数的 0.65‰ 到 1‰,国内罕见病患者人数高达几千万,这些病患常常因缺乏必要的药品或因需要特别定制药品而支付昂贵的药费。自 2006 年以来,中国有人大代表、政协委员呼吁国家应尽快为罕见病立法,使防治工作有法可依、罕见病患者获得应有的保障。② 因此,建立罕见病治疗药品开发的激励机制,实属保障公共健康的重要一环。

四、儿童用药的管制性专有权

由于儿童用药的临床研究非常缺乏,这导致了非常严重的社会后果。例如,不准确的给药剂量带来严重的副作用,甚至造成死亡的后果。通过市场自身来实现儿童用药的供给被证明是不够充分的。为激励儿童用药的研究、开发和上市申请,改善不同年龄段儿童用药的可获得性,同时避免对儿童用药不必要的临床研究以规避其道德风险,促进公共健康和药品供给的自由竞争,③ 儿童用药的管制性专有权是非常必要的。

美国在 1997 年通过《药品和食品管理现代化法》,为激励制药企业投资开发儿童用药,对获取儿童用药上市许可的制药企业提供额外的 6 个月管制性专有权。这 6 个月的管制性专有权并不伴随对儿童用药的上市许可而产生,也不限于该类用途。其获取的唯一条件是:属于 FDA 所规定的儿童用药研究,并在 FDA 所规定的时间框架内完成研究并递交相关数据。而且,6 个月的管制性专有权期不考虑儿童用药研究的结果是正面还是负面的。其保护期并不是从获得 FDA 上市许可之日起立即开始起算,它是对数据递交者所拥有的其他专有权保护期限的延长,不论这种专有权是一般数据专有权、生物制品数据专有权、孤儿药品市场专有权,还是专利保护。在这延长的 6 个月内,FDA 不得批准竞争性学名药的上市。④ 它是对

---

① See Michael Abramowicz, "Orphan Business Models: Toward a New Form of Intellectual Property," *Harvard Law Review* 127 (2011): 1387 – 1388.

② 参见李晓禾、高菲:《怪病也得有药医》,《南方周末》2010 年 11 月 21 日。

③ See Regulation (EC) No. 1901/2006 of the European Parliament and of the Council of 12 December 2006, preface para. 2, 3, 4.

④ See 21 U. S. C. §355a.

其他专有权保护的补充,且不能禁止其他企业从事相同药品的儿童用药研究。该条原定于2012年失效,但美国国会已经延伸了该法的效力,① 并通过了两部立法:《2002 最佳儿童用药品法》(*Best Pharmaceuticals for Children Act*,BPCA)和《2003 儿童用药研究平权法》(*Pediatric Research Equity Act*,PREA)。前者将儿童用药数据专有权条款扩展到非专利药的开发;后者授权FDA在特定情况下强制制药企业提供儿童用药,从而改变了企业过去自愿参与儿童用药开发的做法。究其原因,是该制度有效地促进了儿童用药的开发。"在(法律)实施的头五年,就有56项药品获得了专有权。据2001年的一项研究,已经有超过70种疾病的药品被开发出儿童用药,其中有32%的研究覆盖了新生儿和婴幼儿的用药。因此,美国FDA认为,在激励儿童用药的临床研究和有用处方信息方面,儿童用药专有权条款比其他任何行政规则或法律都更为有效。"②

欧盟也在2006年通过了儿童用药的指令(1901/2006/EC),③ 其关于管制性专有权的条款也与美国法极为类似。依据该指令第36条,专利权人或补充保护证书的权利人可以获得6个月的保护期延长。其条件是:在递交上市许可申请书的产品特征摘要中写入儿童临床试验数据,且其明确为特定儿童人群所进行的临床试验。儿童用药的临床测试证据作为药品上市申请的一部分而被递交,而其保护期的延长被视为对儿童用药临床研究所付出的额外成本之补偿。药品制造商可以自行对已有药品的儿童用处方进行临床测试,也可应请求而测试儿童用药,但儿童用药委员会(Pediatric Committee)有权决定何种药品可以开发儿童用药。与美国法相似,儿童用药管制性专有权也不考虑是否产生儿童用的配方,相反,只要药商进行了儿童用药的测试,无论是否成功,均对所有配方给予保护期的延长。然而,依据该指令第36条第4款的规定,它(6个月的延长)并不适用于孤儿药品的保护。

一般来说,儿童用药是在已有药品的基础上研究新配方、新给药形式

---

① See Rebecca S. Eisenberg, "Patents and Regulatory Exclusivity," in *Oxford Handbook on the Economics of the Biopharmaceutical Industry*, eds. P. Danzon and S. Nicholson (Oxford: Oxford University Press, 2012), p. 185. 该文指出,儿童用药的管制性专有权内容在立法起草过程中也存在争议。有观点认为,相比于儿童用药临床试验的平均花费,6个月的专有权提供了过分的报酬。

② Govin Permanand et al., "The EU's New Paediatric Medicines Legislation: Serving Children's Needs?" *Archives of Disease in Childhood* 92, no. 9 (2007): 809.

③ 更详细的介绍,参见 Montserrat Lopez-Bellosta and Ana Beneto Santa Cruz, "Fostering Pediatric Research and the Right to Extend Supplementary Protection Certificates," *Journal Intellectual Property Law & Practice* 5 (2010): 45.

或治疗周期等形成的药品。中国并没有儿童用药管制性专有权制度。在中国，目前有 3500 多种化学药品制剂，但供儿童专用的不足 60 种；国内市场 90% 的儿童患者使用的是成人药物的减量版。这导致"儿科医生开药时心都是慌的"，因为"说明书上大多写'儿童酌情减量或减半'，'酌情'意味着没有经过儿童临床研究，给儿童使用很不安全，药品过敏的概率很大"①。因此，从制度上激励儿童用药临床研究是非常有必要的。

第四节　中国法上的管制性专有权制度

在 TRIPs 协议缔结之前，与其他大多数国家一样，中国 1984 年专利法也不保护药品的发明创造，直至 1992 年专利法第一次修正。② 同样，药品数据的保护也并未为中国的医药产业界和行政主管部门所普遍认知，直至 2001 年 11 月中国加入世界贸易组织。作为中国政府加入 WTO 的官方文件之一，《中国加入 WTO 工作组报告》（以下简称《报告》）所载明的承诺具有国际法的约束力，其第 284 段就如何实施 TRIPs 协议第 39.3 条这一问题做出了相应的承诺。

为落实"入世"承诺，2002 年发布的《中华人民共和国药品管理法实施条例》（以下简称《药品管理法实施条例》）第 35 条及第 72 条完成了中国的数据专有权立法工作③，并通过《中华人民共和国药品注册管理办法》（以下简称《办法》）第 18 至第 20 条，使药品注册的行政保护工作得以实施。然而，由于对管制性专有权的具体制度及其影响并未有足够的认识，这些规定，特别是药品注册的行政管理工作，与《报告》第 284 段的承诺、TRIPs 协议第 39.3 条均有一定差距。缺乏有效的数据专有权也成为中国被美国列为《特别 301 报告》中优先观察国家名录的重要原因。④

---

①　薛冰妮、彭文斌：《儿童吃成人药，医生都心慌》，《南方都市报》2012 年 12 月 3 日，第 A08 版。
②　1984 年《中华人民共和国专利法》第 25 条规定："对下列各项，不授予专利权：……五、药品和用化学方法获得的物质……对上款第四项至第六项所列产品的生产方法，可以依照本法规定授予专利权。"该规定于 1992 年 9 月 4 日修订，并于 1993 年 1 月 1 日废除。
③　《药品管理法实施条例》于 2016 年进行了修订，原第 35 条及第 72 条条款分别变更为第 34 及第 67 条。
④　法条的详细内容，参见第三章第三节。

一、现行法上药品数据的市场专有权体系

依据中国药品管理法律的规定，新药的开发者享有市场专有权和数据专有权的多重保护。除《条例》第 34 条规定的数据专有权之外，还包括新药保护、新药监测期和中药品种保护等市场专有权的保护。

1. 新药保护和新药行政保护

在中国专利法保护药品专利之前，1987 年卫生部发布了《关于新药保护及技术转让的规定》，创设了所谓的"新药保护"机制，即新药申请人根据不同的药品注册类别申请上市许可，国家药品评审中心开展评审工作，通过评审之后，根据批准的注册类别给予相应的保护期限，在这一期限内，禁止相同药品的上市。新药保护无须申请，其保护期自颁发新药证书之日起计算。新药保护本来是作为药品专利的替代制度，然而在 1993 年专利法保护药品专利之后，新药保护的机制产生了严重的副作用。2002 年 9 月 15 日起，新药保护政策被取消。此外，为了实施中美两国政府签订的《关于保护知识产权的谅解备忘录》第 2 条，1993 年制定的《药品行政保护条例》强化了药品行政保护的市场专有权制度。但是，《药品行政保护条例》作为对药品专利的追溯保护，仍然为 1993 年之前不受专利保护的新药提供市场专有权的保护。[①] 该条例第 13 条规定，药品行政保护期为 7 年零 6 个月，自药品行政保护证书颁发之日起计算。同时，第 14 条规定，外国药品独占权人应当自药品行政保护证书颁发的当年，开始缴纳年费。

2. 新药监测期

新药保护的制度被取消之后，新药的市场专有权模式并未从中国法中消失。2002 年 8 月 4 日颁布、2016 年修订的《药品管理法实施条例》第 33 条建立了所谓的"新药监测期制度"。该条规定："国务院药品监督管理部门根据保护公众健康的要求，可以对药品生产企业生产的新药品种设立不超过 5 年的监测期；在监测期内，不得批准其他企业生产和进口。"尽管该条以保护公众健康为主要目的，而且其期限相比于新药保护明显要

[①] 《药品行政保护条例》第 1 条规定："为了扩大对外经济技术合作与交流，对外国药品独占权人的合法权益给予行政保护，制定本条例。"《药品行政保护条例》第 5 条规定："（一）1993 年 1 月 1 日前依照中国专利法的规定其独占权不受保护的。（二）1986 年 1 月 1 日至 1993 年 1 月 1 日期间，获得禁止他人在申请人所在国制造、使用或者销售的独占权的。（三）提出行政保护申请日前尚未在中国销售的。"

短，但是，作为市场专有权的保护模式，其保护强度要明显高于《药品管理法实施条例》第 34 条数据专有权的保护。首先，新药监测期所保护的对象是"新药"。依据《药品注册管理办法》（2007 年发布）第 12 条，新药是指"未曾在中国境内外上市销售的药品"。其范围明显广于包含"新型化学实体"的新药。其次，新药监测期内新药品种得到保护。即使是学名药商以独立获取上市许可所需数据来申请上市，也同样不能得到批准；同时，也没有规定基于公共政策等原因可以公开。相比之下，数据专有权保护力度明显弱很多。

新药监测期制度将存在严重的问题。相比其他类型的新药，使用"新型化学实体"的新药因其研发成本及社会价值，明显需要更强的保护，但是，在这种体制下，它受保护的力度反而更小。这不符合法律和生活的常识。当然，这并不是说使用新型化学实体的新药不能得到新药监测的保护。新药监测期禁止批准相同品种药品的上市，虽然其立法目的是避免重复研究而浪费研发资金，但是，它严重忽视了药品竞争所具有的市场价值及其对公共健康的意义。因为新药监测期的制度赋予了新药开发者享有市场独占的地位，具有激励创新的目的。然而，这必将带来药品高价的问题，影响药品的获取。此外，新药监测期的期限（5 年）短于数据专有权（6 年）的期限。由于新药监测保护的对象广于数据专有权，对于使用新型化学实体的新药而言，原研药商的理性选择是首先运用前者，在第 6 年时才适用后者。换言之，新型化学实体的新药数据专有权仅仅作为新药监测期的补充保护而存在。

3. 中药品种保护

市场专有权的保护模式不仅存在于对新药的保护上，也体现在对中药品种的保护上。《中药品种保护条例》（2018 年修订）对不受专利保护的中药品种给予保护；① 同时，作为数据专有权和新药监测期保护的补充，"在国务院药品监督管理部门批准的（新药）保护期限届满前六个月，可以重新依照本条例的规定申请保护"②。中药品种保护分为两类。中药一级保护品种的对象包括对特定疾病有特殊疗效的、相当于国家一级保护野生药材物种的人工制成品以及用于预防和治疗特殊疾病的中药品种，其保护期分 30 年、20 年、10 年。③ 中药二级保护品种的对象包括符合本条例

---

① 中华人民共和国国务院，《中药品种保护条例》第 2 条第 2 款。
② 中华人民共和国国务院，《中药品种保护条例》第 8 条。
③ 中华人民共和国国务院，《中药品种保护条例》第 6 条及第 12 条第 2 款。

第 6 条规定的品种或者已经解除一级保护的品种、对特定疾病有显著疗效的以及从天然药物中提取的有效物质及特殊制剂,其保护期为 7 年。中药品种保护包括新药和学名药,其保护期自"中药品种保护证书"颁发之日起计算,且可以申请延长保护期。其中,一级保护品种延长次数不限,但须在期满前 6 个月按程序提出申请,且每次延长的保护期限不得超过第一次批准的保护期限;① 二级保护品种则不得超出 7 年。②

中药品种保护是典型的市场专有权模式,因为"被批准保护的中药品种,在保护期内限于由获得《中药保护品种证书》的企业生产"③。与新药监测期相似,其采取保密方式给予保护,④ 且限制"向国外申请注册"⑤。但相比于新药监测期的规定,其保护强度要弱一些,因为该条例第 19 条规定了中药品种保护的强制许可。

中药品种保护作为一种行政保护,对于"擅自仿制中药保护品种的,由县级以上卫生行政部门以生产假药依法论处";伪造证书并生产销售的,"没收其全部有关药品及违法所得,并可以处以有关药品正品价格三倍以下罚款";情节严重,构成犯罪的,追究刑事责任。相比于专利保护,中药品种保护无须满足专利授权的条件,甚至也无须是新药,其保护期可以续展,最短也可达 14 年。从这一点来讲,其有效的市场专有权将长于专利。同时,与专利权必须满足公开充分性条件不同,中药品种保护以保密为依据。因此,其对中药品种的上市开发具有比专利更强的激励效应。当然,不同于专利权较强的排他性,中药品种可能存在多家"中药保护品种证书"的持有人。⑥

中药品种保护对专利保护产生了替代作用,但是,由于缺乏必要的国际协调,难以产生重要的国际影响。一方面,绝大多数国家对于药品标示义务的法律强制规定使得中药配方的保密难以维持,如果中药要开拓国际市场,就难以完全实现其配方的保密。例如,云南白药在美国公开了其配方,但国内却采取保密方式,因而在国内引发了消费者知情权的诉讼。⑦ 另一方面,中药生产和上市许可程序中没有不良反应强制性上报的机制,

---

① 中华人民共和国国务院,《中药品种保护条例》第 13 条。
② 中华人民共和国国务院,《中药品种保护条例》第 15 条。
③ 中华人民共和国国务院,《中药品种保护条例》第 17 条。
④ 中华人民共和国国务院,《中药品种保护条例》第 13 条、第 22 条。
⑤ 中华人民共和国国务院,《中药品种保护条例》第 21 条。
⑥ 中华人民共和国国务院,《中药品种保护条例》第 18 条。
⑦ 参见《云南白药公布配方:网民要求标明成分》,http://tech.sina.com.cn/d/2013-02-05/10588047255.shtml,2013 年 5 月 4 日访问。

也非常缺乏对于中药的毒理分析以及慢性致毒实验的必要评估，这使得中药生产商并不愿意提供足够多的不良反应数据以进行风险效益分析。采取保密的方式保护中药品种加剧了这一现象。例如，"作为婴幼儿广泛用药，汉森制药旗下每年营业收入占六成以上的产品四磨汤近日被爆出含有致癌物槟榔，但汉森制药此前却从未明确披露该药的风险。无独有偶，就在一星期前，英国药品和健康管理局也就华润三九的正天丸发布措辞强烈的声明，警告该国国民停止服用该药"①。

二、《药品试验数据保护实施办法（暂行）（征求意见稿）》的基本内容

2018年4月26日，国家药品监督管理局发布《药品试验数据保护实施办法（暂行）（征求意见稿）》（以下简称《保护实施办法》）。《保护实施办法》规定了5类数据专有权：创新药、罕见病药品、儿童用药提供6年的数据专有权，创新生物制剂为12年的保护，此外，还为首仿药提供相应的数据保护。中国的数据保护具有两个显著特征：其一，中国以数据专有权保护罕见病药，而大多数国家以市场专有权保护；其二，很多国家对开展儿童用药临床试验的公司延长已有的专有权。

1. 专有权期限

赋予品牌药商一定专有权期限被认为是实施TRIPs协议第39.3条义务下水平更高的保护。中国法所提供的保护期限比大多数发展中国家的主流做法更长：创新药6年和生物制剂12年。

为激励品牌药商尽快在中国市场销售新药，《保护实施办法》规定具体的保护期限取决于在国内申请上市与海外市场上首次获得批文的延误时间。品牌药商使用在中国进行或由国际合作实验中心进行的临床试验获得的数据在中国首先提出上市申请，或在中国和其他国家同时提出上市申请，则授予创新药6年的专有权和12年的创新型生物制剂专有权。如果使用多国试验中心获得临床试验的数据来申请上市批文，其在中国申请的时间晚于在其他国家的申请，专有权的保护期限取决于具体延误进入中国市场的时间。如果相比在国外首次申请的时间延误超过6年，则其数据专有权不再受保护。但是，如果品牌药商使用没有中国患者数据而在国外获

---

① 侯睿之、胡雪薇：《四磨汤致癌正天丸含毒，中成药海外接连中招》，《南方都市报》2013年4月26日，第C04版。

得的临床试验数据来申请上市，授予 1/4 的保护期；如果其补交在中国进行的临床试验数据，则授予一半的保护期。

但是，中国对罕见病药和儿童用药所提供的 6 年专有权保护不同于创新药和创新型生物制剂，它以在中国市场上获得上市批文的时间为起算点。这表明，如果依据特定的药品注册程序，将此前已批准上市的同一药品注册为罕见病药品，其专有权期限将独立于此前已获得的其他上市批文。

2. 保护条件：未披露数据

根据 TRIPs 协议第 39.3 条的要求，WTO 成员仅保护未披露的测试数据或其他数据。本节探索中国法上"测试数据或其他数据"与"未披露"的条件边界。

第一个条件是上市许可所需数据。数据专有权并不保护所有的药品数据。WTO 成员保护测试数据的义务仅限于其法律规定药品上市所需递交的数据。尽管 TRIPs 协议第 39.3 条并未使用安全性和有效性这样的术语，但其保护的客体就是上市申请所需的这类数据，因为其他数据需要通过产品标签等不同方式予以公开，品牌药商很难对其予以保密。在中国，药品注册申请须品牌药商提供充分的可信赖的数据来证明其药品的安全性、有效性和质量可靠性，且须保证其递交的文件的真实性。但是，《保护实施办法》所保护的临床试验数据或其他数据仅包括品牌药商递交的药品有效性数据，并记录在《药品注册管理办法》所具体要求递交的文件中。因此，与药品安全性和质量可靠性无关的数据不受《保护实施办法》保护。

第二个条件是 TRIPs 协议第 39.3 条仅保护在其申请时尚未披露的数据。这意味着已披露数据不受保护，即使这些数据是主管部门所要求递交的，即使这些数据是在国外申请上市批文的程序中披露的。因此，学名药商可以依赖已披露数据来注册药品，无论是国内还是国外已披露的数据。但是，向中国药品监管部门递交的数据不会丧失其秘密性。在中国法上，品牌药商在申请上市批文时有义务在《药品注册管理办法》所要求的注册申请文件中明确声明其受保护的数据，明确其申请日之前未披露的状况，以及提供证据证明其未依赖其他公司开发的数据。

3. 权利范围：不披露与不依赖

数据专有权的重要内容是不披露。TRIPs 协议第 39.3 条保护的客体是未披露数据，它符合第 39.2 条对"未披露信息"（即商业秘密）的保护方式。品牌药商递交的未披露数据依商业秘密给予保护，这意味着必须采取合理措施对其保密。禁止对数据的使用方式有违商业秘密的做法。中国法规定了上市批准程序中的保密义务：除非获得法律的授权，药品主管部门不得公开未披露数据。《药品管理法实施条例》第 67 条还规定了药品监督管理部门工作人员的不披露义务。

TRIPs 协议第 39.3 条允许有两项不披露义务的例外。其一是成员为保护公共健康或公共利益可予以披露，但仅限于"必要"之程度（即必要标准），是否属于必要程度，由成员的药品监管部门决定。其二是采取了充分的措施避免不正当的商业利用则可披露。因为只有竞争者能从该披露中获益，"充分措施"最佳的解释是，有义务规定一定专有权保护期限内禁止学名药的上市。中国法也规定了上述例外。《保护实施办法》进一步明确规定，药品监管部门依法出版相关信息时可以披露这些数据。

中国法也规定了不依赖义务，保护数据以禁止不公平的商业利用。TRIPs 协议第 39.3 条要求成员禁止对数据"不正当的商业利用"，这对成员所负有的义务产生矛盾的解释问题。药监部门根据品牌药商递交的未披露数据来评审其他申请人的申请，这是否属于"不正当的商业利用"，取决于成员采取何种解释方法。《保护实施办法》规定药监部门不得在保护期内批准同样药品的其他上市申请，在未经品牌药商同意的情况下依赖其递交的数据，除非这些数据属于申请人自行获得的。

因此，中国法上的数据专有权并未授予品牌药商禁止学名药入市的权利，如果竞争者依其自行获得的数据来获得上市批文的话。在授予数据专有权之日前，其他申请人使用其自行获得的数据申请上市，并获得药监部门的受理，则可按正常申请继续审查，如果符合药品注册的条件，将批准其上市申请。但是，在数据专有权保护期限内，药品注册的其他申请人在提供法律规定的其他文件之外，还须提供书面声明说明其自行获得测试数据或有权利人授权。为了保护品牌药商的利益，药监部门须在收到上述申请之日起的 30 日内告知数据专有权所有人，其可在收到通知之日 30 日内向药品监督管理部门指定的部门递交异议文件。当权利人递交异议文件后，主管部门须在 90 日内审查上述书面声明的真实性，一旦作出审查决定，应立即通知权利人。

4. 数据专有权的程序条款

《保护实施办法》规定了数据专有权保护的程序条款，主张数据专有权的品牌药商在药品注册申请时须向药监部门递交文件，阐明保护的理由和具体保护期限。数据专有权于药监部门批准上市之日生效。数据保护的申请文件与其他上市申请文件一同由药监部门公示 30 日。《保护实施办法》规定药监部门应审查申请是否满足数据专有权保护的相关条件，并在官方公报上予以公布。公开的信息包括保护的理由、保护的起始日期与届满日期等，它们均在上市药品目录中予以公布。专有权保护期届满，上市药品目录中相关信息将会被删除。

依据中国法的规定，当获得药品上市批文之日起1年内、权利人没有正当理由而未在中国上市时，数据专有权将会被撤销。任何人（特别是学名药商）均可申请撤销该数据专有权。一旦数据专有权被撤销，自撤销之日起，药监部门可以受理其他人递交的药品注册申请。如果符合法律规定的条件，该申请人将被授予数据专有权。对药监部门的决定不服的，学名药商与品牌药商均可作为当事人提起行政复议或行政诉讼。

三、中国药品管制性专有权的制度完善

中国现行法建立的、以保密为基础的管制性专有权体系并不符合药品上市管制和创新激励的内在需要，因而有必要予以重构。本书提出以数据专有权为中心来重组各种药品创新保护，创设罕见病用药的市场专有权保护和儿童用药的数据专有权保护，以及有限度的改造中药品种保护。

（一）重构管制性专有权体系

1. 以公开为基础的数据专有权保护

在重构《药品管理法实施条例》第34条的基础上，明确规定药品上市主管部门有权向公众依照《信息公开条例》披露药品安全性、有效性数据；同时，药品主管部门也必须建立透明的药品数据网络查询系统，但对于与药品安全性、有效性无关的数据，应予保密，不得无故泄露或录入该查询系统。修改《药品管理法实施条例》第67条，规定药品监督管理部门及其工作人员泄露生产者、销售者为获得生产、销售含有新型化学成分药品许可而提交的与药品安全性或有效性无关的数据，造成申请人损失的，由药品监督管理部门依法承担赔偿责任；药品监督管理部门赔偿损失后，应当责令故意或者有重大过失的工作人员承担部分或者全部赔偿费用，并对直接责任人员依法给予行政处分。

数据专有权所保护的对象既包括包含新型化学实体的药品，也包括新用途的药品。之所以将新用途的药品作为药品数据专有权保护的对象，是因为中国药品创新的战略发展包括四大方面——发展制剂新产品、模仿性新药研究开发、突破性新药研究开发和延伸性新药研究开发，而模仿性新药和延伸性新药研究开发（即对已知药品的进一步研究开发）都可能涉及对药品新用途的研究开发活动。故在仿创结合的医药发展战略下，有必要

对模仿创新的研究开发成果给予一定保护，其根本原因是中国初步拥有药品研发的能力。虽然中国制药企业尚不具备足够的资金和技术能力去开发 NCEs，但是对已有药物的模仿创新活动，特别是在药品的新剂型、新适应症等开发领域，具有相当程度的自主创新能力。① 因此，与反对在发展中国家引入改良型新药专有权的观点不同②，本书赞同修改《药品管理法实施条例》第 35 条的内容，把新用途等药品研发成果列为数据专有权的保护对象。

当然，要发挥改良型新药专有权对中国模仿创新战略的激励作用，就必须要有相应的配套制度。首先，NCEs 新药一般受专利保护。模仿创新的研究开发活动往往是在已有药品发明的基础上进行的后续创新活动。因专利权的保护范围不仅涵盖完全相同的技术方案（字面侵权），也包括等同技术所覆盖的技术方案（等同侵权）。药品的改进发明通常包含了 NCEs 发明的技术方案，为获得新用途药品发明，就不得不实施基础发明。因此，如果法律不能豁免改良型新药开发及其与上市许可有关行为的侵权责任，模仿创新战略就不可能实现。中国于 2008 年修正的《专利法》规定了 Bolar 例外，它与当时的《药品注册管理办法》（2007 年发布）第 19 条的规定存在重要差异。③ 即后者仅限于药品专利保护期届满前 2 年内的开发行为。基于中国处于模仿创新的阶段，《办法》的规定应该废除。其次，模仿创新战略的实现还受 NCEs 新药数据专有权的影响。因为原研药商为延长药品市场专有期限采取的策略既包括不断申请改进发明的专利，也包括对药品的新用途申请数据专有权保护。此即本书第一章所述之"长青专利"策略。尽管中国具有模仿创新的能力，但大型跨国制药企业对药品创新保护制度的运用已经炉火纯青，留给中国企业模仿创新的空间并不大。因此，还中改进型药品发明的早期阶段在专利法、药品监管法等法律制度相配套。

除了改良型新药的专有权保护，还须对儿童用药的研发活动提供激励机制。如本章所指出的，中国儿童用药品非常缺乏。这比美国 1997 年提

---

① 参见中国药学会医药知识产权专业委员会：《药品试验管制性专有权制度比较研究》，中国医药科技出版社 2013 年版，第 23 – 24 页。

② Cynthia M. Ho, *Access to Medicine in the Global Economy: International Agreements on Patents and Related Rights* (Oxford: Oxford University Press, 2011).

③ 该条规定："对他人已获得中国专利权的药品，申请人可以在该药品专利期届满前 2 年内提出注册申请。国家食品药品监督管理局按照本办法予以审查，符合规定的，在专利期满后核发药品批准文号、《进口药品注册证》或《医药产品注册证》。"

供儿童用药保护之前的情形还严峻。"在美国批准上市的药品中,仅25%的药品有充分的儿童用药标签所需的安全性、有效性和剂量数据并获得FDA儿童用药的批准。剂量和安全性信息的不充分性使得儿童处于风险之中,也使得他们难以从潜在的正确治疗中获益。"① 美国1997年通过法律建立了儿童用药专有权制度,尽管对其激励作用存在争议,但是"从为儿童标签药品开展试验的角度来看,儿童用药专有权项目已经取得了成功。自1997年项目运行以来,超过115项产品标签有了(儿童用药的)变化。其中,约有1/3的药品标签变化表明,儿童用药在剂量、安全性和有效性方面与成人患者用药有重要差异。这些新信息有益于儿童的长期健康"②。2009年1月26日,欧盟通过第1901/2006号《儿童用药条例》,该条例适用于在欧盟已批准或即将批准上市的所有"医药产品",其目标是保障儿童用医药产品的安全性和有效性数据的获取,以及促进儿童用医药产品的开发。③ 因此,应该规定儿童用药开发者享有一定期限的额外数据专有权。

有观点认为,生物制品的开发成本较高,应该借鉴美国的立法模式建立生物制品的数据专有权保护。④ 该观点值得赞同。开发生物制品的成本与市场结构不同于化学药,如第一章所指出的,生物制品开发成本较高,同时模仿成本也较高,其对于学名药商的竞争优势并不因为研发成本的高昂而降低。但是,其投资回报也应与化学药一样得到保障。虽然中国开发生物制品的能力尚弱,但生物制品日益成为药品研发的重要领域,较强的保护水平有利于吸引研发投资。

因此,数据专有权的保护可借鉴欧美各国的立法建立多层次的架构。具体包括:①对于创新药(即NCEs新药),给予4+2年的管制性专有权。即上市主管部门自批准NCEs新药许可之日起4年内,对未经数据权利人同意而使用其未披露数据的申请不予批准,除非申请人提交的是自行取得的数据;自批准NCEs新药许可之日满4年之后,上市主管部门可以受理第三人通过生物等效性研究提出的上市申请,但其上市批准证书须在NCEs新药许可之日起满6年后才能生效。②对于新用途的药品,给予2+

---

① Jennifer S. Li et al., "Economic Return of Clinical Trials Performed Under the Pediatric Exclusivity Program," *Journal American Medicine Association* 297 (2007): 480.

② Id., 487.

③ See Genevieve Michaux, "Paediatric Exclusivities in Europe—A Quest for the Grail?" *Food and Drug Law Journal* 64, no. 4 (2009): 631–662.

④ 参见中国药学会医药知识产权专业委员会:《药品试验管制性专有权制度比较研究》,中国医药科技出版社2013年版,第181–182页。该书建议生物制品的实验数据保护期为自获得批准上市之日起7年。

2年的管制性专有权。具体内容同 NCEs 新药。③儿童用药的管制性专有权保护期延长。法律应规定已批准上市或即将批准上市药品的药商有义务开发儿童用药,对于投资开发儿童用药并获得其上市许可的,均可额外给予1年的管制性专有权。其他药商提出的儿童用药开发申请,上市主管部门受理并成功获得上市许可的,也可给予1年的管制性专有权。类似的做法也应延伸到新型生物制品和改良型生物制品。

最后,由于数据专有权的保护影响到药品创新激励与公共健康保障之实现,应该将其法律规定上升至《药品管理法》的层面,而不应由其实施条例来担当。当然,还须重视数据专有权保护对公共健康的影响。这是构建具体的制度时应考虑的重要事项。

2. 以公开为基础的市场专有权保护和补偿机制

罕见病药品的开发具有特殊性。尽管中国法律对罕见病药品开发提供了快速审批机制,但并未有任何法律为其开发提供特别的激励机制。为激励罕见病药品的研发,应该建立多重的法律机制。以美国1983年《孤儿药品法案》为例,为解决罕见病治疗药品缺乏足够市场利润的问题,该法案建立了四项激励机制:[①] ① FDA 对临床试验提供改良型服务。FDA 和开发者共同合作确立必要的临床试验,更辅以快速审批机制以尽快地将罕见病药品推向市场。②临床试验成本的税收优惠。罕见病药品开发成本的50%可得到税收优惠,从而直接降低了开发成本。③联邦政府的奖励。对于已有药品的未批准用途或未批准的新药进行临床试验,联邦政府给予每年10万至20万美元的奖励,并每3年予以重新评估再奖励。现联邦政府每年所支付的奖励金额在2500万美元左右。④ 7 年的市场专有权。这是对罕见病药品开发最为重要的激励机制,因为它使得开发者获得类似于专利的市场垄断。

新药监测期给新药提供了5年的市场专有权,有人认为可以将其改造为罕见病药品的激励机制。但是,新药监测期并不适用于罕见病药品。因为大量的罕见病药品并不符合新药的条件,它们之所以很少能从市场上获得,原因是罕见病的市场太小,缺乏足够的利润。新药监测期制度(而非新药监测制度)应该废除。《药品管理法实施条例》第33条及《药品注册管理办法》(2007年发布)第66条应该删除"监测期内的新药,国家

[①] See David Loughnot, "Potential Interactions of the Orphan Drug Act and Pharmacogenomics: A Flood of Orphan Drugs and Abuses?" *America Journal Law & Medicine* 31 (2005): 370–372.

食品药品监督管理局不批准其他企业生产、改变剂型和进口"内容①。罕见病药品的立法可借鉴中国台湾地区的做法，制定罕见疾病防治及药物有关规定，具体规定罕见病的认定、罕见病药物上市许可的条件、激励罕见病开发的税收优惠、奖励及市场专有权等。

3. 以保密为基础的中药品种保护

目前中药品种保护制度过于宽泛，且是仅适用于中国的保护制度。尽管中药品种保护促进了中国中药事业的迅猛发展，但它无法保护中药品种的出口，也不能禁止国外生产、销售中药。在缺乏中药品种保护的日本、韩国，其对汉方药的研究和应用已领先于中国。② 这表明，中药品种保护本身并不能提高中药研发的竞争力；相反，由于采取保密且保护期限漫长的市场保护，最初开发者获得了很强的垄断保护，反而缺乏足够的动力进行新药的研发。在完全废除该种模式存在极大阻力的背景下，建议取消中药品种的被动申请保护方式，鼓励中药的新药研发，逐步以管制性专有权的模式来统一中药品种保护。即提高中药的上市要求，规定与其他药品的申请者一样，须向上市主管部门递交其安全性、有效性和质量可靠性数据。当然，基于政策考虑，可规定给予中药品种保护期更长的特殊数据专有权制度。中药一级品种可给予 20 年的数据专有权，中药二级品种的保护期则可为 10 年。

（二）完善管制性专有权的具体制度

在确立管制性专有权的体系之后，具体完善药品数据专有权的保护制度主要应从以下四个方面出发。

1. 完善数据受保护的条件

中国法应保护三类药品的数据，即创新药（即新型化学实体药品）或新型生物制品、新用途药品以及儿童用药品等用于上市许可的所有数据，包括测试数据和其他数据。同时，数据受保护的条件与药品是否受专利保护无关。药品数据受保护的条件应包括：①用于上市许可所需的数据；②未披露的数据；③使用新型化学实体的创新药品（NCEs 数据专有权）与新型生物制品，③ 或者具有新用途的药品（改良型数据专有权），或者

---

① 2020 年 7 月 1 日施行《药品注册管理办法》已删除第 66 条。
② 参见中国药学会医药知识产权专业委员会：《药品试验管制性专有权制度比较研究》，中国医药科技出版社 2013 年版，第 175 页。
③ 下文的论述以创新药为中心，但其内容同样适用于新型生物制品。反对建立新型生物制品数据保护的观点，参见姚雪芳、丁锦希：《生物制品数据保护制度剖析与战略选择》，《知识产权》2017 年第 2 期。

首次开发出适用于儿童的药品（儿童用药保护）；④需要付出相当程度的努力才能获取的数据。在这些条件中，新型化学实体的界定最为重要，且在不同国家具有不同做法，因此是完善管制性专有权的关键制度之一。

（1）"新型"的含义。尽管不同于专利法上的新颖性条件，但新型化学实体也存在三种不同立法的选择：绝对新颖性（即全球范围内未被披露）、地区新颖性（如欧盟境内首次申请的标准）以及相对或本地新颖性。绝对新颖性是指药品中包含的新型化学实体（新用途、儿童用药等）如果一旦向任何国家的主管部门递交上市申请或其申请已被批准，该化学实体就属于已知或旧的化学实体。例如，阿根廷就采取这一立法模式。[①]

美国法采取相对新颖性的标准，即未曾被 FDA 批准上市的药品所包含的化学实体就是新型化学实体。[②] 发达国家如美国等大都采取相对新颖性的标准，并通过 FTA 等条约向发展中国家推广。中国现行法并没有界定"新型化学实体"，过去对"新药"的界定乃采取相对新颖性的标准，即"未曾在中国境内上市销售的药品"。在这一背景下，中国法对"新型化学实体"的界定也有可能采纳这一标准。但是，需要指出的是，由于含有新型化学实体的药品很少由中国药企研发，相对新颖性标准的采纳就有可能使得外国药企最大限度地延长其保护期。例如，在 NCEs 受专利保护之情形下，原研药商就有可能拖延该药品在中国的上市申请，以最大限度地获取药品的市场垄断。为了解决药品获取问题，被称为"机会窗口"（windows of opportunity）或"等待期"（waiting period）的制度就为许多发展中国家所采纳。[③]

机会窗口制度类似于专利申请中的国际优先权制度，是指在国外首次获得上市许可的药品所包含的化学实体仅在法定期限内向本国提出上市申请，才符合 NCEs 的要求。采取这种立法的国家有智利、以色列和约旦。[④] 中国台湾地区药事有关规定（2005 年）第 40-2 条第 3 款："新成分新药

[①] 阿根廷《秘密信息和产品法》（No. 24,766 号法令）第 4 条规定："申请注册或上市许可的产品包含在阿根廷或其他任何国家未曾注册的新型化学实体，递交给当地公共健康当局的有关产品安全性和有效性信息，只要符合本法第 1 条的规定，且需要付出技术和经济的努力，它将受本法规定的禁止不诚信商业利用的保护，且不得披露。"

[②] See 21 U.S.C 355 (j) (5) (F) (ii).

[③] See Saad Abughanm, "The Protection of Pharmaceutical Patents and Data under TRIPS and US-Jordan FTA: Exploring the Limits of Obligations and Flexibilities: A Study of the Impacts on the Pharmaceutical Sector in Jordan" (PhD diss., University of Toronto, 2012), pp. 332 – 333.

[④] 智利《工业产权法》（第 19.039 号法律，并由卫生部 2005 年第 153 号法令实施）第 91 条第 5 款规定："下列情形不受本节保护：……在药品或化学农业产品获得外国的注册或卫生许可生效之日起 12 个月内（未能递交上市申请的）。"约旦与以色列法的例子，同上。

在外国取得上市许可后 3 年内，必须向中央卫生主管机关申请查验登记，始得准用第二项（5 年数据保护期）之规定。"等待期制度是对数据专有权保护期限进行限制的制度，是将国外首次获得上市许可之后某一法定期限届满之日作为数据专有权的保护期期限之起算点，它并不影响 NCEs 地位的认定。马来西亚、土耳其以及秘鲁就是采取这一种立法模式。①

就中国而言，第二种立法模式更值得借鉴，其理由有三。其一，第一种立法模式过于刚性，原研药商延误上市申请可能有正当理由，如开展本地化临床试验等，如果因此而丧失权利保护，则不甚公平。同时，该模式也易与美国发生纠纷。例如，中国台湾地区药事的有关规定就引发了美国制药业协会的不满，成为其要求将中国台湾地区纳入《特别 301 报告》观察方的重要理由。② 其二，管制性专有权的期限自国外批准上市之日起计算，并不影响原研药商享有的数据专有权，同时又有力地防止了原研药商利用管制性专有权来实现其最大市场垄断，并影响药品获取的不当策略。此外，规定合理的等待期限（如 12 个月）是非常必要的，这是原研药商为满足本地药品上市条件而开展必要试验之所必须。如果本地主管部门过分迟延药品的上市许可，对原研药商给予一定补偿也是合理的。其三，这也符合中国对"新药"的界定趋势。中国 2020 年发布的《药品注册管理办法》已将"新药"界定为"未在境内外"上市的药品，即已采绝对新颖性标准。

（2）"化学实体"与"新用途"的含义。区分新型化学实体药品和新用途药品并给予两者不同的管制性专有权，不仅是正确适用法律的前提，也是激励创新和保障药品获取这两项公共政策的具体要求。对于缺乏创新能力的发展中国家，有学者建议严格限定管制性专有权的保护对象，以保障学名药的市场进入，从而实现药品获取的目标。持这一观点的学者反对新用途药品的管制性专有权，因为它并非实施 TRIPs 协议第 39.3 条所必

---

① 马来西亚数据专有权指令（2011 年 3 月 1 日生效，成为 1984 年药品化妆品控制条例第 29 号规定）第 4.6 条（数据专有权期限的计算）规定："（1）对于 NCE 新药，数据专有权期限自产品在起源国或其他由药品委员会主任（Director of Pharmaceutical Services）所承认（recognized and deemed appropriate）的国家获得首次注册或（or）获得上市许可和授予数据专有权/测试管制性专有权之日起计算。（2）对于已注册药品的新用途，数据专有权期限自产品在起源国或其他由药品委员会主任所承认的国家获得首次注册和（and）获得上市许可和授予数据专有权/测试管制性专有权之日起计算。"土耳其人用药品许可条例第 9（a）(3) 条、秘鲁第 1072 号法令第 3 条第 2 款第 2 项均有类似规定。

② PhRMA, 2010 Special 301 Submission, p. 160, www. phrma. org/sites/phrma. org/files/attachments/2010_Special_301_Review_Submission_PhRMA. pdf, last visited：April 10, 2013.

须,同时主张严格限定 NCEs 的范围。① 中国医药产业具有一定创新能力,特别是模仿创新战略已成为中国医药产业发展的重要举措。因此,建立新用途药品的管制性专有权是合理的。但是,我们也必须认识到管制性专有权不仅是激励创新的重要制度,而且也是影响公共健康的重要制度。

美国法对 NCEs 给予 5 年的管制性专有权,对于其他新药给予 3 年的改良型管制性专有权。Hatch-Waxman 法案并未使用新型化学实体的术语,而是使用活性物质(active ingredient)的术语。FDA 制定了相关条例来实施数据专有权的规定。在 Actavis Elizabeth LLC. v. US. FDA, et al. 案中,Actavis 公司对 FDA 关于新型化学实体的界定产生了争议。该公司于2009 年 1 月提交了 Vyvanse 的学名药快速上市申请。因为原研药 Vyvanse于 2007 年 2 月 23 日获得 FDA 的上市批准,FDA 认为该药属于包含有新型化学实体的药品、仍处于管制性专有权期内而驳回其申请。FDA 的行政法规将"未被批准药品所包含的活性物质"解释为"包含有新型化学实体的药品",并将"新型化学实体"界定为"由 FDA 批准的任何新药申请中未曾包含的活性基"。"活性基"是指"药品成分中有生理或药理作用的分子或离子(molecule or ion),而不包括使药品成酯、成盐(包括含有氢键或配位键的盐),或者分子的其他非共价键衍生物(例如络合物、螯合物或包合物)"。FDA 对新型化学实体的解释得到了法院的支持。

改良型数据专有权在欧盟法上仅包括新适应症,而美国法则包括新适应症、新盐、新酯以及新复方;欧盟法对新适应症的开发采取延长原专有权的做法,而美国法仅对新适应症予以保护,而不延及原专有权。加拿大以"创新药"(innovative drug)和"新药"(new drug)来区分不同的管制性专有权。②"创新药"是指"未曾为已批准药品中所包含的药用成分,也不是已批准药品中药用成分的变化,如盐、酯、对映体、溶剂化物或多形体(polymorph)"。"新药"则包括在加拿大未曾被批准的新临床适应症、给药形式、处方形式或其他变化。中国 2007 年发布的《药品注册管理办法》区分了"新药"和"按照新药申请程序处理的药品",后者是指"对已上市药品改变剂型、改变给药途径、增加新适应症的药品"。尽管这并非对 NCEs 药品和新用途药品的界定,但仍可作为其区分的基本标准。

中国应该严格限定 NCEs 的范围,但适度放宽新用途药品的范围。因

---

① Cynthia M. Ho, *Access to Medicine in The Global Economy: International Agreements on Patents and Related Rights* (Oxford: Oxford University Press, 2011), pp. 271 – 272.

② See Food and Drug Regulations (C. R. C., c870) C. 08.001 & C.08.004.1 (1).

此，我们主张借鉴发展中国家界定 NCEs 范围的做法。例如，智利和秘鲁就将 NCEs 的范围严格限定于具有药用效果的活性基，而不考虑其不同形式、表达或处理等，并明确规定不属于 NCEs 的情形。智利法第 90 条第 2 款规定："下列情形均不得视为 NCEs：①与已予卫生注册或已获许可的同一化学实体具有明显不同的用途和治疗适应症；②与已予卫生注册或已获许可的同一化学实体具有不同的给药途径（administration）或剂型（forms of dosage）；③对已获授权或注册的化学实体在药用形式（pharmaceutical forms）、复方或配方（formulations or combinations）的改变；④在已予卫生注册或已获许可的化学实体的基础上形成的不同的盐、络合物、结晶形式或化学结构。"[①] 但是，与发展中国家仅将新适应症视为改良型专有权保护的对象不同，我们认为，应该将不属于 NCEs，但具有明显临床益处或在安全性和有效性方面具有明显进步的药品纳入改良型保护的范围。即纳入新适应症、改变给药途径或释药方式的新剂型，如缓释制剂（脂质体、微球、微乳等注射液）等药品。

药品保护还与递交上市许可所需数据相关。美国签订的有些 FTA 甚至对未曾提供审批所需临床试验数据的药品也要求予以保护，但这不属于 TRIPs 协议第 39.3 条的义务。中国能够独立承担药品上市审批的任务，故应将其作为管制性专有权的条件。

2. 完善管制性专有权期限和权利范围制度

数据专有权保护力度的大小主要体现在其保护期的长短上。如本书第五章所指出的，各国法上保护期限的长短具有一定程度的任意性，并无绝对说服力的理论和事实依据。对于以学名药的生产和销售为主，处于模仿创新阶段的中国来说，在符合国际条约义务的前提下，应尽量降低数据专有权的保护力度，以促进学名药的上市，从而促进药品供给的市场竞争、保障药品的获取。《中国加入 WTO 工作组报告》承诺对 NCEs 药品给予 6 年的保护期，因此，这是中国法在保护期方面的最低保护水平。但中国对数据的保护期限立法仍然存在自由空间。例如，对于保护期的起算方法。为了防止原研药商利用不同国家提供的管制性专有权来获取最长的市场垄断，其起算方法可以规定为：管制性专有权的期限自药品被批准上市之日起计算；但药品已在他国获准上市，如果自最早获准上市之日起超过一年

[①] 参见智利工业产权法（第 19.039 号法律，并由卫生部 2005 年第 153 号法令实施）第 90 条第 2 款。秘鲁第 1072 号法令（Legislative Decree 1072）第 2 条（NCEs 的界定）第 2 款也有类似规定。

后才在中国提出上市申请的，则自首次批准上市之日起计算。

首次获准新药上市的原研药商应受数据专有权保护，且应允许其转让该权利。① 该权利的重要内容是禁止其他申请者未经其同意而依赖生物等效性研究提出学名药的上市申请，主管部门既不能受理也不得批准该申请。但是，数据专有权并不禁止其他申请者独立进行临床试验获取上市许可所需的数据，并获得批准。同时，为了促进学名药的尽快入市，中国可借鉴欧盟、加拿大的立法以及中国台湾地区的有关规定，规定在一定期限届满后学名药商可以提出生物等效性的上市申请。本书建议：对NCEs新药，自获准上市之日起4年后，其他申请者可提出生物等效性的上市申请，符合条件的，将于NCEs新药获准上市6年届满之次日起批准；对于其他新药，则自获准上市之日起2年后，其他申请者可提出生物等效性的上市申请，符合条件的，将于该新药获准上市4年届满之次日其批准。②

此外，如果对主管部门认定的NCEs新药或其他新药相关决议不服，原研药商应有权提出复议，对复议决定不服的话，应有权向法院提出行政诉讼。

3. 构建药品管制性专有权的公共利益保障制度

药品管制性专有权是激励药品创新的法律制度，但同时也应促进药品获取以保障公共健康。发展中国家反对数据专有权的保护模式，其重要的理由是担心该制度将影响公共健康。在中国法上，管制性专有权制度的立法非常粗疏，更谈不上权利限制制度的规范，因此，有必要在管制性专有权中构建适合中国的公共利益保护制度。它们应该包括如下基本规则：

第一，规定原研药商的实施义务。这些立法既包括发达国家，也包括发展中国家。例如，加拿大法规定"如果创新药并未在加拿大销售（being marketed）"，则创新药保护的规定就不予适用（does not apply）。③ 沙特阿拉伯法规定，"在王国首次注册的产品被批准上市之后，如果在注册主管部门决定的合理期限内未能推向市场（has not been subject of trading）"，该当局在保护期内可允许第三人使用这些未经披露的测试数

---

① 当然，这也并不否定法律可以规定限制受让人的资格条件。例如，受让人须符合药品生产企业的法定条件。

② 对于新型生物制品也可采取类似规则，但应适当延长其保护期。中国倾向于借鉴美国的12年专有保护期限。

③ See Food and Drug Regulations C. 08. 004. 1 (5).

据。① 智利法第 91 条第 3 款规定，"自注册或批准上市之日起 12 个月内未能将药品或农用化学产品商业化的"，管制性专有权不再适用。哥伦比亚法第 4 条第 4 款也有类似规定。② 这些做法值得中国借鉴。

第二，规定基于公共健康的限制规则。TRIPs 协议承认药品创新保护与公共健康两者之间需要通过权利限制来协调，这也同样在美国签订的部分 FTA 中得到承认。因此，应该将基于公共利益而限制管制性专有权的情形法定化。这些立法也同样包括发达国家和发展中国家。如加拿大法规定，依据《加拿大药品获取机制》第 C.07.003 条而递交的新药申请，构成对创新药保护的限制。具体来说，包括：①强制许可实施对数据专有权的限制。如智利法第 91 条第 2 款规定，"符合本法而颁发的强制许可所包括的药品或农用化学产品"，其管制性专有权就不再适用。马来西亚法第 5 条第 1 款也有类似规定。哥斯达黎加法第 10 条规定了健康主管部门可颁布非排他性的强制许可，也包括基于严重影响公共健康情形下的强制许可，但需要支付合理补偿。③ ②基于公共健康而由政府采取的合理措施。马来西亚法第 5 条第 2 款规定："管制性专有权不得妨碍政府为保护公共健康、国家安全、非商业性公共利用、国家紧急状况、公共健康危机或其他政府认为的紧急极端环境而采取的任何必要措施。"智利法第 91 条第 1 款、哥伦比亚法第 4 条第 3 款也有类似规定。③平行进口对管制性专有权的限制。美国 FTA 中大都限制了专利药品的平行进口，但并未涉及管制性专有权的平行进口问题。中国法允许专利产品的平行进口，也应同样允许管制性专有权的平行进口。特别是在有些药品不受专利保护的情形下，允许平行进口将促进药品的市场竞争，从而保障药品获取。

第三，规定政府使用或公共利益使用的限制规则。药品的安全性和有效性事关公共利益，对这些数据的使用属于评估药品的必要措施。不仅主管部门需要使用这些数据，而且其他政府部门、非政府组织和国际组织出于监督药品评估的原因也可能需要使用这些数据。这些对数据的利用，本身就不属于对数据的"商业性利用"。例如，《新西兰药事法》第 23C (1)(b) 及 (c) 条规定了将保密信息向政府有关部门、非政府组织和国

---

① See Decision No. 3218: Regulations for the Protection of Confidential Commercial Information, later amended by Decision No. 4319 of 2005, § 6 (1).

② See Data Protection Decree No. 2085 of September 19, 2002. 该条规定："卫生部注册的 NCE 在其被批准上市之日起 1 年内未在本国商业化的，"本法对数据的保护不予以适用。

③ See Regulations for the Undisclosed Information Law of Costa Rica.

际组织公开不属于管制性专有权的范围。①

第四，规定管制性专有权的透明度和公众参与程序。审批信息的透明度不仅为保护原研药商的创新活动所必须，也是公众获取药品信息的重要途径。欧、美均已经建立了官方的数据公开数据库，② 中国现行法并没有类似规定。鉴于数据公开须依托于该数据库，建议参考专利授权数据库的方式，在剔除与药品安全性、有效性和质量可靠性无关的信息之后，向公众开放查询。此外，为监督药品评估工作，公众参与程序的构建是非常必要的。一方面，公众对于主管部门的数据专有权决定不服的，应该可通过复议程序来解决争议；对复议决定不服的，可依行政诉讼的方式来裁决。另一方面，原研药商也需要该程序来保障自己权益。

第五，规定学名药的快速审批程序。激励学名药的尽快上市对具公共健康有重要的意义。在美国，3/4 的药品为学名药，它每年能为医疗保障体系节约高达 193 亿美元的医药费用。这是 Hatch-Waxman 法案的重要成效，其原因是该法案为学名药上市提供了快速审批程序。依据该程序，学名药商无须提供药品的安全性、有效性信息，仅需通过生物等效性研究即可取得上市批文，这大量节省了学名药商的研发成本。③ 当生物制品日益成为重要的医药产品时，美国在给予生物制品更强的管制性专有权保护时，也同样为学名药上市提供了快速审批程序。依据该程序，学名药商也仅需通过生物相似性（biosimilar）研究即可获得上市批准。④ 这同样值得中国借鉴。⑤

第六，规定 Bolar 例外。尽管《中华人民共和国专利法》在 2008 年修订时规定了 Bolar 例外，但《药品注册管理办法》规定的 Bolar 例外明显

---

① 该条规定："（b）依据部长的决定，如果相关委员会、顾问、政府部门、法人或个人采取合理措施对秘密信息予以保密，可将这些信息向下列人员公开——（i）依本法第 8 条任命的顾问或技术委员；（ii）依本法第 9 条任命的药品分类委员；（iii）依本法第 10 条任命的药品评审委员；（iv）为获取与保密信息有关药品的建议的顾问；（v）符合其职能目的之政府部门或法定机构。（c）向下列任何人或多人披露保密信息——（i）世界卫生组织；（ii）粮农组织；（iii）WTO 成员方主管部门；（iv）依据本法制定的《条例》所允许的任何人或组织，或作为集团的人或组织中的成员。"

② 详细介绍，参见 Gerrit M. Beckhaus, "A New Prescription to Balance Secrecy and Disclosure in Drug-Approval Processes," *Michigan Journal Law Reformation* 46（2012）：137.

③ 详细介绍，参见 Christopher J. Kochevar, "Reforming Judicial Review of Bioequivalence Determinations," *New York Law Review* 87（2012）：2040.

④ 详细介绍，参见 Jason Kanter & Robin Feldman, "Understanding and Incentivizing Biosimilars," *Hastings Law Journal* 64（2012）：101.

⑤ 学名药上市的激励机制，参见本书第五章第三节。

不符合中国创新实践的需要。因此,需要在药品管理法的层次规定该规则。中国法可借鉴中国台湾地区药事有关规定第 40 - 2 条第 3 款:"新药专利权不及于药商在药品申请上市许可过程中进行的研究、教学或试验行为。"

4. 构建儿童用药和罕见病药品特殊保护制度

中国法上有必要建立儿童用药和罕见病药品的特殊激励机制,该机制包括药品数据的特别保护(市场专有权)、税收优惠、政府奖励等。从立法体例来看,以单行法的方式来建立这些机制是比较适当的,这也是欧美日等国的立法经验总结。从其具体内容来看,应该包括受保护的条件与认定程序、儿童用药和罕见病药品的激励机制、药品获取的保障机制等内容。

本 章 小 结

TRIPs 协议将药品的管制性专有权纳入了知识产权体系之中,它是独立于专利之外对药品创新提供的一种激励机制。作为一项独立的权利,其与专利具有诸多不同的地方。基于不同的公共政策考虑,形成了管制性专有权的内部体系,其传统上往往以化学药为对象。生物制品的开发具有特殊性,往往得到法律的特别对待;法律更为特别对待的,还包括罕见病药品和儿童用药的管制性专有权。这些不同内容的管制性专有权,激励了药品的创新行为,实现了激励罕见病药品、儿童用药等药品开发的目标。

《中国加入 WTO 工作组报告》承诺以数据专有权的方式来实施 TRIPs 协议第 39.3 条。但是,中国法对于管制性专有权存在体系混乱、缺乏合理的执行措施之缺陷,制度本身也过于粗疏,立法层次过低,缺乏对公共健康保障的必要机制,特别是以保密为基础的数据专有权模式有可能产生严重的不利后果。因此,有必要重构中国法上的管制性专有权体系,完善管制性专有权的基本制度,以实现激励药品创新和保障公共健康的法律目标。

下编
TRIPs-Plus 限制规则

第六章　TRIPs-Plus 规则中的学名药开发促进机制

知识产权制度不仅是创新激励制度，也是创新产出的分配机制。[①] 由于药品可得性问题涉及新的安全性、有效性药品的供给，它符合社会对激励创新的认知与尊崇。在这一背景下，强化原研药知识产权保护的做法也逐渐成为相关法律和政策制定的主要内容。譬如，被列入中国立法议程的原研药专利保护期延长制度，其基本出发点即在于激励医药领域的技术创新。为保障患者对药品可得性的需求，知识产权制度以维护原研药商的市场利润为首要目标，但无疑会影响那些收入有限的患者获得救命药的能力。实际上，知识产权制度，特别是 TRIPs-Plus 规则的内部本身就隐含有促进竞争从而降低原研药价格的协调机制。

美国制定 Hatch-Waxman 法案的主要目标是试图在原研药商和学名药商之间取得一定的平衡，其中，为学名药上市所提供的简要新药申请（ANDAs）制度有力地促进了学名药的快速上市。除此之外，该法在知识产权保护方面做出相应的制度修订，以实现学名药的快速上市，这主要体现为两个制度：① Bolar 例外。该项制度规定，学名药商在专利保护期内为获取上市所需数据而实施专利的一些行为，不视为侵犯专利权。② 首仿药 180 天的市场排他权。在专利链接制度中，学名药商可以递交第 4 段声明，以质疑专利权的效力，通过无效宣告或确认不侵权之诉或专利和解协议来实现学名药的上市。Hatch-Waxman 法案规定，以第四段声明来成功获取学名药上市的首位申请人将获得 180 天的学名药市场专有权。从法制发展来看，Bolar 例外在许多国家的专利法上得以规定，但首仿药市场专有权在美国法域之外较少有法律明确借鉴。

[①] See Daniel Jacob Hemel and Lisa Larrimore Ouellette, "Innovation Policy Pluralism," *Yale Law Journal* 128（2019）: 544.

第一节　药品 TRIPs-Plus 规则内部调控机制

知识产权激励创新的作用机制是维护创新者一定期限内的专有权，以保障市场主体之间的正当竞争，避免过度竞争。在医药市场，投资者不是慈善组织，获得足够高的市场利润才有研发投入的动力。从这一点来判断，越高的利润回报就越能吸引巨额投资。这也就意味着越强的医药知识产权保护制度将激励更多的创新成果之产出。但是，这一推论必须坚持一项基本前提：竞争是创新的基本动力。知识产权制度的目的在于维护市场的正当竞争，而不是维护垄断。市场垄断难以产生创新的动力。既然市场主体可以凭借其垄断地位而持续获得超额利润，又何必冒着高风险进行创新活动的巨额投资呢？

一般来说，创新常常产生于竞争而非垄断。俗话说："需求是发明之母。"市场需求是推动创新的重要动力，企业在健康的竞争市场上不断提高产品或服务质量，以获取最大的市场利润，医药市场也是如此。例如，在肿瘤免疫治疗方面做出卓越成就的两位科学家获得了 2018 年诺贝尔医学奖，其中，日本科学家本庶佑就 PD-1 抑制剂的相关发明从 1996 年至 2016 年间共申请并获得了 8 项专利。作为制药领域的突破性进展，肿瘤免疫治疗所取得的成功展示了医药领域的广阔市场前景，从而使得每一个热门靶点都有数家制药公司在做持续研发工作。百时美－施贵宝、默克、罗氏等 5 家跨国药企巨头已获得 FDA 的上市批文，其中，包括 4 种治疗非小细胞肺癌的 PD1/PDL1 抗体药物。中国也有大量公司投入到国产 PD-1 抑制剂的开发之中。① 这一事实表明，促成医药领域重要创新的动力机制来自企业追求高额利润的市场竞争，该竞争行为不仅存在于原研药之间，也存在于原研药与学名药之间，还包括学名药与学名药之间的竞争。

一、知识产权保护力度控制原研药价格

从经济学上讲，知识产权保护会造成药品市场的社会净损失。当然，解决穷困患者获得必要药品的主要手段应该是建立健全覆盖全体居民的医

---

① 东篱巷：《免疫疗法：PD-1 抑制剂从研发到临床》，http://www.sohu.com/a/256346390_218973。

疗保障体系。健全的社会医疗保障体系具有转移支付的效果,既可实现激励原研药开发的目标,也可以保障居民药价的可承受性。① 然而,已实施全民医疗保障体系的国家正面临日益迫切的改革挑战,其重要原因就在于日益高涨的药价已成为社会难以为继的沉重负担。因此,知识产权制度是否应考虑原研药的价格控制?或者说,知识产权制度如果控制原研药价格,它是否影响制药业的创新发展?

人们常常坚持知识产权制度激励创新的手段是创新者的市场化利润这根胡萝卜。但是,人们常常忽视了"有效竞争"这根"大棒"才是创新的最大激励手段,它是悬挂在竞争者头上的"达摩克利斯之剑"——惩罚那些不能提供创新产品的竞争者,进而驱动竞争者的持续创新活动。从创新激励机制来看,其具体手段不仅包括专有权所提供的市场超额利润,还包括自由竞争所带来的市场压力,以及来自提升社会福利的产品管制标准。基于安全、效率、环保等考虑的技术标准或管制规则也是迫使竞争者提升研发能力进而驱动创新活动的"大棒"。② 譬如,依据国家食品药品监督管理总局的规定,289 个品种、1.8 万件批文的学名药必须在 2018 年底前完成学名药质量与疗效一致性评价,目的是实现药企和产品的优胜劣汰,促使企业提升药品的研发能力,"提高学名药质量"。③ 人们常常认为,知识产权制度是提供创新激励的"胡萝卜",但它同样提供鼓励创新的"大棒"。知识产权权利宽度与保护期的制度设计影响着竞争产品的市场进入,它隐藏了鼓励自由竞争的创新之棒。即知识产权制度通过保护水平的设计来允许一定条件下的自由竞争。

第一,控制原研药价格的重要调节器是知识产权的宽度范围。在影响知识产权保护强度的制度因素中,权利范围的宽度具有关键价值,它决定了竞争者进入产品市场的难易度。如果权利范围的宽度大,竞争者的市场进入极为困难;宽度窄,则竞争者较易提供有效竞争的产品。从制度结构来看,知识产权宽度由对象维度与权利维度两部分组成:①对象维度决定了何种创新成果受知识产权保护,从而排除或限制竞争者的市场进入。通常来说,它为知识产权客体制度所调整。譬如,医疗领域的新用途与方法

---

① 参见梁志文:《管制性排他权:超越专利法的新发展》,《法商研究》2016 年第 2 期,第 191 页。
② See Ian Ayres and Amy Kapczynski, "Innovation Sticks: The Limited Case for Penalizing Failures to Innovate," *University of Chicago Law Review* 82 (2015): 1812 – 1824.
③ 参见《国家食品药品监督管理总局关于落实〈国务院办公厅关于开展学名药质量和疗效一致性评价的意见〉有关事项的公告》(2016 年第 106 号)。

专利如受保护，它就排除了竞争者进入同一市场的可能性。再如，如果药品专利的授权条件非常严格，如适用超高的创造性标准，则一些增量创新成果难以获得专利授权，创新者将会面临较多的产品竞争；反之，则竞争产品难以进入市场。②权利维度决定基于规避设计、改进设计的竞争产品能否进入市场。在侵权判断时，如果等同侵权原则的适用较为宽松，则竞争产品构成侵权的风险较大，其市场进入门槛较高。计算损害赔偿的方法也具有同样的效果，如果赔偿数额特别大，尤其是存在惩罚性赔偿的情况下，提供竞争产品的"性价比"太低，甚至得不偿失，竞争者就会知难而退；反之，则会有大量竞争者涌入。

第二，控制原研药价格的另一重要调节器是知识产权保护期限的长短。保护期内的超额利润是知识产权制度为激励创新而赋予投资者的"胡萝卜"。保护期届满后，仿效者可以自由进入市场，竞争将导致市场利润趋于边际成本。例如，药品知识产权保护届满之后，由于学名药的进入，原研药的定价如同坠入悬崖。因此，知识产权保护期制度避免某项创新成果持续垄断的不利后果，它巧妙地挑选出参与产品供给的不同市场主体：追求高风险、高回报的投资者会引领创新产品的研发，而低风险、稳回报的投资者则实施产品跟随策略。较长的知识产权保护期将维护创新投资者较长的垄断期限，并进而获得更高超额利润的可能。强化知识产权保护的制度选择之一是延长保护期。譬如，延长药品专利保护期的重要理由是，由于药品存在上市管制，其成功上市所耗费的时间长，这导致其有效的专利保护期大大缩短。一般认为，药品专利的平均有效保护期约为 11 年，远远少于其他专利产品平均 17 年的有效保护期。① 然而，在原研药商能够对其临床试验数据获得保护的制度下，专利保护期延长的正当性大为减弱。因此，应该从整体来看待药品知识产权保护期制度的相互协调，以免影响促进竞争和创新的制度目标。

第三，应合理设计控制原研药价格的调节器组合。知识产权制度存在四对保护强度不一的组合：①长保护期+宽保护范围；②长保护期+窄保护范围；③短保护期+宽保护范围；④短保护期+窄保护范围。第一、第四类立法模式分别属于典型的知识产权强保护与弱保护立法模式。单独采取这两类立法模式都有可能不利于竞争创新的目标实现。在第二类立法模式下，权利保护期较长，但保护范围较为狭窄，竞争者的市场进入门槛较

---

① See WTO Panel Report, Canada-Patent Protection of Pharmaceutical Products, WT/DS114/R. Para. 4.27. (March 17, 2000).

低,这将导致市场价格难以维护在垄断定价的位置。在该模式下,权利人获取利润的方式可以是长期提供价格较低的产品,或者通过收取第三人技术许可费的方式。第三类立法模式的保护期虽然短,但由于市场的进入门槛高,在保护期内仍然可以使得权利人通过索取垄断价格来弥补成本。从创新者角度来看,两种立法模式几乎是等价的,"因为它们提供的利润(几乎)相同,都取决于模仿成本"①。

因此,一项制度如何进行设计,不仅要考虑创新者的立场,其正确的制度安排还应该站在消费者(患者)立场、根据创新的产业特性来进行理性选择,以确立合适的立法模式。即一项制度设计,不仅要考虑创新者的利润回报,还应通过制度设计来避免研发成本的浪费(适度垄断),以及尽可能地降低社会的净损失(加强竞争)。研究表明,药品创新与知识产权保护密切相关,但对其保护水平(its degree)的状况并不十分敏感。②如何设计药品创新的知识产权制度模式?第一类模式代表着对药品知识产权保护的最强水平,但由于权利人可以在较长时期内获得超额利润,它不利于控制原研药的价格,意味着社会净损失的扩大。在既定条件下,对于医药创新能力不强的国家,这一制度模式并不可取。发展中国家从药品知识产权保护中获得的收益明显低于发达国家,这是因为一个国家医药创新成果的产出受制于多重因素,国家的创新能力、技术基础、资金与人力资源都与医药创新密切相关,而强化专利权保护又限制了模仿创新的路径。因此,发展中国家最好逐渐提升医药领域的知识产权保护水平,而不是遽然提升。③ 中国制药业逐渐由模仿走向创新,实施仿创结合的医药发展战略具有现实性。同时,全民医疗保障体系尚有待完善,中国应逐步提升医药知识产权的保护水平,构建合理的药品知识产权保护体系,而不是实施单一的保护模式。

构建科学的药品知识产权保护体系,有必要对专利权与管制性专有权的实际效果予以综合评估,因为这两种制度在保护期限和权利范围都有不同层面的考虑。专利权的保护期限较长,统一长达20年,自申请日起算;数据保护期较短,一般为3年、6年、7年、10年、12年不等,自药品批

---

① 苏珊娜·斯科奇姆:《创新与激励》,刘勇译,格致出版社、上海人民出版社2010年版,第103页。
② See Simona Gamba, "The Effect of Intellectual Property Rights on Domestic Innovation in the Pharmaceutical Sector," *World Development* 99 (2017): 25.
③ Ibid.

准上市之日起计算。① 专利权的保护范围较宽，由于等同侵权与全面覆盖原则的适用，规避专利的技术设计充满侵权的风险。专利权人还可以控制改进发明的利用，这是药品专利大都在其临床开发前就予以申请的原因，它控制竞争者的市场进入、节约社会整体付出的研发成本。管制性专有权对数据保护的范围较窄，仅限于批准上市的特定适应症药品，并不能禁止竞争产品与后续产品的开发，还不能请求禁令救济与损害赔偿救济。

药品知识产权保护中最具争议的问题在于如何保护增量创新成果，而不是突破性创新，因为后者的法律保护并无争议。原研药商常青树策略得以实现，在于其对药品做出了实质性的改进发明或增量创新。一方面，它增进了病患福利，提高了药品的可获得性；另一方面，它又延缓了学名药的市场进入，影响药品价格的可承受性。在专利法领域，这些改进发明或增量创新可能面临创造性程度不够的质疑。譬如，葛兰素史克公司先后对其明星药——抗抑郁药帕罗西汀申请了十项与其有效成分无关的专利，其最新一项专利权的保护期已于 2019 年届满。但是，学名药商获得了该项专利无效诉讼的胜诉，这使得学名药在 2003 年就迅速进入市场，为患者提供了竞争产品。② 对于常青专利，主流的看法是，应该提升药品专利的创造性审查标准，减少那些创新程度较低的药品发明获得专利保护的可能性，避免对学名药的市场进入造成不合理的障碍。③ 但是，也同样必须承认，作为增量创新的新剂型或新用途等改良型新药研发也具有保护的合理价值。其正确的路径应该是，在确保药品专利授权条件高标准的前提下，建立改良型新药管制性专有权制度，以激励增量创新的研发投资。在该制度下，原研药商的常青策略有利于开发出满足不同病患（如罕见病、儿童）需求的药品，增加药品的可得性；同时，它不影响已有适应症的学名药进入市场，降低药品价格而实现药品的可承受性，符合激励创新与促进药品可及性的基本精神。

综上，初步的结论是：知识产权制度有必要控制原研药价格，具体的制度安排是维护高标准的专利授权条件，建立高保护水平的专利制度，以提升医药领域重大创新成果的投资回报；将激励增量创新的任务交给数据

---

① 详细介绍，参见梁志文：《药品数据保护的比较分析与立法选择》，《政法论丛》2014 年第 5 期。

② See C. Scott Hemphill and Bhaven N. Sampat, "Evergreening, Patent Challenges, and Effective Market Life in Pharmaceuticals", *Journal Health Economic* 31（2012）: 328.

③ 参见赵歆、刘晓海：《基于专利法与竞争法交叉视角下的制药产业专利常青策略》，《中国科技论坛》2014 年第 11 期。

保护，建立保护期限较短以及保护范围较窄且分门别类（区分创新药与改良型新药）的管制性专有权制度。

二、强化技术披露义务提高学名药商的竞争力

如果说权利宽度和保护期限制度属于原研药价格的调节器，则其对原研药价格调节的影响是间接的。在知识产权制度上，是否存在直接控制药品价格的规则？一般来说，降低药品价格主要通过学名药的直接竞争来实现。降低学名药进入的技术门槛，或者说，促进制药技术向全社会的知识扩散，一直以来被认为是知识产权制度的重要目标之一。因为一旦药品知识产权保护期届满，学名药就将进入市场，迫使药品价格降低，这将充分保障患者对药品价格的可承受性。① 例如，辉瑞公司最畅销的降血脂药"立普妥"自1997年上市后在专有权保护期内累计获得了超过千亿美元的收入。其专利保护期于2011年11月30日届满，立即吸引了大量的学名药进入市场，仅仅经过6个月，1个月剂量的药品价格就从165美元降至15美元左右。② 这被称为"专利悬崖"的现象对原研药商的收入产生了巨大影响，但它提高了患者对药价的可承受性，本身就是知识产权立法所要实现的基本目标。同时，它也是知识产权制度促进技术扩散的结果，集中体现了知识产权的正当性：发明人向社会公开其创新成果，以换取一定期限的排他权。在专利法上，公开充分性（sufficient disclosure）是专利授权的重要条件之一，它规定专利说明书"应当对发明或者实用新型作出清楚、完整的说明，以所属技术领域的技术人员能够实现为准"③。

医药发明被充分地向社会披露是学名药及时、顺利进入市场的关键因素。不同于其他产业，学名药与原研药具有质量与疗效等效性是保障患者健康的必要条件。两者具有可替换性是学名药能够产生有效竞争的基本前提，它要求对每一位患者都具有相同的临床效果、相同的给药次数，从原研药转换到学名药不存在额外的安全或疗效风险；反之，患者、医生就很

---

① 在中国，第一至第三个学名药、已过专利保护期但未有学名药上市的药品，都有单独定价权。在这种情况下，相应市场仍然不属于完全竞争范畴。

② See Cristina Luiggi, "Lipitor Patent Expires, Scientist" accessed November 30, 2011, https://www.the-scientist.com/the-nutshell/lipitor-patent-expires-41658.

③ 《中华人民共和国专利法》第26条第3款。

难以学名药来取代原研药治疗疾病。① 麦利亚德基因公司（Myriad Genetics）在乳腺癌基因诊断市场上的地位就说明了这一点。该公司拥有乳腺癌易感基因 1（BRCA1）与乳腺癌易感基因 2（BRCA2）两项专利，也拥有使用这两项基因序列来诊断乳腺癌的方法专利。当上述专利被确认不属于可专利客体而宣告无效之后，② 竞争者蜂拥而入。但是，麦利亚德基因公司仍然占有高达 80% 的市场份额。其原因不在于诊断方法未能为竞争者所掌握，而是它们缺乏用于基因比对的大数据。在专利被宣告无效前，麦利亚德基因公司收集了上百万女性的基因信息及其家族癌症发生率的信息，而这些信息以商业秘密方式予以保护。这些信息不影响专利方法本身的使用，但对基因测试的诊断结果具有重要影响，如欧洲竞争者约有两成无法确诊的基因变种，但麦利亚德基因公司受影响的比率仅在 3% 左右。在患者与医生看来，两者具有关键性差距，无法构成可替换的有效竞争。③

近年来，关于"临床研究面临可重复性危机"之类的反响越来越大。"来自科学家和普罗大众日趋一致的看法是，需要重建已经失灵，但本应确保生物医药研究可重复性的复杂机制。"④ 可重复性危机来自原研药商所采取的保密措施，这是在原研药专有权保护期届满之后、学名药仍然缺乏有效竞争力的重要原因。治疗雌激素缺乏症的"倍美力"受专利保护的雌激素混合物与提纯方法，分别早在 20 世纪 40 年代、50 年代保护期届满。然而，学名药商一直未能通过反向工程准确掌握"倍美力"的作用机制，满足不了等效性要求。⑤ 从知识产权基本理论来看，专利权有 20 年保护期的限制，而商业秘密则受反向工程限制，知识产权法相关制度安排都具有维护知识产品自由竞争的安全阀作用。但是，制药企业惯于利用专利权与商业秘密这些法律武器来交替锁定技术，以维护专利保护期届满之后

---

① See W. Nicholson Price Ⅱ and Arti K. Rai, "Manufacturing Barriers to Biologics Competition and Innovation," *Iowa Law Review* 101（2016）：1046 – 1048.

② See Ass'n for Molecular Pathology v. Myriad Genetics Inc. case, 133 S. Ct. pp. 2107, 2119（2013）（美国最高法院认为分离后的 DNA 序列不是可专利客体，BRCA1 和 BRCA2 序列专利无效）； also see Ass'n for Molecular Pathology v. U. S. Patent & Trademark Office case, 689 F. 3d pp. 1303, 1333 – 1337（Fed. Cir. 2012）（麦利亚德基因公司基因诊断方法专利不属于可专利客体而无效）.

③ See W. Nicholson Price Ⅱ, "Expired Patents, Trade Secrets, and Stymied Competition," *Notre Dame Law Review* 92（2017）：1630.

④ See Francis S. Collins and Lawrence A. Tabak, "NIH Plans to Enhance Reproducibility," *Nature* 505（2014）：612.

⑤ See W. Nicholson Price Ⅱ, "Expired Patents, Trade Secrets, and Stymied Competition," *Notre Dame Law Review* 92（2017）：1625.

的市场垄断地位。

如果原研药商公开的药品数据具有不可重复性，它不仅阻碍学名药的市场进入，还影响竞争者对已有化合物新适应症的药品开发活动。如果获得新化合药专利无须充分披露疗效可靠的试验数据，其获得的专利权对药品所有的适应症都享有事实上的控制权。即使是竞争者首次开发出新适应症的用途，在未能取得专利许可的情况下，它也无法正常将其推向市场。这将导致制药企业在有限的研发预算内尽可能投资到专利保护期届满的化合物药品，避免承担难以预估的侵权风险，最终将延迟新适应症的药品开发活动。① 除此之外，它还有可能影响患者的用药安全。谢尔科（Jacob Sherkow）教授研究了美国市场上"倍美安"（Prempro）、"奇格瑞"（Xigris）、"波立维"（Plavix）和"癌思停"（Avastin）四款因安全问题而被撤回的明星药，它们都获得了专利授权，但未能充分披露可重复性的药品信息。②

学名药商在专利保护期届满之后不能提供有效的竞争产品，人们常常将其归于公开充分性原则在法律适用时标准过于宽松。本应促使申请人将药品发明的技术诀窍向社会公开，以维护专利排他权的对价，但过于宽松的结果反而鼓励了申请人不予披露或不完全披露。竞争者不能提供等效药品，这一事实本身就说明申请人未能履行技术披露的法定义务。③ 普莱斯（W. Nicholson Price Ⅱ）教授认为，现在法定的披露范围仅限于技术上的可实施性要求（technical enablement），专利权人获得了排他权，却未能付出社会福利、创新与竞争层面下的专利对价，因而应该确立"经济上的可实施性要求"（economic enablement）标准，申请人有义务披露的范围还应包括商业化所需信息、配套产品信息以及获得商业成功的相关信息，以实现在专利保护期届满后竞争者能够合理参与市场竞争之目标。④ 谢尔科教授则主张改变判断"可实施性要求"时以申请日为准的做法，增加申请日后获得的证据作为评估方法。此时，专利权人面临两项选择：在研发早期阶段以不确定或不完善的试验数据来申请专利，或者在获得更完善的数据后再申请，前者极有可能被宣告无效，这将促使专利权人选择依据更完

---

① See Jacob S. Sherkow, "Patent Law's Reproducibility Paradox," *Duke Law Journal* 66（2017）: 901.

② Id., part Ⅲ（2017）.

③ See W. Nicholson Price Ⅱ, "Expired Patents, Trade Secrets, and Stymied Competition," *Notre Dame Law Review* 92（2017）: 1613.

④ Ibid.

善的试验数据来申请专利。①

将申请日后获得的实施发明的技术信息作为"可实施性要求"的判断标准,降低了学名药进入市场的技术障碍。虽然它有助于实现技术扩散的价值目标,但涉及整个专利制度的协调问题。先申请原则促使申请人在发明的早期阶段进行专利布局,以便有充裕的时间来开展具体应用的研发工作,也避免了研发竞赛时社会资源的浪费。如果专利申请人在申请日后需要继续公开实施发明的信息,而实施发明的信息处于不断完善、发展之中,则专利权的效力将一直处于不确定状态。因此,通过专利法来增加专利权人在申请日以后的披露义务,并不具有可行性。

但是,将披露可重复性的实验数据作为管制性专有权的授权条件则完全具有可行性。向药监部门申请上市时的原研药商应已有完备的药品实验数据,特别是安全性、有效性和质量可靠性的数据依据法律规定本身就需要向药监部门披露,此时提高原研药商的披露义务,不存在特别的制度成本。此外,"构建以公开为基础的数据专有权,取代现行以保密为基础的药品数据保护,既保障了品牌药商的利益,又增强了药品数据的透明度,还符合 TRIPs 协议第 39.3 条下数据保护义务的要求"。②

三、知识产权软法规则促成原研药的合理定价

药品研发需要投入巨额资金,这导致原研药的知识产权大都为制药企业所拥有。为了在药品专有权保护期内获得最大的利润,原研药商通常在知识产权保护制度下使用撇脂定价策略,以获取药品的最大利润。所谓撇脂定价,是指将药品以极高的价格销售给患者,如"格列卫"在中国的定价曾经高达每盒 23500 元,是印度学名药每盒 200 元的 117 倍。撇脂定价策略之所以能在原研药领域得以普遍实施,其原因不仅在于原研药的开发成本高、价格弹性小,还在于患者对救命药的需求强烈、对价格不敏感,更在于市场上缺乏足够具有竞争力的同样药品。"格列卫"就是这样的救命药,它居然把绝症——慢性粒细胞性白血病(血癌的一种)变成了吃药就能控制的慢性病,从而挽救了成千上万的病患,它成为病患生存的必需品。此时,药品售价可依患者最大支付能力为标准来制定。"格列卫"不

---

① See Jacob S. Sherkow, "Patent Law's Reproducibility Paradox," *Duke Law Journal* 66 (2017): 908.

② 参见梁志文:《药品数据的公开与专有权保护》,《法学》2013 年第 9 期,第 102 页。

只在中国售价昂贵,诺华公司在美国也同样采取撇脂定价策略。尽管这一定价策略导致许多患者付出了巨额的医疗费用,甚至因病堕入穷困而被指责"太不人道",但它为诺华公司带来了丰厚的利润回报,为其后续研发积累了巨额的资金。①

在现代企业理论中,企业社会责任强调企业经营目标应多元化,除了传统经营理念中股东利益最大化目的之外,它还应包括维护和提升社会公益的经营目的,需要在利润目标和公益目标两个维度之间维持衡平。② 企业社会责任最初体现为社会对企业的道德要求,随后逐渐实现了道德义务的法定化。《中华人民共和国公司法》第5条规定:"公司从事经营活动,必须遵守法律、行政法规,遵守社会公德、商业道德,诚实守信,接受政府和社会公众的监督,承担社会责任。"一般认为,企业社会责任的范围包括雇员利益(如《中华人民共和国就业促进法》第3条)、消费者利益(如《中华人民共和国消费者权益保护法》第6条)以及政府代表的环保利益(如《中华人民共和国循环经济促进法》第9条)等。毫无疑问,原研药商负有保障药品安全性、有效性、质量可靠性的法定义务。但原研药商是否负有这样的社会责任:制定让所有患者都能承担得起的药品价格?或者说,企业的社会责任是否包括制定较低的药品价格以保障患者(消费者)健康权?

健康权属于基本人权。让所有患者都能及时获得救命药属于健康权的范围。一般认为,这是社会或国家所应承担的义务,其基本的制度形式是全民医疗保障与配套的商业健康保险。原研药商以营利为基本经营目标,让所有人都能承担的药品定价只是涉及它的一个道义问题,况且,这是否属于原研药商所应承担的强制性法定义务,还关系到一项重大的市场原则:医疗资源的分配机制是以效率为主还是以公平为主。更为重要的是,限制原研药制定药品价格的能力,将明显影响其获取投资回报的预期,这会降低药品研发投资的吸引力,其代价是导致新开发的原研药数量减少。当无药可治之时,何谈能否支付得起药价?药品价格控制涉及的这些复杂关系表明,药品可得性与药品价格可承受性之间存在一定的紧张关系。③

如果原研药商负有该道德义务,并上升至法定义务,则它还必须在制

---

① 叶盛:《为什么格列卫会这么神?这么贵?》,http://news.ifeng.com/a/20180709/59068670_0.shtml.

② 参见卢代富:《国外企业社会责任界说述》,《现代法学》2001年第3期,第137页。

③ See Michelle M. Mello, "What Makes Ensuring Access to Affordable Prescription Drugs the Hardest Problem in Health Policy?" *Minnesota Law Review* 102 (2018): 2280.

度上回答下列问题：①确定原研药最终可接受价格的标准。原研药商是否应制定全民可承受的药品价格？或者说，如果民众之间支付能力的差异影响到救命药的获取，它在多大范围之内是可忍受的？②确定原研药的价格构成。药品价格的具体构成不仅涉及制药企业的利润，还涉及经销商、药房、医生、医院、医保机构等诸多利益主体。在从制药企业到患者的整个原研药分销过程中，哪些渠道应得多少利润，价格干预应在何种渠道进行才能有效降低患者最终负担的药品费用？由于这些复杂的价格构成导致了药品价格不具有透明性，它使得价格干预手段缺乏必要的价格信息。①③药品价格受制于多重因素，而不是仅由知识产权所决定。缺乏替代性的竞争性药品、国家医疗保障制度、健康保险机制等因素都影响着药品价格。

这些问题表明，将原研药的价格控制规定为原研药商的法定义务不具有现实性。当然，这也并非表明原研药商不负有公司法上的社会责任。企业社会责任软法化是解决药价可承受性的重要路径。所谓"软法"，是指不依靠国家强制力保证实施的法律规范，是"由各制定主体自身所隐含的约束力予以保障实施的行为规范，软法的主要渊源包括国家立法和政治组织形成的规则和社会共同体形成的规则"②。立法上的软法责任包括两种形式：①奖励性法律规范中的软法责任。其特点是法律规定的行为模式仅规定积极性的行为后果。如《可再生能源法》关于节能减排的规定，它以税收优惠、资金扶持等激励措施来落实企业所应承担的软法责任。同样，国家在制定这些激励政策时，可以将制药企业的药品定价行为作为考虑因素。譬如，开发罕见病药品的制药企业可以得到税收优惠和市场专有权的保护，但必须以向市场充分供给已批准上市的药品为前提条件。③②义务性法律规范中的软法责任。其特点是以义务性法律规范的方式规定社会责任，但并未规定否定性法律后果，因而仅具有倡导性的效果。例如，《专利法》第26条第5款规定，"依赖遗传资源完成的发明创造，申请人应当在专利申请文件中说明该遗传资源的直接来源和原始来源"。但是，法律并没有规定未说明或说明不实的法律后果，它可以视为专利申请人的软法责任。这同样可以在《专利法》以及药品数据保护的法律规范中做类似

---

① See Michelle M. Mello, "What Makes Ensuring Access to Affordable Prescription Drugs the Hardest Problem in Health Policy?" *Minnesota Law Review* 102 (2018): 2288-2291.
② 蒋建湘:《企业社会责任的法律化》,《中国法学》2010年第5期, 第129页。
③ 美国《孤儿药品法》规定, 罕见病药品开发者将获得7年的市场专有权, 但如果不能向市场供给充足的药品, 则会被取消该专有权保护。See 21 U.S.C §360cc (b) (1).

规定。

　　将患者可承受的药价作为制药企业承担的软法上的社会责任，进而将其作为权利滥用行为或滥用优势地位的垄断行为之衡量因素，也可将其确定为颁发强制实施许可的重要条件，① 它将间接规制制药企业的恶意定价行为。② 恶意定价的典型例子有：迈兰制药公司的肾上腺素自动注射笔 Epipen 占据了全美 90% 的市场份额，这款仅含 2 美元注射液的医疗产品，在 2007 年的售价尚不足 100 美元，而在 2016 年的售价则超过 600 美元。③ 价格上涨的重要原因是该产品的专利保护期即将届满，迈兰公司试图在学名药进入前尽可能地获取超额利润。美国另一起药品涨价事件更为明显地体现了恶意定价。图灵制药公司在购买弓形虫病治疗药物 Daraprim 所有权之后，一夜间从每片 13.5 美元的售价提高到 750 美元。④ 建立制药企业的社会责任，不仅有利于控制制药企业不道德的恶意定价行为，它还将督促制药企业实施一些慈善项目，改善患者获取药品的可能性。2008 年建立的一项名为"药品可及性指数"的独立项目将世界最大的 20 家制药企业按照其产品在发展中国家可获得性、可承受性情况进行排名，每 2 年发布一次排名结果，以激励制药企业持续改进药品可及性。⑤ 许多制药企业对定价昂贵的药品开展援助之类的慈善活动，其条件通常包括患者收入低（如需低保证明）且未纳入医保。譬如，尽管"格列卫"定价昂贵，但诺华公司于 2003 年 9 月起在中国开展全球患者援助项目，免费向符合条件的特定患者捐赠药品，诺华公司因该项目获得 2009 年度中华慈善奖。⑥

---

　　① 《中华人民共和国专利法》第 53 条规定，专利权人"未实施或者未充分实施"以及"垄断行为"的，可申请给予实施专利的强制许可。
　　② 《中华人民共和国药品管理法》第 55 条第 1 款规定："应当按照公平、合理和诚实信用、质价相符的原则制定价格，为用药者提供价格合理的药品。"《中华人民共和国专利法》第 2 款规定："禁止暴利和损害用药者利益的价格欺诈行为。"
　　③ See Michelle M. Mello, "What Makes Ensuring Access to Affordable Prescription Drugs the Hardest Problem in Health Policy?" *Minnesota Law Review* 102（2018）：2274–2275.
　　④ Id., 2283.
　　⑤ See Hans V. Hogerzeil, "Big Pharma and Social Responsibility — The Access to Medicine Index," *New England Journal of Medicine* 369（2013）：897.
　　⑥ 参见《中华慈善总会格列卫患者援助项目介绍》，https://www.gipap.org.cn/html/TIPW.html.

第二节 首仿药市场专有权

从美国法来看，Hatch-Waxman 法案首次规定了首仿药市场专有权：180 天内不批准其他学名药的上市申请。2003 年通过的《国家医护处方药改进与现代化法案》（*Medicare Prescription Drug, Improvement, and Modernization Act*，MMA）做出了实质性修改，后于 2012 年《食品药品安全管理与创新法》（*Food and Drug Administration Safety and Innovation Act*，FDASIA）中做出了微调。[①] MMA 修改了市场专有权条件的表述，增加了权利丧失条款，以及"180 天专有权期间""首仿药申请人""实质完整的申请""临时批文"（tentative approval）等一些关键术语的界定。

权利丧失条款规定，首仿药如果在下列期间内未能及时上市，其市场专有权将会丧失：①超出其申请案被批准之日起的 75 日，或其上市申请递交后 30 个月内未能上市，两者以先至者为准；②当首仿药申请人依第四段声明而提出上市申请，法院裁定专利无效或确认不侵犯专利权，法院签发调解协议令（settlement order）或专利无效/不侵权之同意判决（consent decree），以及新药批文持有人撤回了专利信息，自上述生效日 75 日内首仿药尚未上市者。

首仿药市场专有权也会因申请人之下列行为而被撤销：①首仿药申请人撤回申请，或因不符合上市条件而被 FDA 视为撤回申请；②首仿药申请人修改或撤回了符合专有权条件的申请；③首仿药申请人未能在递交申请案的 30 个月内获得临时批文，递交申请后因法定审查条件变化所致者除外；④首仿药申请人与其他 ANDA 申请人、NDA 申请人或专利权人达成的协议被法院或 FTC 裁定违反了反垄断法；⑤首仿药市场专有权所针对的所有专利权保护期已经届满。FDASIA 修改了撤销条款中的第 3 项，其最后期限从 30 个月延长到 40 个月（自 2012 年 7 月 9 日至 2015 年 10 月 1 日），及从 30 个月延长到 36 个月（自 2015 年 10 月 1 日起）。

自美国 FDA 在 1994 年 10 月发布"180 天专有权"条款的实施条例以来，质疑药品专利效力的案件数量急剧上升，2011 年至 2012 年间首次上市的学名药中超过 80% 的申请都对新分子实体（NMEs）专利提出专利效

[①] 本节的介绍主要参考了 Lietzan 教授的著作，See Erika Lietzan and Julia Post, "The Law of 180-Day Exclusivity," *Food Drug Law Journal* 71 (2016): 327.

力的质疑，而在1998年前则少于20%。① 学名药商的商业策略是越来越多地、尽快地对商业成功的药品递交ANDA申请，以获得180天的首仿药市场专有权。因为在市场上只有一个或几个学名药时，学名药商可获得较大的边际利润和市场份额。据美国联邦食品药品监督局的研究，如果仅有一家学名药商进入市场，其提供学名药的价格将是品牌药的94%；如果有两家学名药商进入市场，学名药价格将会降至品牌药的52%；如果有超过5家学名药商进入市场，学名药价格将低于品牌药的30%。② 故此，学名药商有足够的动力竞相通过质疑专利权效力来成为首个学名药，即使是在胜诉可能性极低的情况下，也常常会发动专利无效的诉讼战，这被称为"探矿"策略（"prospecting" strategy）。③

药品价格竞争会产生巨大的市场利润差距，原研药商常常与首仿药申请人签订"反向支付"（reverse payments）协议或"为学名药延迟上市而支付"（payfor-delay）协议，即支付给"180天"市场独占权的首仿药申请人几百万美元不等的费用，换取其承诺不上市学名药，从而防止其他学名药进入市场。这一现象明显违反了反垄断法的规定，在美国引发了法律修订以及FTC的干预，常常被批评为首仿药市场专有权的副作用。④ 但是，反向支付协议在没有规定首仿药市场专有权的欧盟也同样出现。⑤ 这也应该引起中国的重视。⑥

除了反向支付外，在美国，还出现了"授权学名药"（authorized generics drugs）的现象。⑦ 原研药商利用自身的优势，可以让授权学名药成为药品市场上第一个学名药产品，为其在整个市场布局方面提供时间上的优势，从而获取药品市场上的最大利润。一般认为，无论是从短期还是长

---

① See Henry Grabowski et al., "Pharmaceutical Patent Challenges: Company Strategies and Litigation Outcomes," *American Journal of Health Economics* 3, no. 1 (2017): 33.

② Ctr. for Drug Evaluation and Research, FDA, Generic Competition and Drug Prices.

③ See Henry Grabowski et al., "Pharmaceutical Patent Challenges: Company Strategies and Litigation Outcomes," *American Journal of Health Economics* 3, no. 1 (2017): 34.

④ See C. Scott Hemphill and Mark A. Lemley, "Earning exclusivity: Generic drug incentives and the Hatch-Waxman Act," *Antitrust Law Journal* 77 (2011): 947–989.

⑤ See Fabrizio Esposito and Francesco Montanaro, "A Fistful of Euros: EU Competition Policy and Reverse Payments in the Pharmaceutical Industry," *European Competition Journal* 10, no. 3 (2014): 499–521.

⑥ 参见陈武：《美国药品专利诉讼中的反向支付协议——以Cardizem CD及Valley Drug案为研究进路》，《知识产权》2007年第4期。

⑦ See Richard G. Frank, "The Ongoing Regulation of Generic Drugs," *The New England Journal of Medicine* 357 (2007): 1993–1996.

期来看，授权学名药的现象对药品市场的价格影响，结论是它有助于降低药价，同时不会实质性的阻碍学名药商的市场进入，并最终提升消费者福利。① 对于中国来说，有学者认为，授权学名药是原研药商"抢占中国学名药市场的重要工具。长期来看，授权学名药将会对中国学名药市场竞争产生消极影响，降低中国制药企业的积极性"②。

国家药品监督管理局发布的《药品试验数据保护实施办法（暂行）（征求意见稿）》第3款规定，对"专利挑战成功的药品"申请人给予一定数据保护期限，即首仿药申请人也将得到药品数据保护。但其具体保护期限与权利内容却语焉不详。当然，这也是因为该制度可能与专利链接制度密切相关，若在立法上尚未规定美国式的专利链接制度，首仿药专有权的规则可能被认为不符合利益平衡之精神。

第三节　激励学名药开发的安全港制度

为保障专利保护期届满后产品市场上的充分竞争，专利法提供了一系列安全港制度。专利法规定，学名药商在专利保护期之内为提供上市所需信息进行的制造、使用、进口行为不视为侵权，这就是药品试验例外（Bolar）制度。③ Bolar例外制度的基本价值在于消除学名药上市审批所导致专利期额外延长，即在原研药专利保护期届满之后，学名药能够及时进入市场。除此之外，专利法上还有更一般的研究例外制度："专为科学研究和实验而使用有关专利的，不视为侵权专利权。"④ 就制药业来说，如何处理药品试验例外与研究例外的关系及其各自的调整范围，必然会影响医药产品的竞争状况。在强化药品知识产权保护的背景下，中国法上的这两项例外制度在实践中尚未得到有效的检验，值得理论上进行深入研究。

对于学名药商来说，因产品上市需进行大规模实验与临床试验，Bolar例外与更一般的实验例外的法律规定具有重要意义。近一二十年来，美、

---

① See Ernst R. Berndt et al., "Authorized Generic Drugs, Price Competition, and Consumers' Welfare," *Health Affairs* 26 (2007): 790 – 799. 最新的研究成果也得出类似结论，参见 Ning Cheng et al., "Association of authorized generic marketing with prescription drug spending on antidepressants from 2000 to 2011," JAPhA, February 1, 2017.

② 参见刘立春、朱雪忠：《中国制药行业应对授权学名药挑战的对策》，《中国医院药学杂志》2012年第22期，第1831 – 1835页。

③ 《中华人民共和国专利法》第69条第5款。

④ 《中华人民共和国专利法》第69条第4款。

欧、日专利法及法院实务对于专利权例外中的医药临床试验均有重要的法制发展，这也包括 TRIPs 协议关于 Bolar 例外的重要实践以及欧、日等国的法制发展。

一、国际法上的安全港：TRIPs 协议第 30 条及其适用

在 TRIPs 协议之前，国内法对专利权例外的规定各不相同，主要包括：教学、科学研究例外，测试或改进发明的商业试验例外，为在专利权保护期届满后销售产品而进行试验以获取产品上市行政许可所需信息例外，先用权例外（在专利申请之前第三方已经善意使用），平行进口例外（进口国外合法生产之专利产品）等。① 但这些例外在各国的实践中却宽严不一。《巴黎条约》规定了交通工具使用、进口货品所涉及之物品等不构成专利权侵害。

从 TRIPs 协议的谈判过程来看，TRIPs 协议并没有限制成员方制定各种例外的权力，但是其第 30 条确立了专利权例外的基本准则。在 Anell 草案文本的起草过程中，欧盟、巴西和加拿大都提出过非排他性的特定专利权例外清单。Anell 草案文本的专利权部分有如下规定："2.2 专利权例外：[在考虑专利所有人和第三方的合法利益下]，专利排他权有限的例外之行为主要包括：2.2.1 先用权；2.2.2 私下或非商业性目的；2.2.3 实验目的；2.2.4 根据医生处方而在药房为个别病例配药或准备；2.2.5 信赖其行为不为发明专利首次授权时所提交的有效权利要求所禁止，但为在授权后因专利变更程序产生的有效权利要求所禁止之行为；2.2.6 政府为自己使用目的之行为。"

TRIPs 协议第 30 条规定了专利侵权例外的三个条件：成员方可以规定专利权侵权例外之情形，但不得不合理损害专利排他权之一般使用，且不得不合理侵害专利权人之合法利益，还应考虑第三人之合法利益②。TRIPs 协议第 30 条没有列举被豁免侵权的具体行为，因此专利权例外的种类及其范围取决于对这三个条件的解释。这使得成员方在制定相关法律时面临

---

① See UNCTAD-ICTSD，*Resource Book on TRIPS and Development*（Cambridge University Press，2005），p.430.

② Article 30 of TRIPS：Exceptions to Rights Conferred：Members may provide limited exceptions to the exclusive rights conferred by a patent, provided that such exceptions do not unreasonably conflict with a normal exploitation of the patent and do not unreasonably prejudice the legitimate interests of the patent owner, taking account of the legitimate interests of third parties.

一些困难。中国作为 WTO 成员方之一,将面临同样问题。而 WTO 案例法与各成员方国内法的比较研究将为此而提供一些非常有用的指南。

在 WTO 案例中,由于协议条文中存在弹性化语言,在解决成员方之间的争端时必须对之进行解释。根据 DSU 第 3(2)条,专家组在解释包括 TRIPs 协议在内的所有 WTO 协议时,应遵循"国际公法解释的习惯性规则",即根据该条款的上下文,并根据其宗旨从通常意义上予以诚信的解释。[①] 诚信解释是在比较法的基础上进行的。在竞争条件下,保护各成员方的合法期望,是公认的 GATT 原则,它包括缔约方之间产品竞争关系的保护以及市场准入方面的保护。在许多情形下,比较法的分析方法作为 DSB 的解释方法论具有重要的意义,尤其是 TRIPs 协议及《巴黎公约》未予明文界定的概念。因此,WTO 案例从某种程度上讲,已经包含了对国内法的比较研究。此外,由于《保护工业产权巴黎公约》没有类似的条款,因此 TRIPs 协议的谈判者主要依据是《伯尔尼公约》第 9 条之 2,人们也常常借助著作权法中合理使用制度的标准。[②]

综上所述,特定的具体例外行为在 TRIPs 协议谈判时曾经有过考虑,但其最终文本只有第 30 条这一原则性规定,比较法分析表明 WTO 成员方的国内法可以根据国情提供不同的例外种类。在"欧盟诉加拿大药品专利案"Canada-Patent Protection of Pharmaceutical Products 中,[③] 首次明确了国内法规定 Bolar 例外是否合理的判断标准是第 30 条所确立的三个条件。

上案的专家组(panel)认为,TRIPs 协议第 30 条所规定的三个条件"是累积性的,即每一个条件都必须分别、独立地考虑,任一条件如果不符合,则不属于第 30 条所允许之情形"(第 7.20 段)。因此,三个条件必须做相互依存的解释,每一条件被假定与其他两个条件是不同的,否则这些便是些多余之废话。通常情况下,例外的清单可以假定满足第一个条件,但无疑会违反第二、第三个条件,符合第一、第二个条件时仍有可能违反第三个条件。第 30 条的语义表明,即使一项例外可能属于"有限"之范围,但仍有可能不符合后两个条件。相似地,即使不会"不合理地损害正常使用",但也可能"不合理地损害专利权人之合法利益"(第 7.21 段)。

[①] 这是指 1969 年维也纳条约法公约第 31 条第 1 款。参见张乃根:《国际贸易中的知识产权》,复旦大学出版社 1999 年版,第 282—283 页。

[②] 此处为美国 Newman 法官在 Integra LifeSciences I Ltd. v. Merck KGAA (Fed. Cir. June 6, 2003.) 一案中所做评论。

[③] WT/DS114/R, March 17, 2000, www.wto.org/english/tratop_e/dispu_e/7428d.pdf, last visited: March 21, 2017. 下文所有出自该报告的内容均在文后直接指出所引段落。

二、安全港规则在欧盟及其成员国的发展

由于 1973 年《欧洲专利公约》（EPC）的影响，欧盟各国专利法日趋协调和趋同化，但关于 Bolar 例外是否属于侵权之抗辩事由，在各国之间依然存在较大差异。2000 年 8 月欧盟再度就专利法制协调问题提出"共同体"专利制度及其规则草案（Proposal for a Council Regulation on the Community Patent，简称为"CPC 草案"）。其第 31 条 b 款即为规定实验例外，该条规定：就专利保护标的所为之试验目的行为（acts done for experimental purposes relating to the subject-matter of the patented invention），为共同体专利权效力所不及。虽然该条约尚未生效，但大多数老欧盟成员国在其国内法中规定了类似的规定，其用词几乎是逐字从该条中移入的，如德国专利法第 11 条的规定。

欧盟于 2004 年通过 2004/27/EC 指令（以下简称《指令》），《指令》第 10（6）条规定："为符合第 1、2、3、4 段（主要内容为学名药申请上市的试验要求及相关术语的定义）所指之申请，以及为重要的实施要求而进行的必要研究和实验之行为，不视为与专利权或授予医疗产品的辅助保护相冲突。"该条被认为与美国法 Hatch-Waxman 法案 Bolar 条款相似。该指令要求成员国在 2005 年 10 月 30 日前将其转化为国内法。尽管在此日期之前没有几个国家通过新的立法，但在欧盟境内，许多成员国国内法中已有 Bolar 条款。这些国家有意大利、葡萄牙、捷克、匈牙利、立陶宛、拉脱维亚、马耳他、波兰、斯洛文尼亚、斯洛伐克。在欧盟外，罗马尼亚和土耳其也有该条款。EPC 成员国中，瑞士和列支敦士登没有类似条款。

虽然欧洲各国在立法层面受 EPC 和《指令》的影响而差别不大，但在司法实践中各国对其解释却存在巨大差异。[①]在比较法上，欧盟有些成员国法律均规定了研究例外与 Bolar 例外这两项制度，但其具体做法并不一致。在"研究例外"的适用范围上，其差异主要体现在研究工具——将产品或方法专利作为其他研究工作的工具——的合法性问题上。比利时与意大利法律规定，为科学目的之研究工具使用行为（research with patent）不构成侵权；但德国、法国、英国和荷兰诸国的法律仅豁免对专利本身的研究行为（research on patent）。除了荷兰，其他国家的法律并未将"研究例

[①] 参见张韬略：《向学名药厂商提供专利活性药物成分是否侵犯专利权》，《科技与法律》2016 年第 5 期。

外"限定于学术或类似目的范围内。① Bolar 例外的适用范围在欧盟境内也有重大差异,比利时、德国和荷兰三国的法律仅允许为获得学名药(含生物制品学名药)上市许可提供所需信息而进行的试验和研究,但法国、意大利、英国和西班牙的法律还允许为创新药开发而进行的试验和研究。在适用的地域范围上,比利时和荷兰的法律只允许获取欧盟上市主管部门所规定的数据而进行的试验和研究行为,但其他国家并不限定于欧盟境内的上市许可。②

1. 法国

《法国知识产权法典》第 L613-5 条规定:"专利授予的权利不包括:在私人范围内且非商业的使用;有关已获专利发明的实验性行为;根据医生处方,在药房内临时性的和少量的药物制造及此种制药活动。"关于 Bolar 例外之规定,被认为属于第 2 款的范围。

在法国的司法实践中,最具重要的案件是"科学联盟和服务"案,③在该案中,巴黎上诉法院指出,实验行为是否合法的决定性因素是其商业目的,被告为获取上市许可而制造药品样本的行为具有商业目的,故不受实验例外保护。后该法院在另一案件中再次重申,在不妨碍技术进步的情形下,立法者制定了第 L613-5 条例外,但该例外需要做严格解释,它仅适用于实验行为,且该行为不具有商业目的。上述精神在 1998 年发生的 Wellcome v Parexel 案中得到体现,该案认为,被告进行的临床试验是为了发现专利药的新用途,如不同的给药方式等,因其目的非为唯一商业性而不属侵权。该案判决已获得巴黎上诉法院的确认。④ 然而,巴黎初审法院在最近的几起医药专利纠纷案中指出,因安全、有效原因,医药产品的上市需要事先获得主管部门的行政许可,仅有申请或行政许可行为并不构成侵权是因为该行为不属于专利权所指之制造、使用、销售、进口等行为。法院指出,递交申请本身并不构成侵权。⑤

---

① See Andras Kupecz et al., "Safe Harbors in Europe: An Update on the Research and Bolar Exemptions to Patent Infringement," *Nature Biotechnology* 33 (2015): 715.

② Ibid.

③ Science Union and Servier v Corbière and Bellon case (Paris Court of Appeal, November 27, 1984, PIBD No. 366, Ⅲ-118).

④ Wellcome v Parexel case (TGI Paris, March 6, 1998), Paris Court of Appeal, 14th chamber, section A, judgment of January 27, 1999, non-published; TGI Paris, 3rd chamber, February 20, 2001, PIBD No. 729, Ⅲ, 530).

⑤ Science Union v A/C Pharma case (TGI Paris, 3rd chamber, 2nd Section, October 12, 2001, PIBD No. 739, Ⅲ-155); Science Union v Biophelia (TGI Paris, 3rd chamber, 2nd Section, January 25 2002, PIBD No. 747, Ⅲ-342).

鉴于法院严格解释第 L613 - 5 条的现状，法国在 1999 年的"社会安全预算法案"第 31 条试图引入 Bolar 条款但并未成功，而 2003 年法国公共健康法第 L5121 - 10 条确认了巴黎初审法院的看法。该条规定："在专利药的知识产权保护期届满之前，学名药的上市许可申请行为，不视为侵权；但除非权利人同意，其实际销售只能在权利消灭之后。"因此，在法国法中，区分行政许可和为获取许可而进行的实验，仅为向主管机关表明其产品安全或其生物等效性的实验，而非为新产品或产品新用途之试验行为。

2. 德国

在 1975 年 EPC 起草之前，德国专利法没有为实验行为提供免责保护。尽管 EPC 尚未生效，德国在 1981 年通过修改法律规定了实验例外。德国专利法第 11 条第 2 款之立法与 EPC 第 31 条规定极为相似。但在实践中，该例外的适用条件非常严格。该情形在 1995 年得以改变，其根本原因是德国法中关于侵权与专利无效程序的变化。根据新的法律规定，被控侵权人被禁止在侵权诉讼中提出无效诉讼。特别是在权利要求非常宽泛的生物技术专利领域，这对侵权嫌疑人产生极大的不公平。过于严格的实验例外将限制第三人的无效请求，特别是当第三人试图进行研究或发展而获得相关数据时。

在德国司法实践中，实验例外的标准是由德国联邦最高法院（Bundesgerichthof，BGH）临床试验第 I、II、III 案所确立的。[①] 实验例外之实验行为，系指任何以获得知识为目的的（有计划的）行为，所获得知识之作用与最终目的为何，则非所问。在临床试验第 I 案中，BGH 指出，德国专利法第 11 条第 2 款的解释必须要考虑 EPC 之规定，如果临床试验中引入专利药的有效成分，其目的在于测试其有效成分或何种有效成分的形式适合于医疗或缓解人类某些特定疾病，该种行为具有可诉性。在临床试验 II 中，BGH 确定的基本原则是：如果进行临床实验的目的在于获得医药注册所必需的数据而对专利药有效成分的疗效等进行实验是合法的；实验的商业定位和为商业目的而利用实验获得的信息，并不使得实验本身构成侵权。实验例外的限制条件主要有三个：实验本身与专利技术知识无关、根

---

① BGH Urt. V. 11.7.1995 – X ZR 99/92（OLG Duesseldorf），GRUR 1996，109，112 – Klinische Versuche I；BGH Urt. V. 17.4.1997 – X ZR 68/94（OLG Duesseldorf），NJW 1997，3092 – Klinische Versuche II；BverfG（1. Kammer des Ersten Senats），Beschl. V. 10.5.2000 – BvR 1864/95，GRUR 2001，43 – Klinische Versuche III。

据实验目的进行实验的范围不再具有正当性、进行实验的目的在于扭曲或阻碍专利权人销售其产品。

因此,在德国法中主张实验例外之要件,对实验行为本身之目的或性质,是为科学研究还是具有商业性,并无过多限制。在德国学说上,为确认发明可实施与否或技术利用之可能性,为证明发明之缺陷或瑕疵,为了解发明进步性,为了测试受专利保护设备或方法专利之可用性,为了改善发明,为了寻求专利回避,为了解发明在何种要件或状况下能有效治疗或防止特定疾病,为了发现发明之新用途,等等,所进行的实验是合法的。

实验例外的限制,首先是与技术知识无关的实验。它是指对专利产品的试验目的不是直接获取技术知识,而是出于唯一的商业目的,亦即实验仅为经济因素,譬如进行市场需要、价格的可接受性、销售可能性等实验,不受实验例外保护。其次,滥用实验例外的典型例子是为实验使用而制造数量大(quantity argument)的产品。就实验目的而言,一系列实验行为不再具有正当性:如果导致的实验范围大到市场上充满了专利产品,就阻碍了专利权人专利产品的销售。因此,正当性的标准是不能对专利权人的经济利益产生不合理的影响。最后,进行试验的目的如果仅仅为实现与专利权人的竞争,则是不具有合法性的。临床试验Ⅱ明确指出,仅为商业目的服务之试验属于禁止范畴。①

对于实验例外与强制许可之关系,德国联邦专利法院在初审时即以强制许可方式而不是以高度限制的侵权例外方式来协调专利权人与实验者之间的利益。BGH在临床试验Ⅰ中针对此观点,在经历了较长的争论之后,基于德国基本法第五条第三项"研究与学术自由"、第十四条第二项"所有权行使应兼顾社会整体利益等之基本权"规定,而确定实验例外不能为强制许可所替代。

仍需要指出的是,在上述案件所检测的是所谓的"假学名药"或"超学名药"(pseudo-generic or a generic plus),它指的是属于原创药专利权保护的范围,与原创药具有相同之处方,但并不是完全等同。这些案件确立了这些学名药的生物等效性试验是合法的。但这些模糊性在德国专利法上得以澄清。德国现行专利法第11条第2b款明确规定,专利权的效力不及于"为获得欧盟范围内的药品许可,或者在欧盟成员国或者第三国的药品许可而从事的研究和试验以及从属的实际必需的行为"。

---

① 参见鲁德夫·克拉瑟:《专利法》,第6版,单晓光等译,知识产权出版社2016年版,第974页。

三、中国法上的安全港制度

在中国，2000年发生的英国葛兰素史克公司诉西南合成制药厂"盐酸恩丹西酮"专利侵权案是第一起涉及 Bolar 例外的案件，该案判决全额支持了原告损害赔偿的诉讼请求，从而否定了 Bolar 例外。但在 2007 年年底由北京市第二中级人民法院判决的三共株式会社、上海三共制药有限公司诉北京万生药业有限责任公司侵犯专利权纠纷案则明确承认了 Bolar 例外，法院认为："（被告的）制造行为是为了满足国家相关部门对于药品注册行政审批的需要，以检验其生产的涉案药品的安全性和有效性。……制造涉案药品的行为并非直接以销售为目的，不属于《中华人民共和国专利法》所规定的为生产经营目的实施专利的行为。"①

在《中华人民共和国专利法》第三次修正前，有观点认为无须为 Bolar 例外专门立法，而是应该改进专利法第 63 条第 4 款的规定。② 同时，对于中国是否应引入美国式的 Bolar 条款，学者们不无疑问。因为在美国如果被告主张 Bolar 例外，成功的可能性微乎其微，这引发了美国诸多学者的批评。③ 由于中国在医药产业的研发能力明显滞后于发达国家，因此我们应该借鉴日本、德国、新西兰等较为宽松的实验例外标准。④

《中华人民共和国专利法》于 2008 年进行了第三次修正，其第 69 条第 5 款（2020 年修正后为第 75 条第 5 款）规定了 Bolar 例外，该条规定："为提供行政审批所需要的信息，制造、使用、进口专利药品或者专利医疗器械的，以及专门为其制造、进口专利药品或者专利医疗器械的"，不视为侵犯专利权。中国的 Bolar 例外所涉及的对象是取得专利保护的药品和医疗器械，不包括兽药等农用化学产品。与美国法不同的是，它并不限

---

① 参见北京市第二中级人民法院第（2006）二中民初字第 04134 号民事判决书。对该案的评述，参见何怀文：《早产的"Bolar 例外"——评中国首例"Bolar 例外"案》，《中国专利与商标》2008 年第 2 期。

② 参见梁志文：《专利权例外的国际标准》，《电子知识产权》2007 年第 1 期。

③ See Janice M. Mueller, "The Evanescent Experimental Use Exemption from United States Patent Infringement Liability: Implication For University And Nonprofit Research And Development," *Baylor Law Review* 56 (2004): 918.

④ 关于广义的实验例外，参见梁志文：《论专利法上的实验例外》，载中国社会科学院知识产权中心、中国知识产权培训中心编《中国知识产权法律修订相关问题研究》，知识产权出版社 2014 年版。

定于专利权保护期届满前 2 年。然而，该条的规定仍然有多项不甚清晰之处，① 有待司法实践和理论研究的具体回应。

  中国法上的 Bolar 例外未明确规定其地域范围，仅规定其行为限于"制造、使用、进口"三项，不包括为获得外国上市申请所需之出口行为，但这是印度最近判决的一件案件所涉及的争议焦点。德国拜尔公司拥有抗癌药"多吉美"（Nexavar）的印度专利，Natco 制药有限公司是印度知名学名药商，获得了"多吉美"在印度境内的强制实施许可证。2014 年，拜尔公司向德里高等法院提出速审（writ petition）申请，请求法院颁发命令，要求海关当局没收 Natco 公司出口的学名药，因为这些出口行为违反了强制许可条款。Natco 向法院提出中间申请（interim application），请求允许向中国出口 1 千克的活性药用成分，目的是在中国开展临床研究。德里高等法院批准了 Natco 的申请，认为印度专利法第 107A 条下的"获得上市许可"包括为获得国外上市的出口行为。该条规定，为提供药品在"印度或其他国家制造、销售、使用或进口"之行政审批所需要的信息，不视为侵权。法院认为，药品试验例外的范围包括"为获得国外上市许可信息"的出口行为，该行为不属于侵犯专利权的行为。获得强制实施许可的批准，不影响被许可人在药品试验例外下所应享有的合法权利。②

  因此，在研究目的（商业还是非商业目的）、适用对象（研究工具还是专利本身）、利用行为（是否包括使用、出口）、地域范围（是否包括境外）等方面，"研究例外"与"药品试验例外"两项制度存在保护程度不一的组合。较宽松的各要素组合，有利于学名药加快进入市场，强化制药业的市场竞争，最终有利于药品价格的降低。然而，影响学名药入市的制度不仅包括专利制度，还包括管制性专有权制度。由于临床试验费用巨大，学名药商通常以等效性研究来获取上市许可。在原研药商的数据受到保护的背景下，学名药商必须在数据保护期届满之后才能递交上市申请。这产生了与专利期额外延长相似的效果。故管制性专有权制度有必要借鉴"药品实验例外"规则，例如，对创新药实行"4 年加 2 年"、新型生物制品实行"8 年加 2 年"的保护期做法。即药监部门自批准创新药（新型生物制品）上市之日起 4 年（8 年）内，对未经创新药（新型生物制品）权

---

① 参见张韬略：《向学名药厂商提供专利活性药物成分是否侵犯专利权》，《科技与法律》2016 年第 5 期。

② See Sandeep K. Rathod, "The Curious Case of India's Bolar Provision," *Journal of Generic Medicines* 14, no. 1 (2018): 17–19.

利人同意而使用其数据的申请不予批准,除非申请人递交的是其自行取得的数据;自批准创新药(新型生物制品)上市之日起满 4 年(8 年)之后,药监部门可以受理通过等效性研究而提出的上市申请,但其上市批文须在创新药(新型生物制品)上市许可之日起满 6 年(10 年)才能生效。

第四节　药品知识产权的非自愿许可

2020 年春节前后爆发的新型冠状病毒肺炎疫情表明,全球性公共健康安全事件不仅严重威胁人类健康,也同样威胁社会、经济的稳定与发展。应对公共健康危机不仅需要政府与全社会的通力合作,在紧急情况下提升药品等医疗物资(以下统称"药品")的可及性同样至关重要。[①] 在新型冠状病毒肺炎疫情中,不仅病患缺乏有效的治疗药品,连防护用的医用口罩也面临一"罩"难求的困境,它已不仅仅是价格翻倍所导致的可承受性问题。因此,要想妥善应对公共健康危机时保障药品的可及性,政策制定者不仅必须保障药品价格是民众所能支付的,还应保障药品实际上能够为民众所获得。[②] 从更长远的角度来看,传染病防治等公共健康保障不仅需要已有药品的充分供给,它更需要激励新药研发来提升公共健康的保障水平,特别是应对最新爆发的传染病,其诊治与预防药品的研发至关重要。新型冠状病毒导致了第二次世界大战以来最严重的传染病全球大流行。在与新型冠状病毒作战的长期艰巨任务中,疫苗成为全球大流行背景下人们的主要希望。然而,疫苗短缺争议、药品专利争议成为一段时间以来公共健康的重要议题。药品知识产权的限制是为了保障公共健康的重要制度,而限制制度除了不视为侵权的自由使用情形外,还包括需要支付许可费或进行补偿的非自愿许可制度,这些都属于 TRIPs 协议弹性条款所能延伸的范围。

[①] 《〈中华人民共和国专利法〉实施细则》第 73 条的规定,"取得专利权的药品"包括"取得专利权的制造该产品所需的活性成分以及使用该产品所需的诊断用品"。在广义上,它应延及传染病防治用品范畴。

[②] See Olufemi Soyeju and Joshua Wabwire, "The WTO-TRIPS Flexibilities on Public Health: A Critical Appraisal of the East African Community Regional Framework," *World Trade Review* 17, no. 1 (2018): 147.

一、TRIPs 协议弹性条款的延展

1994 年 TRIPs 协议生效后，药品专利保护制度限制了中低收入国家特别是最不发达国家对仿制药的制造和进口，数以亿计的人们无力购买必需的基础药品，这一现象促成了在 2001 年召开的 WTO 部长会议通过《TRIPs 协议与公共健康多哈宣言》。《多哈宣言》强调公共健康优越于私人财产权的保护，WTO 成员可以充分利用 TRIPs 协定中的弹性条款。此后，这些原则逐渐在 TRIPs 协议相关条款中落实。2003 年 8 月 30 日，WTO 总理事会通过《关于实施 TRIPs 协定与公共健康多哈宣言第 6 段的决议》；2005 年 12 月的香港会议最终通过了《修订 TRIPs 协定议定书》。自《多哈宣言》通过后，挪威、加拿大、印度、欧盟、韩国、瑞士等国家和地区分别将这些原则转化为国内法。① 《多哈宣言》迅速转化为国内法，其重要原因之一是药品价格昂贵造成患者的可支付性问题，而如果不考虑研发费用，原研药的生产成本则很低。

"弹性"或灵活性（flexibility）这一术语的广泛使用始于《多哈宣言》，主要是指成员在实施国际条约时具有相应的政策自主权力。② 其实，该术语在 TRIPs 协议序言第 6 段就有使用："认识到最不发达国家成员在国内实施法律和法规方面特别需要最大弹性，以便它们可以创造一个良好且可行的技术基础。"序言中的"弹性"（flexibility）含义在第 66.1 条中作出了界定："鉴于最不发达国家的特殊需求，其经济、财政与管理的局限性，以及为创立可行的技术基础所需的弹性，不得要求其实施本协议除第 3、4、5 条之外的条款……"在《多哈宣言》谈判过程中，"弹性"这一术语被广泛使用，也在不同利益主体间产生了不同的解释。

广义上的 TRIPs 协议弹性条款包括专利授权条件等内容，如客体范围、创造性标准等国内法既具有解释空间的部分，也包括限制权利的部分。一般而言，狭义上的弹性条款是指后者，其内容主要包括：强制许可制度、公共利益非商业性许可、最不发达国家的药品流转与过渡条款、平行进口与安全港（或研究例外）制度。此外，它还包括在特定情况下国家

---

① 参见冯洁菡：《药品专利强制许可：〈多哈健康宣言〉之后的发展》，《武汉大学学报（哲学社会科学版）》2008 年第 5 期，第 702-704 页。

② See WIPO, "Meaning of Flexibilities," https://www.wipo.int/ip-development/en/agenda/flexibilities/meaning_of_flexibilities.html, last visited：May 30, 2021.

暂时放弃知识产权保护的做法，即中国媒体中广泛使用的"豁免"概念（patent waiver）。据学者对 2001 年至 2016 年间的统计，共计有 89 个国家在 176 个案例中利用了 TRIPs 协议的弹性条款，其中包括 100 例强制实施许可或公共利益非商业性许可，40 例援引最不发达国家过渡条款，1 例平行进口，3 例研究例外；剩下 32 例属于非专利的弹性措施，包括 26 例宣告本国境内无专利，以及 4 例授权进口。① 该研究还表明，绝大多数案例涉及传染病，且主要是艾滋病（HIV）药品，共计有 137 例。因此，从实例研究来看，虽然中国尚无相关案例报道，但世界各国利用 TRIPs 协议弹性条款来实现药品可及性的做法并不少见。

二、药品专利的强制实施许可

近 20 年来，人们普遍关注公共健康危机下专利强制许可制度在保障药品可及性方面的重要作用，并进而将其视为解决各国公众获取高价药的主要方案之一。自 2001 年《多哈宣言》发布后，TRIPs 协议中的弹性条款，特别是其第 31 条规定专利强制许可条款，被视为中低收入国家应对艾滋病等公共健康问题的重要解决方案。② 专利强制许可等制度也日益为发达国家所重视，如欧盟等发达国家也将其作为解决高价药的重要方案。③ 强制许可制度同样是《中华人民共和国专利法》中浓墨重彩的制度，它不仅有专章（第六章）规定，更有相应的配套法规，如《〈中华人民共和国专利法〉实施细则》（第五章）及《专利实施强制许可办法》。其规定的适用情形包括：①权利人未实施或未充分实施专利（第 48 条第 1 款）；②权利人构成垄断行为（第 48 条第 2 款）；③基于公共非商业目的，包括"紧急状态或者非常情况时，或者为了公共利益"（第 49 条）、"公共健康"（第 50 条）等目的；④依存专利的实施（第 51 条）。

然而，药品领域强制许可制度在世界范围内并非常用制度。实施该制度的重大障碍来自原研药商的抵制与强大政治游说力量。众所周知，制药

---

① See Ellen F. M. 't Hoen et al., "Medicine Procurement and the Use of Flexibilities in the Agreement on Trade-Related Aspects of Intellectual Property Rights, 2001—2016," *Bulletin World Health Organizaton* 96 (2018): 186.

② 参见冯洁菡：《药品专利强制许可：〈多哈健康宣言〉之后的发展》，《武汉大学学报（哲学社会科学版）》2008 年第 5 期。

③ See Ellen F. M. 't Hoen et al., "Data Exclusivity Exceptions and Compulsory Licensing to Promote Generic Medicines in the European Union: A Proposal for Greater Coherence in European Pharmaceutical Legislation," *Journal of Pharmaceutical Policy and Practice* 10 (2017): 19.

业是推动国际知识产权保护水平不断提升的重要力量,如被称为世贸组织三大基础协议之一的 TRIPs 协议便是七大制药企业推动的结果。① 南非、巴西、泰国、印度等发展中国家针对艾滋病治疗药品的强制许可遭遇各种法律挑战和外交压力。美国等发达国家对那些保护力度低于其立法的国家常常施加贸易制裁及其他形式的政治外交压力,特别是美国法上影响广泛的"特别 301 条款"。② 中国自 1984 年实施《中华人民共和国专利法》以来,更是尚未一例适用该制度的案例。③ 究其原因,现有的研究成果将其归于如下因素:缺乏对申请人动因缺陷的补救措施、药品专利强制许可补偿数额不具有确定性、强制许可药品的质量监督与救济机制缺乏以及药品强制许可程序期限过长。④ 故对策是"放宽限制,简化流程,增强法规适用弹性"。⑤

事实上,强制许可制度属于特殊情形下对知识产权的限制制度,本不可频繁适用。在中国爆发的严重急性呼吸综合征(severe acute respiratory syndrome,SARS)与新型冠状病毒肺炎等传染病缺乏防治的特效药品,但对症支持治疗中需要利用到已有的相关药品;其他流行病(如乙肝、丙肝等)防治之药品也有迫切的需求;有些治疗癌症等慢性病的特效药价格昂贵,影响大量患者的药品可及性。此种情形下,中国未与其他发展中国家一样实施强制许可制度,这既有制度本身的原因,也有外交压力、国际贸易等因素。从制度原因来看,解决公共健康危机下的药品可及性问题需要从更宏观的层面反思并完善制度构成。具体而言,它主要缺乏如下重要的配套制度:一是原研药商排除学名药竞争的重要法律依据之一是数据保护,在药品数据保护未曾有相应制度的情况下,专利法不足以解决公共健康问题。二是以公共利益前提的强制许可制度无法提升追求利润的制药企业积极参与之意愿。三是缺乏足够的机制来保障学名药快速且低成本地进入市场,即学名药商的技术能力往往是制约强制许可制度发挥实效的重要

---

① 参见苏珊·K. 塞尔:《私权、公法——知识产权的全球化》,董刚等译,中国人民大学出版社 2008 年版。

② See Samuel M. Borowski, "Saving Tomorrow from Today: Preserving Innovation in the Face of Compulsory Licensing," *Florida State University Law Review* 36 (2009): 292 - 293.

③ 但是,中国法院可以依据国家利益、社会公共利益理由认定专利侵权但不停止被诉行为,如《最高人民法院关于审理侵犯专利权纠纷案件应用法律若干问题的解释(二)》第 26 条的规定,这被称为"事实强制许可"。参见彭心倩:《专利强制许可下的专利权人权益保障论》,《政治与法律》2019 年第 5 期。

④ 参见赵利:《中国药品强制许可制度探析》,《政法论坛》2017 年第 2 期。

⑤ 参见燕楠、李林:《对完善药品专利强制许可制度的思考》,《中国发明与专利》2017 年第 9 期。

原因。同时，在国际贸易与外交压力层面，最根本的解决之道是回应原研药商及其背后发达国家的利益需求。它体现为两个关键问题：理论上如何评估强制许可制度对药品创新的影响？制度上如何保障原研药商获得充分的回报？

强制许可的制度完善首先须回应其理论质疑，这也是其正当性的再论证。质疑者认为，现有的药品专利强制许可制度无法充分应对公共健康危机。其一，强制许可制度针对的范围仅限于已有药品的供给，它无法解决新疫情暴发时药品研发的问题。特别是大多数烈性传染病，其对人类公共健康的危害巨大，但成功研发成功之后的药品市场并不具有持续性，不足以提供激励创新的市场利润。其二，药品强制许可制度严重影响药品专利权人的市场利益，削弱了专利法创新激励的效应。[1] 对于研发能力不足的发展中国家而言，强制许可制度还会促使跨国药企降低在发达国家少见、但发展中国家常见疾病治疗药品的研发投资，进而影响到医药技术的跨国转移。[2] 其三，对于发展中国家来说，实施强制许可制度还将面临原研药商所在国政府的外交与政治压力，引发国际贸易与投资纠纷。[3] 例如，由于诺华公司治疗慢性粒细胞性白血病的药品格列卫定价昂贵，哥伦比亚政府于 2015 年宣布准备对其颁发强制许可，诺华公司游说瑞士（诺华公司所在国）和美国政府，这两个国家施加了重要的外交压力。[4] 从发达国家的立场来看，强制许可制度在本质上是发展中国家在药品研发领域的"搭便车"行为，因为强制许可制度下的实施者未负担实质性的研发成本，但获得了具有竞争力的贸易优势。[5] 其四，药品强制许可制度也难以有效解决已有药品的供给问题。特别是发展中国家艾滋病治疗药品领域所实施的药品专利强制许可，它难以充分保障基本药物的可得性，也未能提高穷困患者救命药的可支付性，还未能向发展中国家供应高质量的有效药品。[6]

---

[1] 参见丁锦希等：《中国药品专利强制许可政策定位研究》，《中国新药杂志》2016 年第 18 期。

[2] See Olufemi Soyeju and Joshua Wabwire, "The WTO-TRIPS Flexibilities on Public Health: A Critical Appraisal of the East African Community Regional Framework," *World Trade Review* 17, no. 1 (2018): 166.

[3] 参见丁锦希等：《中国药品专利强制许可政策定位研究》，《中国新药杂志》2016 年第 18 期。

[4] See Margo A. Bagley, "The Morality of Compulsory Licensing as an Access to Medicines Tool," *Minnesota Law Review* 102 (2018): 2484.

[5] See Samuel M. Borowski, "Saving Tomorrow from Today: Preserving Innovation in the Face of Compulsory Licensing," *Florida State University Law Review* 36 (2009): 292.

[6] See Samira Guennif, "Is Compulsory Licensing Bad for Public Health? Some Critical Comments on Drug Accessibility in Developing Countries," *Applied Health Economics and Health Policy* 15 (2017): 557–565.

因为原研药商大多数属于发达国家的跨国企业,上述争议体现了发达国家和发展中国家之间的利益冲突,它也是 TRIPs 协议谈判过程中充满争议的重要议题。许多发展中国家为促进本国患者对专利药的可及性而颁发强制许可,试图减轻因保护外国专利权所导致的社会福利损失。虽然发展中国家实施药品强制许可在正当性方面备受质疑,如泰国对艾滋病治疗药品、印度对癌症治疗药品颁发的强制许可被跨国药企批评是盗窃行为①,但事实上,它们不仅有 TRIPs 协议等国际条约上的合法依据,而且发达国家本身也不乏实施强制许可的例子。② 制药业是市场利润率最高的产业之一③,其原因在于:尽管药品研发成本高、风险大,但原研药商多数采用撇脂定价的策略,它"不是依据研发投资或生产成本而制定其发行价,而是计算经济估算模型的结果,其目标是确定市场所能忍受的最大边际利润"④。其结果是,不仅发展中国家的病患难以支付高价药,发达国家的医疗保障体系也同样不堪重负,不得不提出诸如"制药企业国有化、依药品价值定价、由药监部门颁发强制许可等一系列改革建议"。⑤

然而,这些做法面临的关键问题是:强制许可是否影响制药业的创新投资?即它是通过学名药的市场竞争促进了创新,还是因为竞争降低了研发回报进而阻碍了创新?关于强制许可制度所发生的大多数争议体现的是不同立场所持之先见,而不是实证评估的结果。事实上,缺乏实证证据的主要原因是没有评估强制许可外部变量的法制环境。因此,有研究者曾寻求美国历史上特殊时期的做法来评估其强制许可制度的影响:第一次世界大战期间,美国通过《与敌国贸易法》允许美国公司申请对所有德国公司专利(总计约4706项)颁发强制许可。在 1912 年至 1922 年间,美国政

---

① See Margo A. Bagley, "The Morality of Compulsory Licensing as an Access to Medicines Tool," *Minnesota Law Review* 102 (2018): 2472 – 2473.

② Id., pp. 2466 – 2467.

③ 参见梁志文:《论以信息公示为中心的药品专利链接制度》,《中国专利与商标》2018 年第 1 期。美国政府问责局的研究指出:"最大的 25 家制药企业平均年度净利润率在 15% 至 20% 之间浮动,而世界 500 强企业中非制药业则仅在 4% 至 9% 之间。" See U. S. Government Accountability Office, Research and Development Spending, and Merger and Acquisition Deals (November 2017), https://www.gao.gov/assets/690/688472.pdf.

④ World Health Orgnasition, Submission to The UN SG High Level Panel on Access to Medicines 5 (2016), http://z.umn.edu/WHOSubmission [citing Ed Schoonveld, The Price of Global Health (2011)].

⑤ See Amy C. Madl, "Using Value-Agnostic Incentives to Promote Pharmaceutical Innovation," *Stanford Law Review* 71 (2019): 1305. 该文认为,尽管这些建议有益于社会,但在美国注定会出现短期政治制度失灵的结果。

府向具有诚信的美国个人或企业依据平等条款与许可费标准颁布了1246项非排他性的强制许可。其结果是：这些强制许可不仅激励了美国产业的发明创造，其国内发明人申请的专利量产生了额外20%的高速增长；① 而且，专利权被强制许可的德国公司在发明创造方面也有高达30%的增长。② 而另一项由法学专家对美国80年代至90年代颁发的6项药品强制许可的实证研究也得出类似结论，认为其不会产生实质性的负面影响。③

这其中的原因可能在于创新活动的复杂性。一方面，绝大多数专利并非孤独的天才发明人灵光一现做出的，存在多个同步出现的现象，是累积性创新的结果，诚如牛顿名言所说，是"站在巨人肩膀上"的创新。另一方面，专利权并不等同于发明的商业化。怀特兄弟对于飞机发明的专利说明书所描述的飞行器不仅能够予以实际实施，而且他们还积极制造飞机，并不断改进其设计。但是，飞行器专家认为，怀特兄弟并不是飞机的唯一发明家。怀特兄弟反对副翼机翼（aileron wing）结构的改进而一直依赖他们较低级的翘曲机翼（wing-warping）技术。直至第一次世界大战，这些专利诉讼才得以平息。因为美国政府强制飞机专利的拥有者自动实施交叉许可协议，以便建造符合战争需要的飞机。

当然，强制许可促进创新这一结论也是有前提的。

除了不影响创新活动之外，强制许可制度具有提升市场竞争的效果。对于已有药物的获取而言，产生高价药的根本原因在于缺乏学名药的市场竞争。强制许可制度为药品知识产权保护期内学名药的市场进入提供了法律依据，使得药品的定价趋于合理。发生公共健康危机时，相比于国家对药品价格的直接管制，它发挥的是市场调节作用。如果市场的供给端没有改变，价格管制并不会带来药品的充分供给，而可能是短缺。在面临公共健康危机时，强制许可制度可为供应不足的市场提供了原研药之外的更多药品。此时，它对药品价格的调控具有不可替代的作用。即使不需要实际颁发强制许可，当政府威胁适用该制度时，它也会迫使原研药商大幅度降价。例如，美国在2001年面临恐怖主义可能发起的炭疽病毒攻击时，时任美国卫生部长决定储备由拜耳公司生产的专利特效药环丙沙星。拜尔公司起初坚持以平时价格销售，但在美国与加拿大政府声称可能颁发强制许

---

① See Joerg Baten et al., "Compulsory Licensing and Innovation—Historical Evidence from German Patents after WWI," *Journal of Development Economics* 126 (2017): 232.

② Id., p.231.

③ See Colleen Chien, "Cheap Drugs at What Price to Innovation: Does the Compulsory Licensing of Pharmaceuticals Hurt Innovation?" *Berkeley Technology Law Journal* 18 (2003): 853.

可时,其最终承诺以 5 折价格充分供应市场。①

然而,对于发展中国家而言,强制许可制度的实施效果还取决于该国学名药的生产能力,包括学名药的质量、产量等,都受制于本地医药技术水平。《多哈宣言》第 6 段明确规定,不具有生产能力的最不发达国家可以请求其他国家颁发强制许可,并将依强制许可所制造的药品出口至该国。② 但事实上,很少有国家仅仅为了帮助外国政府颁发强制许可,从而得罪原研药商及其背后的发达国家。③ 这也同样是发达国家实施强制许可制度或者激励学名药开发的主要障碍。

此外,即使不规定强制许可制度,发展中国家指望跨国制药企业为"热带病"治疗药品投入研发巨资也是不现实的。热带病是主要影响最不发达国家穷困患者的疾病,全球每年有超过 10 亿人口受其影响,近 20 万患者死亡,数百万患者因病致残。④ 根据一项对欧盟专利局数据的研究,原研药商为追求最大的市场利润、降低市场风险,其研发的重点是慢性病和非传染病,⑤ 即使发生在发展中国家的传染病所致残的病患巨多,但其提供的市场利润非常有限,缺乏足够的研发动力。烈性传染病防治药品、热带病药品和罕见病药品的开发不能以市场为主导的方式来实现。

三、专利领域外的非自愿许可机制

除了专利的强制实施许可之外,批准仿制药合法进入市场的制度还包括管制性专有权的强制实施许可、政府实施与特别例外情况下的放弃保护。

(一)管制性专有权的强制实施许可

在药品创新激励机制中,除了专利制度,药品管制性专有权保护也是极为重要的制度。换言之,它也是影响仿制药市场准入的重要制度。本书

---

① See Gorik Ooms and Johanna Hanefeld, "Threat of Compulsory Licences Could Increase Access to Essential Medicines," *British Medical Journal* 365 (2019), accessed May 28, 2019, https://www.bmj.com/content/365/bmj.l2098.
② 《中华人民共和国专利法》第 50 条也有明确规定。
③ See Olufemi Soyeju and Joshua Wabwire, "The WTO-TRIPS Flexibilities on Public Health: A Critical Appraisal of the East African Community Regional Framework," *World Trade Review* 17, no. 1 (2018): 165.
④ See Margo A. Bagley, "The Morality of Compulsory Licensing as an Access to Medicines Tool," *Minnesota Law Review* 102 (2018): 2485.
⑤ Ibid.

第五章指出，一般认为，药品的专利保护与数据管制性专有权保护具有独立性。这就意味着专利权的强制实施许可并不当然影响到管制性专有权。它可能产生不利于公共健康的后果。一方面，即使实施者获得了专利权人的自愿许可，在法律上，它并不意味着当然获得了原研药商管制性专有权的许可。另一方面，在专利保护期届满或无效后，仿制药进入市场还将可能面临原研药商管制性专有权的障碍。以丙肝药索非布韦（sofosbuvir）为例，吉利德公司在欧洲所获得的管制性排他权最早于2024年届满，但在此之前，即使其专利权被宣告无效，也不得批准仿制药的上市申请。同样，即使依据专利法而发布强制实施许可，但管制性排他权的保护机制中并无类似规定，因此从法律条文的具体规定来看，也同样不得批准仿制药的上市申请。2016年，罗马尼亚政府因原研药索非布韦一个疗程（12周）高达5万欧元的售价而试图发布专利强制实施许可，但最终因受管制性排他权的保护无疾而终。①

具体的解决方案有二：

第一，原研药商在发布专利许可时自动放弃管制性专有权。这在自愿许可中已经成为许可惯例。例如，为便于作为被许可人的仿制药商申请药品上市的批文，原研药商在许可协议中通常约定："就NCE专有权或其他管制性专有权而言，依据本许可协议规定的条款在被许可的地域范围内制造或销售产品，在上市审批的主管当局所要求的必要范围内，该权利视为放弃。"

第二，建立管制性专有权的法定强制实施许可制度。本书第五章已指出，TRIPs协议承认药品创新保护与公共健康两者之间需要通过权利限制制度来协调，基于公共利益而限制管制性专有权既具有正当性，也符合国际条约的要求。加拿大、马来西亚、智利、哥伦比亚等国都有明确规定。②

欧盟也建立了类似规则，在向欧盟境外出现公共健康问题的国家出口药品的专利强制实施许可中，依据相关条例的规定，数据排他权和市场排他权将视为放弃。③ 依据该条例第18条，获得专利强制实施许可的被许可

---

① See Ellen F. M. 't Hoen et al., "Data Exclusivity Exceptions and Compulsory Licensing to Promote Generic Medicines in the European Union: A Proposal for Greater Coherence in European Pharmaceutical Legislation," *Journal of Pharmaceutical Policy and Practice* 10 (2017): 23.

② 参见本书第五章第四节。

③ European Union. "Regulation (EC) No. 816/2006 on Compulsory Licensing of Patents Relating to the Manufacture of Pharmaceutical Products for Export to Countries with Public Health Problems," *Official Journal of the European Union* 157 (2006): 1-7.

人，在欧盟药监局（European Medicines Agency）的审批程序或类似的成员国程序中，为评估药品质量可靠性、安全性和有效性的目的，可以使用科学意见（scientific opinion）。为获得这些意见，法律在实质上放弃了数据专有权或市场专有权的保护。欧盟签订的有些自由贸易协定也规定了管制性专有权的例外，其条件是基于公共利益、国家紧急状态或特别应急情况。例如，欧盟与秘鲁自由贸易协定第231（4）条规定："各方均可规定因公共利益、国家紧急状态或特别应急需要时，在必要范围内允许向第三方提供这些（药品）数据。"

（二）政府实施的两类制度

1. 类似国家征收征用的"政府使用"制度

该制度授予政府可以不经专利权人同意而使用专利发明之权力，但其条件是向专利权人支付"合理和完整的补偿"（reasonable and entire compensation）。[①] 专利权人不得请求政府停止使用，仅可主张合理使用费的补偿。美国专利法并未规定政府使用规则，但《美国法典》第28条第1498（a）款规定，政府可以不经专利人许可，授权或者同意承包商、分包商或代表政府并经政府授权或同意的任何个人或公司使用专利发明，它属于豁免政府专利侵权责任的一种形式；但是，政府不得以主权豁免为由不承担许可费用的支付义务。美国曾多次援引该制度而采购药品，显著降低了医疗费用的支出。[②]

政府使用（government patent use）制度不同于专利权的强制实施许可。《俄罗斯民法典》第1360条规定："为国家安全利益，俄罗斯联邦政府有权允许他人不经专利权人同意而使用其发明、实用新型或工业设计，但应尽快通知专利权人并向专利权人支付相称的补偿。"它不同于第1362条规定的强制许可。《英国专利法》第55至第59条规定了"为王国政府事务使用专利发明"，其核心内容是：任何政府部门和任何由政府部门书面授权的人，可以为王国政府的事务而依法不经专利权人同意即实施发明，但须向该专利权人支付补偿。很明显，它也是不同于该法第48至第54条规定的强制许可使用。

《中华人民共和国专利法》也规定了适用范围较窄、仅针对国有企事

---

① See Amy Kapczynski and Aaron S. Kesselheim, "'Government Patent Use': A Legal Approach to Reducing Drug Spending," *Health Affairs* 35, no. 5（2016）: 791.

② 参见郑友德：《全球合作抗击新型冠状病毒蔓延的知识产权对策（上）》，《电子知识产权》2020年第4期。

业单位、程序严格的类似制度。其第49条规定:"国有企业事业单位的发明专利,对国家利益或者公共利益具有重大意义的,国务院有关主管部门和省、自治区、直辖市人民政府报经国务院批准,可以决定在批准的范围内推广应用,允许指定的单位实施,由实施单位按照国家规定向专利权人支付使用费。"中国法上正式的政府使用制度为《中华人民共和国促进科技成果转化法》(2015年修正)所确立,其第7条规定:"国家为了国家安全、国家利益和重大社会公共利益的需要,可以依法组织实施或者许可他人实施相关科技成果。"

政府使用制度体现了在激励创新与促进药品可及性之间进行的精心平衡。原研药的价格越来越昂贵,除了研发成本外,其主要原因有二:一是药品专利与管制性专有权的保护限制了仿制药的市场准入,特别是采取的常青树专利策略,不断延长了专有权的保护期限;二是医保机构(不论是政府医保还是保险公司)和患者个人是医疗费用的支付者,但都未充分发挥其协商定价的作用。2021年,国务院办公厅印发《关于推动药品集中带量采购工作常态化制度化开展的意见》,因为中国药品集中采购的做法,显著降低了药品价格,如第四批国家集中采购的45种药品,药价平均降幅超过一半。① 在通过市场竞争来保障创新药品可及性方面,政府使用制度也具有类似效果。②

当然,降低药品价格促进了已有药品的可及性,但可能会造成原研药开发的不足。因此,关键仍然在于两者之间的平衡。政府使用制度的核心在于合理使用费的确定。原研药商的立场不同于政府,其可能主张的合理使用费应基于"丧失的利润"为标准。在侵犯专利权的计算方式中,违法所得、丧失利润等都属于法定的计算方式。很明显,这与政府使用的目的并不完全符合。

合理使用费首先需要评估原研药的开发成本,包括直接成本和间接成本。直接成本是指为原研药开发所支付的费用。例如,吉利德公司(Gilead)丙肝特效药索非布韦的开发成本在总费用(94.24亿美元)与转让费(12.56亿美元)之间。③ 但是,原研药开发的成功率较低,其成本核算还必须要考虑整体研发支出的分摊比例。这是原研药开发的间接成

---

① 参见李红梅:《把药品集中带量采购这件实事办好》,《人民日报》2021年3月12日。
② See Alex Wang and Aaron S. Kesselheim, "Government Patent Use to Address the Rising Cost of Naloxone: 28 U. S. C. § 1498 and Evzio," *Journal of Law, Medicine & Ethics* 46 (2018): 472.
③ See Amy Kapczynski and Aaron S. Kesselheim, " 'Government Patent Use': A Legal Approach to Reducing Drug Spending," *Health Affairs* 35, no. 5 (2016): 793.

本。因此，不能简单地以生产成本加一定利润的方式来确定合理使用费。但对于索非布韦而言，从 2013 年上市至 2016 年时即已获得了超过 260 亿美元的销售收入。如果以生产成本（68～136 美元每疗程）加固定利润（如 10%～20%）的方式定价，相比现在高达 8.4 万美元（每疗程）的价格，将会降低到零头都不到。艾伯维公司出品的修美乐也是典型的明星高价药，据业内预测，其至 2022 年的全球累计销售额将达到 2237 亿美元，获得了高额的投资回报。① 在此背景下，以成本为基础的计算方式具有一定合理性。

2. 对政府资助或由公共资金资助的发明创造，政府享有介入权

介入权（march-in rights）最早为美国《拜杜法案》所确定，为《美国法典》第 35 章（即美国《专利法》）第 203 条所规定。它是指由政府资助的研究项目，其承担者或被许可人获得专利权后，如果不能合理满足"健康或安全需要"时，政府有权强制其将专利权许可给第三方实施，无须取得专利权人的同意。与强制实施许可不同的是，政府行使介入权所颁发的许可证可以是由第三人取得专利权的非独占、部分独占或独占许可。在美国法上，行使介入权的情形有四：①项目承担者或专利权受让人在合理期限内或者预期在合理期限内未能采取有效步骤来实际实施其发明；②项目承担者、专利权受让人或被许可人无法合理满足健康或安全需求；③项目承担者、专利权受让人或被许可人无法合理满足依联邦法所规定的公共使用需求；④违反合同中依美国《专利法》第 204 条关于"相当程度在（美国）国内制造"的规定或未取得对该条管制的豁免。"由于美国《拜杜法案》实施后产生了几乎立竿见影的效果，再加上如 OECD 等国际组织的推波助澜，许多国家和地区便开始注意到这个发展，并起而效尤。目前全球至少有 16 个国家或地区通过并实施了类似《拜杜法案》的规制。"②

中国也规定了类似的制度，但并非由专利法所规定。《科学技术成果法》（2007 年修订）第 20 条规定了三个方面的内容。首先，财政性资金资助的研究项目所形成的知识产权，除涉及国家安全、国家利益和重大社会公共利益的外，由项目承担者依法取得。其次，项目承担者负有依法实

---

① 参见《一针 7586 元的"神药"，全球卖出 1344 亿，为什么在中国没人用？》，https://baijiahao.baidu.com/s?id=1665292437342934552&wfr=spider&for=pc，2021 年 5 月 30 日访问。

② 参见孙远钊：《论科技成果转化与产学研合作——美国〈拜杜法案〉35 周年的回顾与展望》，《科技与法律》2015 年第 5 期。

施知识产权的义务。最后，国家介入权，即国家可以无偿实施，也可以许可他人有偿实施或者无偿实施。国家介入权行使的情形有二：①项目承担者"在合理期限内没有实施的"；②"国家为了国家安全、国家利益和重大社会公共利益的需要"。类似美国《专利法》第 204 条，《科学技术成果法》第 21 条规定了项目承担者首先在境内使用知识产权的义务；向境外转让或许可独占实施的，应依法经过主管部门批准。

然而，尽管有上述规定，但介入权的行使案例并不常见。中国《科学技术成果法》实施十多年来，尚无公开报道的案件；美国法上也较少有行使介入权的案例，故有论者在评价《拜杜法案》时指出："保留对联邦资金资助研究成果的介入权，国会试图以此平衡私人利益与公众利益。《拜杜法案》在促成联邦资助的研究成果商业化方面是非常成功的，但保障公共健康与安全的基本目标却是失灵的，因为有大量纳税人资助的研究成果未合理实施或者未予实施。"① 其原因主要来自技术因素，一方面，资助机构本身并未掌握相关技术，难以实施技术；另一方面，资助机构许可他人实施时，其具体实施者也同样可能面临技术门槛问题。因此，为避免介入权成为"纸老虎"，其法律规则还有待细化，这样才更具可操作性。其中，特别要解决介入权行使的技术门槛问题。

（三）特别例外情况下的知识产权暂停保护

中国政府一直支持疫苗相关知识产权的国际合作，在 2020 年 11 月 21 日召开的二十国集团会议上，习近平主席做出了将疫苗视为全球公共产品的承诺，因此赞同疫苗相关知识产权的暂停保护。2021 年 5 月 5 日，美国拜登政府宣布，支持在 WTO 开展有关新型冠状病毒（COVID-19）疫苗知识产权保护豁免（waiver）的谈判。该声明旋即引发了全球的广泛关注。暂停新型冠状病毒疫苗相关知识产权的保护是由印度与南非提出的，他们呼吁 WTO 暂停（suspend）COVID-19 疫苗相关的知识产权保护，以确保最富裕国家之外的其他国家可以利用和支付疫苗、药物和其他控制大流行的新技术。② 2020 年 10 月 16 日，印度和南非提交了专利豁免（patent waiver）的联合倡议，并于 11 月 20 日举行的 TRIPs 会议上进行了讨论。但制药业与大量高收入国家反对该倡议，认为暂停保护将降低创新的动

---

① See William O'Brien, "March-in Rights Under the Bayh-Dole Act: The NIH's Paper Tiger?" *Seton Hall Law Review* 43 (2013): 1431.

② See Ann Danaiya Usher, "South Africa and India Push for COVID-19 Patents Ban," *The Lancet* 396 (2020): 1790.

力,加剧疫苗和药物的短缺。他们认为正确的解决方案应该是自愿许可、技术转让协议、通过 COVAX 预先市场承诺(advance market commitment)机制捐赠疫苗或赞助资金。①

由于 WTO 的一致同意原则,早先美国的强烈反对使得评论者认为这需要高收入国家在政策上的"U"形反转,才有可能实现印度与南非的倡议。而中国和俄罗斯一直都积极赞同疫苗民主,曾在 WTO 公开宣布支持相关谈判,拜登政府转向支持该倡议后,欧盟承担的舆论压力越来越大。② TRIPs 理事会已经成立了协议文本谈判小组,但就协议文本覆盖的范围是否涵盖新型冠状病毒的预防、诊断和治疗等内容仍然存在广泛争议,要在 WTO 的 164 个成员之间达成一致意见并非易事。因为新型冠状疫苗的充分供应还取决于国家的基础设施、供应链和生产能力。制造疫苗的实验室都建立在特定国家,因为它的建设需要技术支持和大量资金投入,即使达成暂缓保护的一致意见,大多数发展中国家的疫苗供应仍然需要依赖进口。此外,疫苗供应还受美国等国家疫苗民族主义影响。印度在 2020 年 11 月 20 日召开的 TRIPs 理事会上就曾尖锐地指出:"一方面,这些国家购买了疫苗有限产量中所能获得最大部分,让发展中国家和最不发达国家得不到疫苗。另一方面,而且非常奇怪的是,同样是这些国家,反对能够增加全球制造与供应的豁免做法,豁免不只是能够实现疫苗平等,而是为所有国家及时提供可支付的疫苗。"③

谈判新型冠状病毒疫苗相关知识产权豁免具有 WTO 协议上的依据和惯例。根据成立《马拉喀什建立世界贸易组织协议》(简称《WTO 协定》)第 9.3 条规定,WTO 及其所支持的多边贸易协议在特别例外(exceptional circumstances)的情况下可以予以豁免。根据该协议第 9.4 条的规定,当批准某些豁免时,部长会议可解释"特别例外"的含义,即豁免的理由及其正当性。豁免必须有明确的截止时间,当时间超过一年时,此后必须每年均由部长会议予以审查,直至该项豁免终止。在 WTO 历史上曾经允许豁免成员暂停某些措施。例如,在 2003 年,一些 GATT 条款在涉及非洲"血钻"的进出口时实施了豁免措施;同年,缺乏制造能力的最

---

① See Ann Danaiya Usher, "South Africa and India Push for COVID – 19 Patents Ban," *The Lancet* 396 (2020): 1790.

② See John Zarocostas, "What Next for A COVID – 19 Intellectual Property Waiver?" *The Lancet* 397 (2021): 1871.

③ Ann Danaiya Usher, "South Africa and India Push for COVID – 19 Patents Ban," The Lancet 396 (2020): 1791.

不发达国家的药品获取问题也引发广泛关注。

根据《多哈宣言》的精神，TRIPs 协议允许在公共健康紧急事态时豁免专利保护义务。此外，《多哈宣言》第 7 段允许最不发达国家成员将其药品的专利与未披露信息（即试验数据）负有的保护义务延长过渡期至 2016 年。2002 年 7 月 8 日，WTO 总理事会批准了关于专有销售权保护义务的豁免（waiver）。该项议案旨在解决 TRIPs 协议第 70 条第 9 款项下的义务有可能阻碍《多哈宣言》第 7 段目的实现的问题，因此，在 2016 年 1 月 1 日前，最不发达国家在药品领域豁免上述条款项下的义务。但是，根据该决定的前后文来看，该豁免并不包括第 70 条第 8 款（过渡期内信箱申请制度）的义务。①

本 章 小 结

在发端于美国的 TRIPs-Plus 规则中，药品上市的行政管制不仅使得数据保护成为药品创新激励的重要法律工具，也使得传统专利法在医药领域的使用不断扩张。知识产权制度通过赋予原研药商一定期限的排他权，以市场利润为主要工具，激励原研药的不断涌现，保障药品的可得性。但另一方面，原研药商采取撇脂定价等攫取高额利润的经营策略，使得有些药价远超患者的承受能力，影响患者获得救命药，产生了社会净损失。知识产权制度通过维护医药领域的市场竞争来实现药品价格的控制，保障患者对药价的可承受性。医药领域的知识产权制度设计应坚持两者之间的适度平衡，具体体现在医药市场上维持原研药价格、控制原研药价格以及加速学名药竞争以降低药价等相互冲突的价值目标，也体现于原研药商对患者承担社会责任的软法规则，更体现于强化技术披露的法律义务与拓展学名药开发的安全港制度。

美国法同样追求学名药上市的激励机制，除学名药的快速审批机制外，专利法上最重要的制度是强制实施许可和 Bolar 例外，特别是 Bolar 例外。尽管 Bolar 例外并不体现在美国推行的国际条约中，但越来越多的国家移植 Bolar 例外，并根据国情加以改造。移植 Bolar 例外，并不以专利权保护期延长为前提。同时，首仿药市场专有权较少为其他国家所借鉴。其

---

① 参见联合国贸易与发展会议国际贸易和可持续发展中心：《TRIPs 协定与发展：资料读本》，商务部条法司译，中国商务出版社 2013 年版，第 832－833 页。

原因可能在于美国法上实施该制度出现的负面效应，但整体而言，对于降低药价仍有重要意义。最后，强制实施许可制度虽然在《中华人民共和国专利法》上已有明确规定，但也同样应在管制性专有权保护中适用。中国在现阶段以学名药的生产为主，实施仿创结合的战略，应重视激励学名药开发的相关法律制度。

结　　论

一

人们对制药业爱恨交加，看法两极分化。一方面，人们赞美大型制药企业开发的新药悬壶济世、救人无数。过去一个多世纪以来，制药业极大地改善了人类罹患疾病的痛苦，增进了人类的福祉。另一方面，人们又纷纷指责昂贵的药品让患者贫病交迫、有药无钱治。[①] 昂贵的药价让人望而止步，譬如，"诺华新推出的脊髓性肌萎缩症基因疗法 Zolgensma……其一次性治疗定价为 212.5 万美元"[②]。还有些制药公司的定价策略颇受指摘，被认为是对"患者敲竹杠"，如图灵制药公司将"达拉匹林"（Daraprim）从一片 13.5 美元上涨至 750 美元，而此前定价只有 1 美元。[③]

这一切都可归因于药品的上市管制。不同于其他标准消费产品，药品品质很难通过市场来予以检测。对于问题药品，最好的结果是患者服用无效药品而浪费金钱，最坏的结果往往是因严重副作用而健康受损甚至死亡。[④] 药品频频引发健康悲剧，促使控制药品的市场准入等行政管制制度在全世界得以实施。药品研发与评估过程中最为重要的一环是临床试验，这是获取药品上市许可所需安全性、有效性和质量可靠性数据的主要手段。虽然药品上市管制减少了问题药品，但是，与大部分不存在上市管制的其他产品相比，它导致了药品研发的过程时间漫长、耗资巨大。

一般认为，药品创新的法律保护是激励原研药商研发投资的重要动因。药品创新激励机制的本质在于赋予研发者（原研药商）对新药供给的

[①] See Dmitry Karshtedt, "The More Things Change: Improvement Patents, Drug Modifications, and the FDA," *Iowa Law Review* 104 (2019): 1131.

[②] 参见《2019 全球最贵 TOP10 药物榜单出炉，基因疗法霸占前两名》，https://www.xianjichina.com/special/detail_405926.html。

[③] 参见《一种"救命药"一夜涨价 55 倍，而且它并不孤单》，https://www.guokr.com/article/440759/。

[④] See Christopher J. Kochevar, "Reforming Judicial Review of Bioequivalence Determinations," *New York Law Review* 87 (2012): 2045.

控制地位，使得原研药商能够凭借专有权的优势地位对药品进行垄断定价，从而获得超额的利润回报。在药品开发领域，其激励功能主要是由专利制度来予以实现的。但随着药品上市行政管制的进一步发展，药品监管部门的功能也逐渐发生了变化。即药品上市管制的功能既包括保障药品的安全性、有效性和质量可靠性，也包括通过药品的上市监管来控制学名药的上市，达到保护药品创新、鼓励药品创新投资的作用。由于药品创新的大部分成本是因为药品上市的监管所造成的，原研药商们逐步将其利益保护的需求转向这些规范药品上市许可的法律制度。

美国 Hatch-Waxman 法案式的 TRIPs-Plus 规则具有重大的经济影响，通过管制性专有权、专利保护期延长和专利链接制度，它有效地为原研药的开发提供了较强水平的激励机制。即使是单一的管制性专有权保护，也为原研药提供了足够强的激励力度，甚至可以取得专利保护所不能提供的利益。治疗 II 型糖尿病的"神药"二甲双胍由百时美－施贵宝公司于 1995 年成功推出上市，但此时关于二甲双胍的专利保护期早已届满。二甲双胍是从法国丁香提炼出的三种双胍类物质之一，自中世纪以来就开始用于治疗糖尿病。1922 年，它于都柏林成功获得人工合成。法国糖尿病学家 Jean Sterne 首次进行了二甲双胍的人体研究，将其命名为"Glucophage"（格华止），即后来上市的药品名，并于 1957 年发表了相关研究成果。但是，同期上市的其他双胍类降糖药发生了严重的乳酸性酸中毒副作用，这导致同属于双胍家族的二甲双胍被冷落，直至 38 年之后，几十年的临床研究确定其安全疗效，并获得美国的上市许可，成为治疗 II 型糖尿病的基本药物。在美国 5 年管制性专有权保护下，"格华止"一经上市即成为明星药，至 2000 年保护期届满时，它仍属于百时美－施贵宝公司销售额最高的药物，2001 年的销售额高达 20 亿美元。同时，该公司又开发出二甲双胍的新型制剂——Glucophage XR 缓释片和 Glucovance 复方，分别得到 3 年的新用途数据保护；后又开发出儿童用药，又获得了 6 个月的延长。[①] 在二甲双胍不受专利保护的情况下，管制性专有权制度为百时美－施贵宝公司开发原研药提供了丰厚的投资回报。

在中国，1992 年修正的《中华人民共和国专利法》保护药品专利，它既包括包含新的有效成分的药品，也包括新用途（适应症）的药品。同

---

① See Sam F. Halabi, "The Drug Repurposing Ecosystem Intellectual Property Incentives, Market Exclusivity, and the Future of 'New' Medicines," *Yale Journal of Law & Technology* 20 (2018): 49 – 51.

时，为了落实《中国加入 WTO 工作组报告》所载明的承诺，2002 年修订的《中华人民共和国药品管理法实施条例》第 35、第 72 条规定了创新药 6 年的数据保护。自 2016 年起，中国通过对药品管理法律法规的相关修改，逐渐实现了对创新药、罕见病治疗药品、儿童专用药、新型生物制品的原研药商所提交的自行取得且未披露的试验数据和其他数据实行专有权的保护，其保护期自药品批准上市之日起算。在数据保护期内，除非原研药商同意或者自行取得数据，药品审评机构不再批准其他申请人同品种上市许可申请。① 2020 年新修订的《中华人民共和国专利法》规定了药品专利保护期调整制度与专利链接制度。自此，中国建立了激励原研药开发的知识产权保护的 TRIPs-Plus 规则体系。

二

始发于 2019 年年末、全球大流行的新型冠状病毒是对药品创新与公共健康保障机制的大测试，它集中体现了药品可得性和药价可承受性两大方面的问题。

创新激励机制影响新型冠状病毒的药品可得性问题。以新型冠状病毒疫苗为例，在知识产权保护的创新诱因（pull）机制与研发资助等非产权激励的创新推进（push）机制共同作用下，2020 年年底前，全球已有 81 项疫苗开发快速进入人体试验阶段，并及时开发出了安全有效的疫苗。一方面，知识产权保护对于快速研发疫苗提供了技术基础和经济诱因。例如，美国辉瑞公司和莫得纳公司生产的信使 RNA 疫苗（mRNA）所依赖的技术，是对特定病毒进行人工抗原编码的病毒载体系统，诱导人体生产出对应的抗体。mRNA 技术作为技术平台，受到多项专利保护。疫苗只是 mRNA 技术的应用场景之一。受专利保护的原本用于埃博拉病毒的瑞德西韦（Remdesivir），也被应用于新型冠状病毒患者的治疗。② 另一方面，各国积极开展新型冠状病毒疫苗的研发资助、预先采购等，这种非产权激励模式为疫苗的超常规开发提供了最为重要的支持。例如，美国于 2020 年 5 月份宣布共计 150 亿美元的疫苗研发项目"曲速行动"（Operation Warp

---

① 根据《药品试验数据保护实施办法（征求意见稿）》第 5、第 6 条，创新药、罕见病治疗药、儿童专用药将获得 6 年的数据专有权，创新治疗用生物制品给予 12 年数据保护期。

② 参见《武汉病毒所：已于 1 月 21 日将瑞德西韦申报中国发明专利》，https://baijiahao.baidu.com/s?id = 1657661528629357269&wfr = spider&for = pc。

Speed），落实在 2021 年前 3 亿剂疫苗的"美国优先"目标。① 中国现已有 5 款疫苗获得附条件上市或者是获准紧急使用，中国生物和北京科兴中维研制的两款疫苗获得了世卫组织紧急使用授权。上述做法一改传统上以医药基础研发为主要取向的资助政策，而这些具体成效将会极大地影响今后以研发资助为代表的创新推进机制的运行。

中国在新型冠状病毒疫苗开发方面取得的进展体现了中国医药创新的基本状况。中国有可能成为世界规模最大医药市场之一。2019 年创新药、仿制药市场规模分别为 1376 亿美元、1102 亿美元；2021 年两者的市场规模将分别达到 1244 亿美元、1575 亿美元；2017 年至 2019 年创新药及仿制药市场规模的复合年增长率分别为 7.9%、9.0%。② 据一项实证研究的结果，在全球价值链中，中国医药产业在整体上处于以化学原料药为主的低附加值的出口结构。这在某些方面体现了中国医药产业自主创新性偏低，药品制剂的生产技术水平较低。③ 相比美国等发达国家而言，中国原研药研发力量较弱。虽然中国陆陆续续都有原研药上市，如著名的青蒿素等，但 2000 年至 2010 年间获批上市的原研药总数不及美国 2006 年一年批准数量的 1/4。④

但在某些方面，中国医药产业的创新能力在逐步提升。例如，2019 年 11 月，百济神州研发的高选择性布鲁顿酪氨酸激酶（BTK）抑制剂泽布替尼获得美国 FDA 批准上市，是中国首个获得 FDA 批准的本土原研抗癌药，半年后，泽布替尼正式在国内获批上市。⑤ 再如，贝达药业研发的间变性淋巴瘤激酶（ALK）抑制剂爱沙替尼抗肿瘤新药，在国外已进展到Ⅲ期临床阶段。⑥ 在 2020 年全球主要国家批准的创新药中，美国批准了 53 款新药（其中 40 个全球首批），欧洲批准了 34 款新药（其中 6 个全球首批），日本批准了 38 款新药（其中 13 个全球首批），中国批准了 48 款

---

① See Bhaven N. Sampat & Kenneth C. Shadlen, "The COVID-19 Innovation System," *Health Affairs* 40, no. 3 (2021): 401.
② 参见中商情报网：《2021 年中国医药行业市场规模及前景预测分析》，https://xw.qq.com/partner/hwbrowser/20201130A0BV7R/20201130A0BV7R00?ADTAG = hwb&pgv_ref = hwb&appid = hwbrowser&ctype = news，2021 年 5 月 30 日访问。
③ 参见徐菲等：《基于全球价值链视角下的中国医药产业发展水平测度》，《中国新药杂志》2021 年第 8 期。
④ 参见程永顺、吴莉娟：《探索药品专利链接制度》，知识产权出版社 2019 年版，第 76 – 77 页。
⑤ 参见王艾艾：《百济神州：国产创新药将惠及全球》，《中关村》2021 年第 2 期。
⑥ 参见杨臻峥等：《2017 年全球获批上市的原创新药：回顾与展望》，《中国新药杂志》2018 年第 10 期。

新药（其中 9 个产品为本土企业研发的全球首批）。① 这一数据表明，中国加强医药领域知识产权保护的努力，有力地促进了本土企业的研发投资和技术进步。再如，在 mRNA 专利申请量中，Moderna、CureVac、BioNTech 和 GSK 等四家美国制药企业拥有半数的份额，② 但中国也有企业开展研究并申请了相关专利，如斯微（上海）生物科技有限公司。③

上述事实表明，中国药品知识产权保护应符合中国医药创新的实际，引领医药领域的自主创新。例如，对于管制性专有权的保护范围，国际上有学者主张，为扫清学名药上市而反对改良型新药的管制性专有权，其理由在于它不属于 TRIPs 协议第 39.3 条所规定的最低保护标准。④ 但是，这一观点不应为中国立法所采纳。相反，应该在借鉴美、欧等国成功经验的基础上，建立符合中国国情的改良型新药管制性专有权。改良型新药管制性专有权的保护范围应该将不属于创新药或新型生物制品、但具有明显临床益处或在安全性和有效性方面具有明显进步的改良型新药纳入其中，包括新适应症、改变给药途径或释药方式的新剂型等。例如，二甲双胍 Glucophage XR 缓释片开发者应享有一定期限内的数据保护。

三

新型冠状病毒的全球大流行也检验了现行制度的公共健康保障机制，特别是对于广大发展中国家而言，在美国等发达国家疫苗民族主义的背景下，药品可及性问题极为突出。发展中国家药品可及性问题体现了发展不平衡的问题。发展中国家疫苗短缺问题的产生原因除疫苗涉及知识产权保护之外，疫苗生产具有重要的技术门槛条件，除印度、南非等国家，大多数发展中国家并不具有相应的技术能力。因此，疫苗生产的技术转移应该是解决方案的重要组成部分。

促进药品可及性应该是 TRIPs-Plus 规则的重要组成部分，它大都体现为知识产权保护的限制规则，属于 TRIPs 协议弹性条款的延展。知识产权

---

① 参见吴孟等：《2020 年全球获批上市的原创新药：回顾与展望》，《中国新药杂志》2021 年第 10 期。

② See Cecilia Martin & Drew Lowery, "mRNA Vaccines: Intellectual Property Landscape," *Nature Reviews Drug Discovery* 19（2020）：578.

③ 参见财新杂志网：《斯微生物获 mRNA 公司最大单笔融资 国产 mRNA 疫苗进度如何》，https://www.caixin.com/2021-06-09/101725032.html，2021 年 6 月 25 日访问。

④ See Cynthia M. Ho, *Access to Medicine in The Global Economy: International Agreements on Patents and Related Rights*（Oxford：Oxford University Press, 2011），pp. 271-272.

制度通过促进药品的自由竞争这一"大棒"来实现药价的可承受性，其主要工具是保护期限和权利范围这两项调节器，以及药品专利强制实施许可机制，但它们不足以解决药价的可承受性。知识产权制度应强化技术披露的法律义务与拓展仿制药开发的安全港制度，它还应规定原研药商对患者承担社会责任的软法规则。

除此之外，药品知识产权的非自愿许可制度也是非常重要的。新型冠状病毒肺炎等传染病缺乏防治的特效药品，但对症支持治疗中需要利用到已有的相关药品；其他流行病（如乙肝、丙肝等）防治之药品也有迫切的需求；有些治疗癌症等慢性病的特效药价格昂贵，影响大量患者的药品可及性。但强制实施许可的适用存在较大障碍，既有制度本身的原因，也有外交压力、国际贸易等因素。原研药商排除学名药竞争的重要法律依据之一是数据保护，在药品数据保护未曾有相应制度的情况下，专利法不足以解决公共健康问题，故应在管制性专有权的保护中建立强制实施许可制度。在面临公共健康危机时，强制许可制度可为供应不足的市场提供了原研药之外的更多药品。此时，它对药品价格的调控具有不可替代的作用。即使不需要实际颁发强制许可，当政府威胁适用该制度时，它也会迫使原研药商大幅度降价。

政府的干预，除了强制实施许可外，其制度上还体现为政府实施制度。它包括两类：①类似于国家征收征用的政府使用制度；②对政府资助或由公共资金资助的发明创造，政府享有介入权。尽管实施上述规定的情形极其少见，但它并不完全属于纸老虎，对于高价的原研药具有潜在的威胁力。这些制度的实施，在法律上仍有需要完善之处，特别是如下两个方面的规则特别重要：一是确定原研药商合理回报的定价机制；二是药品具体生产者可能面临技术门槛问题，即确保技术合作和技术转移的规则。如果未能解决上述问题，即使技术先进国家疫苗视为全球公共产品，同意豁免发展中国家对疫苗相关知识产权保护义务，也难以解决最不发达国家的药品可及性问题。

对中国而言，促进学名药开发的法律机制是健康中国战略的重要组成部分。"共建共享、全民健康"是建设健康中国的战略主题。中国企业主要以学名药生产为主，存在大量重复仿制的现象，同一品种有多家生产，这导致激烈竞争下药品利润较低。据有关统计表明，以学名药为主的基本药品占据了全国70%的市场份额，却仅有30%的市场利润。[①] 这一现象可

---

① 参见程永顺、吴莉娟：《探索药品专利链接制度》，知识产权出版社2019年版，第77页。

以有不同的解读。一方面，利润率低导致企业的市场积累不足，难以投资于原研药开发，容易形成低水平竞争的恶性循环。但另一方面，这也足以表明医药市场的充分竞争降低了药价，有利于降低患者和医保系统的负担，促进了药品的可及性。《"健康中国2030"规划纲要》提出要"完善全民医保体系"。在逐渐进入老年社会的背景下，低价学名药有助于实现医保基金的中长期精算平衡。这说明以学名药生产为主的国情要求法律应合理审慎规定药品专利保护期延长制度、专利链接制度和数据保护制度。一方面，因为原研药厂用以支持数据专有权的理由也被用来论证药品专利保护期延长之必要性；同时，延长药品专利保护期严重推迟学名药的上市，影响药品可及性；当然，基于将来参加国际条约的考虑，在满足一定条件下，可采严格限制的立法模式。同时，专利链接制度有利于原研药厂。中国应积极进行立法创新，在激励原研药开发的前提下，在专利链接制度层面上同样鼓励学名药的上市，通过增加市场竞争来降低药价。

当然，保障公共健康的医疗健康产业法制不能只靠知识产权制度，建立健全全民医疗保障体系同样非常关键，它保障中低收入患者对药品价格的可承受性，对原研药开发具有转移支付的效果，间接有利于医药领域的创新发展。中国政府在新型冠状病毒防治方面所付出的巨大投入与相关制度建设，取得了非常好的社会效果。

主要参考文献

一、专著①

邵蓉：《中国药事法理论与实务》，中国医药科技出版社 2010 年版。

杨代华：《处方药产业的法律战争——药品试验资料之保护》，元照出版有限公司 2008 年版。

中国药学会医药知识产权研究专业委员会：《药品试验数据保护制度比较研究》，中国医药科技出版社 2013 年版。

[德] 鲁德夫·克拉瑟：《专利法（第 6 版）》，单晓光等译，知识产权出版社 2016 年版。

Ho M C, Access to Medicine in the Global Economy: International Agreements on Patents and Related Rights, Oxford: Oxford University Press, 2011.

二、论文②

陈武：《美国药品专利诉讼中的反向支付协议——以 Cardizem CD 及 Valley Drug 案为研究进路》，《知识产权》2007 年第 4 期。

程岩：《罕见病法律制度的困境和出路》，《河北法学》2011 年第 5 期。

耿文军、丁锦希：《影响药品专利链接制度的重要因素和解决路径》，《知识产权》2018 年第 7 期。

刘晶晶、武志昂：《建立中国药品专利链接制度的专家调查研究》，《中国新药杂志》2016 年第 11 期。

刘立春、朱雪忠：《美国和加拿大药品专利链接体系要素的选择及其对中国的启示》，《中国科技论坛》2014 年第 1 期。

---

① 以第一作者姓氏首字母为序，中文文献在前，英文文献在后。
② 同上。

王立达、陈蔚奇：《学名药上市审查之专利连结制度》，《台大法学论丛》2010 年第 4 期。

姚雪芳、丁锦希：《生物制品数据保护制度剖析与战略选择》，《知识产权》2017 年第 2 期。

张韬略：《向仿制药厂商提供专利活性药物成分是否侵犯专利权》，《科技与法律》2016 年第 5 期。

赵歆、刘晓海：《基于专利法与竞争法交叉视角下的制药产业专利常青策略》，《中国科技论坛》2014 年第 11 期。

Abramowicz M, Orphan Business Models: Toward A New Form of Intellectual Property, Harvard Law Review 127 (2011).

Andanda P, Managing Intellectual Property Rights over Clinical Trial Data to Promote Access and Benefit Sharing in Public Health, The International Review of Intellectual Property and Competition Law 44 (2013).

Baker K B, Ending Drug Registration Apartheid: Taming Data Exclusivity and Patent/Registration Linkage, American Journal Law & Medicine 34 (2008).

Bagley M A, The Morality of Compulsory Licensing as an Access to Medicines Tool, Minnesota Law Review 102 (2018).

Beckhaus G M, A New Prescription to Balance Secrecy and Disclosure in Drug-Approval Processes, Michigan Journal Law Reformation 46 (2012).

Black L L, Patenting and Protecting Personalized Medicine Innovation Post-Mayo, Myriad, and Limelight, North Carolina Law Review 95 (2017).

Bouchard A R, Hawkins W R, Clark R, et. al., Empirical Analysis of Drug Approval-Drug Patenting Linkage for High Value Pharmaceuticals, Northwestern Journal of Technology & Intellectual Property 8 (2010).

Cardenas-Namat F J, Thirty Years of Flawed Incentives: An Empirical and Economic Analysis of Hatch-Waxman Patent-Term Restoration, Berkeley Technology Law Journal 29 (2014).

Clark L, Debbie B, Patent Term Extensions: Issues, Challenges and Implications for Pharmaceuticals, Pharmaceutical Patent Analyst 1, no. 4 (2012).

DiMAS A J, Hansen W R, Grabowski G H, The Price of Innovation: New Estimates of Drug Development Costs, Journal Heath Economics 22 (2003).

Dinca R, The "Bermuda Triangle" of Pharmaceutical Law: Is Data Protection a Lost Ship, Journal World Intellectual Property 8, no. 2 (2005).

Dolin G, Exclusivity without Patents: The New Frontier of FDA Regulation for Genetic Materials, Iowa Law Journal 98 (2013).

EI-Said H, EI-Said M, TRIPS-Plus Implications for Access to Medicines in Developing Countries: Lessons from Jordan-United States Free Trade Agreement, Journal World Intellectual Property 10 (2007).

Eisenberg S R, The Role of FDA in Innovation Policy, Michigan Telecommunications and Technology Law Review 13 (2007).

Eisenberg S R, The Shifting Functional Balance of Patents and Drug Regulation, Health Affairs 19 (2001).

Epstein A R, The Constitutional Protection of Trade Secrets and Patents under the Biologics Price Competition and Innovation Act of 2009, Food Drug Law Journal 66 (2011).

Feldman R, Regulatory Property: The New IP, Columbia Journal of Law & the Arts 40 (2016).

Fellmeth X A, Secrecy, Monopoly, and Access to Pharmaceuticals in International Trade Law: Protection of Marketing Approval Data Under the TRIPs Agreement, Harvard International Law Journal 45 (2004).

Gaudry S K, Exclusivity Strategies and Opportunities in View of the Biologics Price Competition and Innovation Act, Food Drug Law Journal 66 (2011).

Hanefeld J, Threat of Compulsory Licences Could Increase Access to Essential Medicines, British Medical Journal365 (2019).

Heled Y, Regulatory Competitive Shelters, Ohio State Law Journal 76 (2015).

Hemphill S C, Sampat N B, Evergreening, Patent Challenges, and Effective Market Life in Pharmaceuticals, Journal Health Economics 31 (2012).

Jayadev A, Stiglitz J, Two Ideas to Increase Innovation and Reduce Pharmaceutical Costs and Prices, Health Affairs, 28, no.1 (2009).

Junod V, Drug Marketing Exclusivity under Unites States and European Union Law, Food Drug Law Journal 59 (2004).

Kochevar J C, Reforming Judicial Review of Bioequivalence Determinations, New York Law Review 87 (2012).

Laurenza, Eugenia Costanza The Scope of 'Patent Linkage' in the US-South Korea Free Trade Agreement and the Potential Effects on International Trade Agreements, European Journal of Risk Regulation 6 (2015).

Lemley A M, Taking the Regulatory Nature of IP Seriously, Texas Law Review 92 (2014).

Lemmens T, Telfer C, Access to Information and the Right to Health: The Human Rights Case for Clinical Trials Transparency, American Journal Law & Medicine 38 (2012).

Levmore S, The Impending iPrize Revolution in Intellectual Property Law, Boston University Law Review 93 (2013).

Lietzan E, Post J, The Law of 180-Day Exclusivity, Food Drug Law Journal 71 (2016).

Lietzan E, The Myths of Data Exclusivity, Lewis & Clark Law Review 20 (2016).

Liu J, Compulsory Licensing and Anti-Evergreening: Interpreting the TRIPS Flexibilities in Sections 84 and 3 (d) of the Indian Patents Act, Harvard International Law Journal 56 (2015).

Madl C A, Using Value-Agnostic Incentives to Promote Pharmaceutical Innovation, Stanford Law Review 71 (2019).

Matlock-Colangelo L, Broadly Unpatentable: How Broad Method Claims Have Limited Patentability of Diagnostic Inventions, Columbia Law Review 119 (2019).

Mello M M, What Makes Ensuring Access to Affordable Prescription Drugs the Hardest Problem in Health Policy? Minnesota Law Review 102 (2018).

Morin J-F, Multilateralizing TRIPS-Plus Agreements: Is the US Strategy a Failure? Journal World Intellectual Property 12 (2009).

Morgan S, Grootendorst P, Lexchin J, et al., The Cost of Drug Development: A Systematic Review, Health Policy 100 (2011).

Price II N W, Expired Patents, Trade Secrets, and Stymied Competition, Notre Dame Law Review 92 (2017).

Ramani V S, When Access to Drugs Meets Catch-up: Insights from the Use of CL Threats to Improve Access to ARV Drugs in Brazil, Research Policy 47 (2018).

Reichman H J, Rethinking the Role of Clinical Trial Data in International Intellectual Property Law: The Case for a Public Goods Approach, Marquette Intellectual Property Law 13 (2009).

Rohde D, Duffield The Orphan Drug Act: An Engine for Innovation? At

What Cost? Food Drug Law Journal 55 (2000).

Roth J V, Will FDA Data Exclusivity Make Biologic Patent Passé? Sant Clara Computer & High Technology Law Journal 29 (2013).

Sherkow S J, Patent Law's Reproducibility Paradox, Duke Law Journal 66 (2017).

Steenburg C, The Food and Drug Administration's Use of Postmarketing (Phase IV) Study Requirements: Exception to the Rules? Food Drug Law Journal 61 (2006).

Swanson W K, Food and Drug Law as Intellectual Property Law: Historical Reflections, 2011 Wisconsin Law Review (2011).

Tam Y W J, Biologics Revolution: The Intersection of Biotechnology, Patent Law, and Pharmaceutical Regulation, Georgetown Law Journal 98 (2010).

Todd K, The Promising Viral Threat to Bacterial Resistance: The Uncertain Patentability of Phage Therapeutics and the Necessity of Alternative Incentives, Duke Law Journal 68 (2019).

Wadlow C, Regulatory Data Protection under TRIPS Article 39 (3) and Article 10bis of the Paris Convention: Is There a Doctor in the House? Intellectual Property Quarterly 4 (2008).

Zarin A D, Tse T, Moving Toward Transparency of Clinical Trials, Science 319 (2008).

后　记

本书起源于我10多年前的一项研究。彼时，我在中国社会科学院法学研究所、知识产权研究中心李明德教授指导下开展博士后研究工作，主要研究的课题是"药品数据保护研究"，它形成了本书最基础的内容。

当时，除了专利保护制度外，国内知识产权法学界对药品创新保护的其他制度关注非常有限，研究成果也不多；而且，其所引发的争议也非常大。这引发了我的研究兴趣，并成为我10余年来持续关注的研究论题。本书研究的各个具体制度也陆续得到了中国博士后科学基金、中国法学会年度项目与国家社科基金后期资助。如今，这些制度已经成为中国激励药品创新制度的重要组成部分；特别是2020年《中华人民共和国专利法》第四次修订后，这些制度的具体实施及其实施实效将成为新的研究重点。因此，在某种程度上，本书是对过去制度建设中诸多思考的总结，也是今后继续研究的起点。

本书部分章节内容曾先后在《法商研究》《法学》《政治与法律》《比较法研究》《政法论丛》《法治研究》《吉首大学学报（社会科学版）》《中国专利与商标》（香港）以及 Queen Mary Journal of Intellectual Property（SSCI 期刊）等中英文专业刊物上发表。因此，本书内容也凝聚了各刊物匿名审稿专家和编辑老师的智慧和辛勤劳动。在申请国家社科基金后期资助及结项鉴定的过程中，匿名评审专家也提出了修改建议。在本书最终的审校阶段，责任编辑谢贞静老师也付出了辛勤的劳动。这是本书得以成功面世的原因，在此致以最衷心的谢意。

本书成稿于2020年底，这也是本书所引用的最新参考文献、资料的截止时间；历经结项鉴定以及出版社的各项流程，书稿终于即将出版，其间涌现出许多新的文献，笔者无法一一参考，但它们将成为今后研究的基础。

2022 年 7 月